암 환자의 좋은 하루를 위한
마음 다스리기

암 환자의 좋은 하루를 위한 마음 다스리기

정경미·이명아 지음

청송미디어

암 환자의 좋은 하루를 위한 마음 다스리기

2019년 11월 19일 1판 1쇄

지은이 정경미, 이명아
펴낸곳 청송미디어
주소 서울시 서대문구 연세로 50
등록 2016년 5월 9일(제25100-2016-37호)
전화 02) 2123-3380~2
팩스 02) 2123-8673
전자우편 ysup@yonsei.ac.kr
웹사이트 http://press.yonsei.ac.kr
인쇄 두성칼라
ISBN 979-11-89042-09-7(03180)

값 20,000원

이 도서의 국립중앙도서관 출판예정도서목록(CIP)은 서지정보유통지원시스템 홈페이지(http://seoji.nl.go.kr)와 국가자료종합목록 구축시스템(http://kolis-net.nl.go.kr)에서 이용하실 수 있습니다.
(CIP제어번호 : CIP2019045857)

- 본 책은 연세대학교 학술연구비 지원사업 2008-7-0215번에 의해 지원을 받아 제작되었습니다.
- 본 책의 내용은 보건복지부 암정복추진연구개발사업 지원으로 이루어진 연구(HA16C0021)를 통해 개발된 암 환자를 위한 앱기반 인지행동치료프로그램인 하루(HARU)의 내용을 기반으로 하여 제작되었습니다.
- 본 책은 한국출판문화산업진흥원의 2019년 우수출판콘텐츠 제작 지원 사업에 선정되어 출판제작지원을 받아 제작되었습니다.

머리말

최근 의학의 발달로 생존율이 크게 높아지기는 했지만, 암은 여전히 생존을 위협하는 신체적인 질병이고, 적어도 우리나라에선 암 환자에 대한 정신 건강 서비스는 생소하다. 특히, 병을 이겨야 생존이 가능한 적극적 치료 시기에는, 정신 건강 서비스에 대한 관심과 수요가 그리 많지 않을 뿐 아니라 그 필요성조차 인식되지 못한다. 그렇지만, 많은 연구들은 환자의 태도와 마음가짐에 따라 항암치료가 좀 덜 괴롭게 여겨질 수도, 그리고 덜 고통스러울 수도, 그리고 더 효과적일 수도 있다고 보고한다. 또한 대부분의 환자는 비슷한 경험을 하며, 어려움을 잘 극복하는 환자들에게는 공통점이 있다. 이런 정보들이 암환자와 가족들에게 효과적으로 전달될 수 있다면, 환자와 가족들이 암으로 인한 정신적인 어려움을 극복하고 제2의 삶을 살아가는데 큰 도움이 되리라 생각한다.

본 연구팀은 2006년부터 최근까지 소아암 센터에서 아동과 가족을 대상으로 심리 건강관리 서비스를 제공하였다. 자발적으로 도움을 찾는 아동과 가족을 대상으로 상담을 해 왔는데, 상담 주제가 행동문제에서 정서적 적응, 그리고 학교 및 사회생활로의 재적응 등 매우 다양하였다. 이전에는 심리 상담을 찾는 분이 적어 서비스가 주로 개별적으로 진행되었는데, 최근에는 자발적으로 상담을 원하는 분이 많아져 집단 형태로 만남을 가지기도 했다. 환자와 가족과의 만남은 항상 많은 것을 배우게 한다.

본 연구팀은 2007년과 2008년에는 국립 암 센터에서 보완대체 요법과 관련된 두개의 과제에 참여하고 2008년 연세대학교 연세학술연구비 지원사업의 지원(2008-7-0215)을 받아 연구를 수행하면서 암 환자에게 효과적으로 밝혀진 심리 치료 요법에 대해 많은 지식을 쌓을 수 있었다. 또한, 2016년부터 2019년까지 보건복지부 암정복 추진 연구개발사업으로부터 연구비를 지원(HA16C0021)받아 암환자들이 가장 많이 경험하고 있는 심리적 문제인 우울/불안, 수면, 그리고 통증에 대한 앱기반 심리건강 개선 프로그램을 개발하여 그 효과성을 검증하였다. 이 과제를 통해 우울/불안, 수면, 및 통증 개선을 위한 3 가지 앱을 개발하였고, 2개 연구를 통해 우울/불안[1]과 수면 [2] 앱의 효과성을 검증할 수 있었다. 현재 연구가 끝난 3가지 앱은 구글 플레이 스토어나 애플 스토어에서 다운로드 받을 수 있고,[3] 등록 후 설문 몇 가지를 하면 사용이 가능하다. 이 책은 이 연구의 내용을 인쇄물의 형태로 정리한 것이다.

지난 10여년 간의 연구와 임상경험을 통해서 배운 것은 적응에서의 개인차다. 연구나 다른 사람의 경험을 통해 알아낸 방법들이 모든 사람들에게 다 효과적이지도 않고, 어떤 사람은 자기만의 고유한 방법으로 마음 다스리기에 성공한다. 중요한 것은 어려움을 극복한 사람들이 스스로 보여준 효과적인 방법과 많은 사람들이 마음 다스리는데 성공한 방법은 지금 이 책의 구독자를 포함해 많은 사람들에게 효과적일 수 있다는 것이다. 안타깝게도 이 방법들이 누구에게 효과적일 것이고 누구

---

1 Ham KH, Chin SY, Suh YJ, Rhee MA, Yu ES, Lee HJ, Kim JH, Kim SW, Koh SJ and Chung KM (2019) Preliminary Results From a Randomized Controlled Study for an App-Based Cognitive Behavioral Therapy Program for Depression and Anxiety in Cancer Patients. *Frontiers in psychology, 10.*

2 Chung K-M , Suh YJ, Chin SY, Yu E-S, H J. Lee HJ. Kim SW. Kim & Koh S-J (in preparation) A Pilot Study for a Randomized Controlled Study for an App-Based Cognitive Behavioral Therapy Program for Sleep Problems in Cancer Patients *Psycho oncology.*

3 구글 플레이 스토어나 iOS 스토어에서 '오늘하루'로 검색하면 우울/불안, 수면, 통증 모듈과 간단한 지식정보프로그램인 '하루카드'가 통합된 프로그램을 다운받을 수 있다

에겐 효과적이지 않을지 알 수 없다. 해 봐야만 알 수 있다. 이제 이 책을 통해 이미 어려움을 극복한 사람들의 효과적인 방법을 소개하고자 한다. 이런 책은 실용적이어야 한다는 믿음으로 각각의 치료 방법에 대한 소개와 함께 구체적인 활동에 대한 안내를 포함하였다. 이 방법을 통해 암으로 인해 마음의 어려움을 경험하고 있는 사람들에게 마음의 어려움을 극복하면서, 좀 더 쉽게 힘든 치료 기간을 보낼 수 있게 도움을 줄 수 있다고 믿는다.

전 세계적으로 1분마다 약 27명의 사람들이 암을 진단받는다고 한다. 그리고 암 진단은 환자와 가족에게 크고 작은 정신적 스트레스이다. 이 책이 환자와 가족분 치료 여행에서 빛줄기를 찾을 수 있는 길잡이가 되기를 희망한다.

이 책이 출판되기 전에, 보건복지부 암정복과제 연구를 위해 개발한 인지행동 치료앱의 효과성 검증 연구에 참여하신 모든 연구참가자 분들, 그리고 앱을 개발하고 연구 진행을 맡아서 수행한 연세대학교 심리학과 행동심리연구실의 함경희, 서용재, 진시영 연구원에게 감사의 마음을 전한다. 연구에 참여할 환자분들 모집을 적극적으로 도와주신 국립암센터 정신건강클리닉 김종흔, 이현정, 그리고 유은승 선생님, 울산대학 의과대학혈액종양과의 고수진 선생님, 연세대학교 세브란스 부인암센터의 김상운 선생님, 각 병원에서 도움주신 간호사 선생님들께도 진심으로 감사드린다. 이 책은 출판문화산업진흥원의 2019 우수출판콘텐츠 제작 활성화 사업에 선정되어 제작할 수 있었으며, 편집과 출판에 애써주신 도서출판 청송의 모든 관계자 분들께도 고마움의 인사를 드린다. 그리고 마지막으로 우리의 작업이 가능하게 마음으로 힘찬 응원을 해 주신 부모님과 가족들에게도 더 할 수 없는 감사를 드린다.

2019년 오랜 시간의 고민이 희망이 되길 기대하며
저자 정경미, 이명아

책 활용법

이 책은 암환자와 보호자를 비롯해 암으로 인해 삶이 변했다고 느끼는 누구나 읽을 수 있습니다. 이 책은 암환자에게 암 투병 전후에 경험하는 마음의 어려움을 효과적으로 해결하는 방법을 전달하기 위해 쓰였지만, 제 2의 환자라고 불리는 보호자, 그리고 암병원에서 청년기와 장년기의 긴 시간을 보내는 의료계 종사자에게도 유용할 것입니다. 그리고 이 책은 앞으로 암환자의 심리치료에 대해 공부하고 싶은 학생들에게도 좋은 자료가 될 것입니다.

암은 신체적인 질병이지만, 이 질병에 대해 우리가 어떤 생각을 가지느냐, 어떤 감정을 겪는지, 그리고 어떤 행동을 하는지에 따라 우리의 적응은 매우 달라집니다. 캐나다 공중보건기관이 만든 인류 건강을 결정하는 중요한 요인들의 목록[4]에는 개인의 건강습관과 대처기술이 포함되어 있습니다. 건강한 습관과 대처기술 훈련은 자기관리와 자립이 가능하게 하고, 건강에 유리한 선택과 문제 해결을 쉽게 합니다.

암이 발생하지 않았다면 가장 좋았겠지만, 이미 진단이 내려진 지금 이런 일이 일어나지 않았다면 좋겠다는 바람은 무의미 합니다. 암은 이미 발생한 사건이고, 겪어야 되는 일이라면 지금 여러분이 할 수 있는 일은 어떻게 해야 이 어려움을 잘

4 Lalonde M. (1974) A new perspective on the health of Canadians. A working document. Ottawa: Government of Canada.

극복하는 지를 알고 이를 실천하는 것입니다.

다행스럽게도 여러분은 혼자가 아닙니다. 이미 많은 사람들이 여러분과 비슷한 경험을 했고, 그 어려움을 덜 수 있는 방법에 대해 알아냈습니다. 우리는 이 책을 통해 여러분에게 이 방법을 쉽게 전달하려고 노력할 것입니다. 이제 선택은 여러분에게 달려있습니다.

서점에 가보면 암 환자를 위한 책을 무수히 많이 볼 수 있습니다. 그런데, 뭘 하면 좋다고 하는 책은 많지만, 당장 그 방법을 사용할 수 있도록 실제 암환자가 경험하는 여러 가지 사례를 소개하는 책은 많지 않습니다. 이 책에선 많은 암 환자들이 흔히 경험하는 어려움에 대해 소개하고, 이를 극복하는 다양한 방법을 손쉽게 따라할 수 있도록 쉬운 용어로 설명합니다.

맹장염에 걸리면 복통, 식욕부진, 구토, 오심 등의 증상을 겪는다고 합니다. 맹장염은 대부분의 경우 수술이 권고되는데, 이는 연구를 통해 수술이 가장 효과적이라는 것이 밝혀졌기 때문이라고 합니다. 심리치료도 마찬가지입니다. 여러 연구를 통해 우울과 불안의 증상을 개선하는데 효과적이라고 알려진 치료법들이 있습니다. 이를 효과성이 검증된 치료라고 합니다. 여러분은 주변에서 암환자를 위한 다양한 정신건강증진 프로그램을 듣거나 경험하셨을 것입니다. 어떤 방법은 그럴 듯하게 들리고, 어떤 방법은 일시적인 효과가 있는 듯 보였을 것입니다. 이제까지 연구를 통해 그 효과성이 밝혀진 프로그램 중 가장 대표적인 방법은 “생각”을 바꾸는 방법인 “인지행동치료 프로그램”입니다. 다행히 이 책에서 소개하는 방법도 본 집필진이 과학적 연구를 통해 효과를 증명한 프로그램입니다. 생각을 바꾸는 일은 어렵기도 하고 시간도 많이 걸리므로 사람들이 많이 선택하는 방법이 아닙니다. 큰 노력없이 할 수 있는 다른 방법이 더 선호됩니다. 마음의 어려움을 덜 수 있는 즐겁고 쉬운 방법이 있다면 좋겠지만 이제까지 밝혀진 암환자의 정신건강증진에 효과적인 프로그램은 인지행동치료처럼 노력이 요구되는 프로그램입니다. 이 책에서는 최근 전문가들에 의해 가장 많이 사용되고 있는 인지행동치료(Cognitive Behavioral Therapy) 방법을 주로 소개할 것입니다. 그럼에도 불구하고 이 방법은 어려울 수 있습니다. 선택은 여러분에게 달렸습니다. 효과적이거나 어려운 방법 vs. 효과가 의심되나 노력을 요하지 않는 방법! 일반적인 인지행동치료는 치료자와 환자가 1:1 로 만나 진행됩니다. 치료 시간 및 기간은 증상에 따라 한 회기 당 1시간씩, 짧게는 8회기부터 길게는 20회기까지 다양합니다. 하지만, 최근의 연구들은 다행스럽게도 문제가 심각하지 않다면, 환자 스스로 문제를 해결하게 만드는 자조 서적(self-help book)이 효과가 있다는 보고를 하고 있습니다. 이제는 어떻게 해야 하는 지에 대한 해결책이 필요한 시기입니다.

이 책은 다음과 같이 구성되었습니다.

1부 '여행에서 만나는 장애물들'에서 현재 느끼는 어려운 감정이나 증상이 얼마나 심각한지 체크할 수 있습니다.

'성공적인 여행을 위한 마음지도'에서는 마음을 치유하는 여행의 지름길이 되어줄 방법들을 배워봅니다. 생각, 행동, 선택을 바꾸는 길, 그리고 몸을 편안하게 만드는 길입니다. 2부에 쓰여 있는 이 방법들은 암환자의 어려움을 완화시키는데 효과적인 것으로 연구된 대표적인 방법들입니다.

3부 '장애물 극복하기'에서는 구체적인 사례와 팁을 정리했습니다. 여러분이 궁금했거나 경험하는 비슷한 사례가 있다면 이 책의 내용을 이해하고 마음을 바꾸는 방법을 적용하는데 크게 도움이 될 것입니다. 그러나, 자신과 비슷하지 않더라도 사례와 팁은 이 책의 내용을 배우는데 유용할 것입니다.

이 책은 순서대로 읽지 않으셔도 됩니다. 구경하는 마음으로 페이지를 열어보고, 오늘 읽을 곳을 한 부분씩 정해보세요. 여러분이 가장 어려움을 겪고 있는 부분을 선택해서 먼저 읽어도 좋습니다. 읽고 나서 방법을 하나씩 적용해 보는 것도 방법입니다. 하나가 성공한다면 나머지를 읽고 싶은 마음이 생겨날 수 있습니다. 그러나, 선택한 방법이 성공적이지 않더라도 적어도 세 가지 방법은 적용해 보라고 권합니다. 앞서 언급했듯 모두에게 맞는 방법은 없습니다. 적어도 세 가지 방법을 시도하면, 한 가지 정도는 여러분에게 맞는 방법을 찾을 수 있을지 모릅니다.

특별한 어려움을 경험하고 있지 않다면, 마음 가는 대로 한 가지씩 선택해 실천해 보는 방법도 있습니다. 혼자 해도 좋고, 배우자와 아이들과 혹은 주변 사람들과 같이 시작해도 무방합니다. 같이 연습하는 방법은 서로를 격려하고 어려움을 나누며 아이디어를 공유하게 만들어 주기 때문에 강력 추천합니다.

목차

머리말 / v

책 활용법 / vii

1부 여행에서 만나는 장애물들

1장 우울과 불안 ········ 3

1. 많은 암환자가 우울과 불안을 겪습니다 ········ 3
2. 우울하고 불안하면 이런 경험을 합니다 ········ 4
3. 우울과 불안의 정도를 평가해야 합니다 ········ 6
4. 우울과 불안은 이렇게 평가합니다 ········ 6

2장 수면 ········ 11

1. 좋은 수면은 정신과 신체를 건강하게 만듭니다 ········ 11
2. 불면증이 있으면 이런 어려움이 있습니다 ········ 14
3. 수면문제는 이렇게 평가합니다 ········ 15

3장. 통증 ········ 19
1. 통증은 관리할 수 있습니다 ········ 19
2. 이런 것들이 통증에 영향을 줍니다 ········ 23
3. 통증은 이렇게 평가합니다 ········ 24

2 부 성공적인 여행을 위한 마음지도

4장 인지행동치료 ········ 30
1. 생각과 행동을 바꾸면 우울과 불안 등 정서를 변화시킬 수 있습니다 ········ 33
2. 생각과 행동을 바꾸면 수면문제를 감소시킬 수 있습니다 ········ 37
3. 생각과 행동을 바꾸면 통증을 다스릴 수 있습니다 ········ 42

5장 생각을 바꾸는 길 ········ 46
1. 생각 바꾸기의 기본원리 ········ 47
- ☑ 부정적인 자동적 사고를 파악합시다 ········ 47
- ☑ A-B-C를 기록합시다 ········ 50
- ☑ 나는 어떤 부정적 사고를 하고 있는지 알아봅시다 ········ 53
- ☑ 무조건 이래야 한다는 생각을 조심합시다 ········ 58
- ☑ 부정적 사고를 대신할 긍정적 생각을 만듭시다 ········ 60
- ☑ 긍정적으로 생각하기를 연습합시다 ········ 62

2. 생각 바꾸기 전략 63
- 내 걱정이 무엇인지 파악하자 63
- 걱정 쓰레기통을 만들자 66
- 지금 나에게 이득이 되는 생각인지 따져보자 70
- 장단점을 비교해보자 73
- 나쁜 일이 발생할 확률을 따져보자 76
- 나는 친구에게 뭐라고 했을까 생각해보자 77
- 반대 증거를 찾아보자 79
- 좋은 점과 나쁜 점을 써보자 82
- 긍정적인 면에 주의를 기울이자 83
- 어제 보다 나아진 부분에 집중하자 84
- 변화를 수용하자 85
- 긍정적인 자기 대화를 하자 87
- 칭찬 일기를 쓰자 89
- 파이차트를 그려보자 91
- 잘못된 신념을 찾아보자 99
- 운동에 대한 생각을 바꾸자 103
- 완치 후로 타임머신 여행을 떠나자 105
- ☑ 다른 사람들과 비교하지 말자 107
- ☑ 금연을 위해 ABC기록과 장단점 써보기를 활용하자 108

6장 행동을 바꾸는 길 ······ 110

1. 행동 바꾸기의 기본원리 ······ 112
   - ☑ 목표를 정합시다 ······ 112
   - ☑ 환경을 바꿉시다 ······ 114
   - ☑ 보상을 사용합시다 ······ 115
   - ☑ 행동을 기록합시다 ······ 117
   - ☑ 행동을 바꾸는 방법을 고안합시다 ······ 119
   - ☑ 작은 성공 만들기를 해봅시다 ······ 121
   - ☑ 적어도 66일은 계속합시다 ······ 123
   - ☑ 스스로에게 대는 핑계를 조심합시다 ······ 124
2. 행동 바꾸기 전략 ······ 124
   - 일과를 만들자 ······ 124
   - 활동을 계획하자 ······ 126
   - 활동을 바꾸자 ······ 135
   - 규칙적으로 운동하자 ······ 136
   - 동선을 바꾸자 ······ 138
   - 공간을 바꾸자 ······ 139
   - 목표 달성을 축하하자 ······ 139
   - 주의를 분산시키는 방법을 사용하자 ······ 141
   - 주의를 전환하는 상상을 하자 ······ 141
   - 걱정 시간을 정해보자 ······ 145
   - 잠자기 좋은 환경을 만들자 ······ 148

- 잠자리 규칙을 지키자 ········ 152
- 잠들기 어렵다면 취침시간을 당기기를 실천하자 ········ 153
- 밤에 자꾸 깬다면 수면 제한하기를 실천하자 ········ 156
- 식습관을 고치기 어렵다면 반복노출 원리를 적용해보자 ········ 161
- 복약관리가 어렵다면 일주일치 약을 정리하는 시간을 만들자 ········ 163

7장 몸을 편안하게 하는 길 ········ 165

1. 몸을 편안하게 하기의 기본원리 ········ 166
   - 스트레스받았을 때의 변화에 주의를 기울입시다 ········ 166
   - 긴장했을 때와 이완했을 때의 차이를 파악합시다 ········ 167
   - 몸을 이용해 마음을 다스리는 방법을 배웁시다 ········ 168
   - 하루 일정한 시간을 정해 이완훈련을 합시다 ········ 170
   - 간편한 이완훈련은 필요할 때 바로 할 수 있게 기억합시다 ········ 171
   - 이완이 필요한 순간이 언제인지 파악합시다 ········ 172
   - 항암치료 직전에 오는 불안 극복을 위하여 이완훈련 합시다 ········ 173
2. 몸을 편안하게 하기 전략 ········ 177
   - OO처럼 해보자 ········ 177
   - 자연을 느끼자 ········ 182
   - 이완순서를 미리 정하고 외우자 ········ 186
   - 이완훈련 전후에 기분을 평가하자 ········ 196

8장 선택을 잘하게 만드는 길 ······ 198

1. 선택 잘하기의 기본원리 ······ 200
   - ☑ 문제해결 5단계를 적용합시다 ······ 200
   - ☑ 문제가 생기면 해결책을 찾는데 집중합시다 ······ 214
   - ☑ 급한 일 일수록 계획을 세웁시다 ······ 215
   - ☑ 디테일에 주의를 기울입시다 ······ 216
   - ☑ 기록합시다 ······ 218
   - ☑ 다른 사람에게 물어봅시다 ······ 220
2. 선택 잘하게 만드는 전략 ······ 221
   - ▶ 분노 조절하기 방법을 배우자 ······ 221
   - ▶ 갈등 해결에 나 전달법을 사용하자 ······ 226
   - ▶ 효과적으로 시간을 관리하자 ······ 231
   - ▶ 통증 대처방법을 미리 정해 두자 ······ 238
   - ▶ 페이스 조절하기를 사용해 통증에 대비하자 ······ 245
   - ▶ 즐거운 여가활동 늘리기를 통해 통증에 대비하자 ······ 253
   - ▶ 치료 절차에 대해 질문하자 ······ 263
   - ▶ '1만 시간의 법칙'을 기억하자 ······ 269
   - ▶ '이 또한 지나가리라라'고 주문을 외우자 ······ 270
   - ☑ 다른 사람들과 마음을 나누자 ······ 271
   - ☑ 규칙 또는 암호를 정하자 ······ 272
   - ☑ 케어링 데이를 만들자 ······ 274

부록

1. 기분 일기 ………… 279
2. 수면 일기 ………… 283
3. 통증 일기 ………… 285
4. 우울 검사(Patient Health Questionnaire-9; PHQ-9) ………… 293
5. 불안 검사(Generalized Anxiety Disorder-7; GAD-7) ………… 299
6. 피츠버그 수면의 질 척도(The Pittsburgh Sleep Quality Index; PSQI) … 303
7. ABC기록지 ………… 309
8. 파이차트 그리기 ………… 311
9. 반대 증거 찾기 ………… 313
10. 좋은 점과 나쁜 점 찾기 ………… 315
11. 행동 기록지 ………… 317
12. 좋은 활동 계획하기 ………… 319
13. 목표 달성을 축하합니다! ………… 331
14. 즐거운 상상하기 연습 ………… 333
15. 수면 위생 체크하기 ………… 343
16. 수면 일과 정하기 ………… 353
17. 나처럼 해봐요 ………… 357
18. 자연을 느끼세요 ………… 375

19. 이완 순서를 미리 정하고 외워요 ······ 383
20. 문제 해결하기 5단계 사용하기 ······ 405
21. 분노 다스리기 ······ 413
22. 시간관리법 ······ 415
23. 해피존 만들기 ······ 421
24. 타이어 호흡법 ······ 431
25. 암호 만들기 ······ 433
26. 페이스 조절하기 ······ 435
27. 즐거운 여가활동 늘리기 ······ 447
28. 여가활동 선택하기 ······ 451

1부 여행에서 만나는 장애물들

삶이라는 여행 중에는 여러 가지 장애물을 만납니다.
여러분은 그 중 가장 큰 어려움 중 하나인 "암"이라는 장애물을 만났습니다.
암은 신체적인 질병이지만, 심리적인 영향도 매우 큽니다.
이 장에서는 암환자가 만나게 되는 심리적인 장애물에 대해서 소개하고,
그 장애물의 크기를 파악할 수 있는 방법을 소개합니다.
이 장에서 소개된 설문지로 심리적인 장애물의 중증도를 파악하고,
다음 장들에서 그 장애물을 극복하는 방법을 찾아보시기 바랍니다.
단, 자신이 겪고 있는 심리적인 장애가 심각하다고 판단되면,
반드시 전문가를 찾아가실 것을 권합니다.

01

우울과 불안

1. 많은 암환자가 우울과 불안을 겪습니다

"정숙씨는 암 진단을 받기 전까지는 집안 일을 열심히 하고, 취미생활도 열심히 즐기는 주부였습니다. 그러나 진단 후에는 아이들이 좋아하는 반찬을 만드는 일도 힘들고 귀찮아 하지 않고 있습니다. 항상 무기력하다고 느끼며, 추 미생활에도 흥미가 떨어졌고, 자주 만나던 모임에도 나가지 않게 되었습니다. 주부로서의 역할을 하지 못한다고 생각하는 날에는 자신은 쓸모 없는 존재라고 여겨지기까지 합니다."

"3년 전 위암을 진단받았던 회사원인 경준씨는 일주일 전 정기 검사결과 주치의로부터 아무 이상이 없다는 소식을 들었습니다. 하지만, 경준씨는 재발의 두려움에서 벗어나지 못하고 있습니다. 배가 조금만 아파도 재발한 것 아닐까 신경이 쓰입니다. 열이 조금만 올라도 대학병원을 찾아가야 안심이 됩니다. 걱정이 되고 병원을 가야할지 고민하느라 일을 하는데도 어려움을 겪습니다."

정숙씨처럼 매사에 힘이 없고, 우울한 기분이 들며, 좋아했던 활동에 흥미가 떨어지는 것은 우울의 증상입니다. 경준씨처럼 매사에 안절부절 못하고 집중하지 못하는 것은 불안의 증상입니다. 안타깝게도 암 진단을 받은 사람들은 그렇지 않은 사람들보다 우울과 불안 증상을 더 많이 경험합니다. 투병 중에 평소보다 기분 조절이 어렵거나 우울과 불안을 경험하는 것은 당연한 일입니다. 다행히도 진단의 충격이 지나가고 시간이 지나가면서 이런 증상들이 점차로 줄어들어 진단 이전 상태로 돌아갑니다. 그러나, 암 진단을 받은 사람들 중 일부에게서는 이런 증상들이 오랫동안 지속될 뿐 아니라 심각해져서 우울증과 불안 장애로 이어지기도 합니다. 일반 성인이 우울증이나 불안증을 경험하는 비율은 10% 미만이지만,[1] 우울증 또는 불안증을 겪는 암환자의 비율은 15%-25%입니다.[2]

2. 우울하고 불안하면 이런 경험을 합니다

아래 표는 우울과 불안의 대표적인 증상들을 적어놓은 것입니다. 우울이나 불안 증상은 개인마다 많이 다를 수 있습니다. 그리고 모든 사람이 모든 증상을 다 보이는 것은 아닙니다. 증상이 많으면 많을수록, 심각하면 심각할수록 우울과 불안의 문제가 크다고 보아야 합니다. 우울이나 불안은 우리의 신체건강에도 영향을 미칩니다. 증상이 많고, 심각하고, 그리고 오래 지속된다면 전문가의 도움을 받으실 것을 권합니다. 모든 문제가 그렇지만 오래 두고 쌓아가면 점점 더 바꾸기가 어려워집니다. 마음의 어려움도 마찬가지입니다. 초반에 발견해서 적절한 조치를 취할 것을 강조합니다!

---

1 디스트레스 관리 권고안 개발단. (2008). **삶의 질 향상을 위한 디스트레스 관리 권고안**. 서울 : 국립암센터

2 보건복지부. (2016). **정신질환실태 역학조사**. 서울 : 보건복지부

표 1-1 우울과 불안이 건강에 미치는 영향

우울	불안
흥미/즐거움 저하	안절부절 못함
집중력/주의력 감소	과민함
자존심/자신감의 감소	집중이 안됨
자신이 쓸모 없다는 느낌	
지나친 죄책감	
미래에 대한 비판적 시각	
피로를 느낌	쉽게 피곤해짐
불면증 또는 과다수면	수면 문제
체중변화	근육의 긴장, 근육의 통증
식욕감퇴	두통, 가슴의 통증

위와 같은 증상들이 일정기간 지속되면 우울증 또는 불안장애로 발전할 수 있습니다. 우울감을 느낄 때에는 무기력해지고 둔하다면, 불안을 느낄 때에는 과민하고 안절부절 못합니다. 우울과 불안은 이렇게 다르지만, 감정적으로 어려움을 겪고 있는 사람은 두 가지 정서를 모두 경험할 수 있습니다. 우울증과 불안장애는 동시에 발생하기도 합니다.

감정적 문제와 신체적 문제도 함께 발생할 확률이 높습니다. 신체적 문제를 가진 환자 중 상당수가 감정적 문제를 보고하며,[3] 불안 증상과 심장 박동수, 그리고 스트레스가 수면에 미치는 변화에 대한 연구 결과도 신체적 문제와 감정적 문제가

3 Evans, D. L., Charney, D. S., Lewis, L., Golden, R. N., Gorman, J. M., Krishnan, K. R. R., ... & Delong, M. R. (2005). Mood disorders in the medically ill: scientific review and recommendations. *Biological psychiatry, 58*(3), 175-189.

연결되어 있음을 잘 보여줍니다.[4]

3. 우울과 불안의 정도를 평가해야 합니다

암을 진단받은 많은 분들이 암 치료기간동안 마음의 어려움을 경험합니다. 또는, 통증과 같은 신체적인 문제로 인해 우울과 불안을 느끼게 됩니다. 역으로, 우울과 불안은 수면문제, 식욕부진문제, 근육의 긴장 등 신체적 문제를 가중시킬 수 있으므로 적절히 다스릴 필요가 있습니다. 그러나 암을 진단받은 많은 분들은 암으로 인해 힘든 것이 당연하다고 여기기 때문에, 심각한 우울과 불안을 경험하면서도 자신의 어려움이 무엇인지, 그 정도가 얼마나 심각한지 파악하지 못해 적시에 적절한 조치를 취하지 못하는 경우가 많습니다. 다음에 소개된 검사지는 우울과 불안을 측정하는 도구입니다. 간단한 자기보고식 설문을 통해 우울 및 불안 수준에 대해 평가할 수 있습니다.

4. 우울과 불안은 이렇게 평가합니다

우울과 불안을 평가하는 도구는 다양하며, 실제 문제의 심각성을 정확하게 평가하기 위해서는 전문가와의 면담, 설문과 행동관찰 등 다양한 방법을 사용합니다. 이 책에서는 전문가의 도움을 찾기 전에 간단하게 기분을 평가해볼 수 있는 기분

---

4 김원. (2008). 심박 변이도와 스트레스, 정신 장애의 연관성. **스트레스硏究, 16**(2), 161-165

일기와 설문지를 소개합니다.

가. 기분 일기

매일 일정한 시간에 여러분의 기분이 어떤지 0에서 10의 숫자를 이용해 점수를 매겨 봅시다. 매일 기분 점수 매기기를 잊어버리지 않도록 항상 보는 달력에 표시해도 좋습니다. 1주일이나 한달 정도 매일 일기 쓰듯 기록하다 보면 자신의 기분 상태에 대해 좀 더 정확하게 파악할 수 있게 됩니다.

기분이 나쁠수록 숫자가 낮아지고,

기분이 좋을수록 숫자가 높아집니다

그림 1-1 기분 평정 척도 (visual analog scale)

기분 평정은 평정하는 순간의 기분에 따라 달라질 수 있으므로, 먼저 기준을 정해 놓는 것이 좋습니다. 기준은 자유롭게 정해도 되지만, 기준이 변해서는 안됨을 명심하십시오. 다음에 제시되는 예를 참조하여, 자신만의 기분 평가 기준을 마련합시다. 그리고 기준은 반드시 평가를 기록하는 종이에 적어 놓고, 기분을 평가할 때 참고하십시오.

기분 평가 기준 정하기의 예시

0점 세상 모든 일이 다 잘 될 것 같은 상태.
예 - 오랫동안 원했던 일이 성취되었을 때, 완치 판결을 받았을 때

.

.

3점 기분이 좋은 상태.
예 - 좋아하는 친구와 맛난 것을 먹고 관심있는 주제에 대해 의견을 교환함
예 - 최근 진행한 검사에서 문제가 없다고 통보 받았을 때

.

5점 기분이 좋지도 않고 나쁘지도 않은 상태.
뭘 하고 싶지도 안하고 싶지도 않은 그런 상태.

.

7점 기분이 나쁜 상태.
예 - 최근 건강검진에서 재검을 받아야 한다고 통보 받았을 때
예 - 가족과 크게 말다툼을 하고 대화를 하지 않고 있음

.

.

10점 기분이 너무 나쁘고 뭘 해도 나아지지 않을 때.
예 - 세상이 다 가치 없다고 느껴지고 아무것도 하고 싶지 않을 때

나. 우울과 불안에 대한 설문지

스크리닝의 목적으로 5분 내로 혼자서 간단히 실시할 수 있는 검사도구를 소개합니다. 기분 일기 기록에서 기분이 좋지 않은 상태가 지속되는 것을 관찰했다면, 다음의 스크리닝 검사를 직접 해보고 자신의 우울과 불안이 심각한 수준인지 평가해 보십시오. 이 검사 결과로 진단을 내리거나 확정할 수 없지만, 만일 높은 점수를 받는다면 우울과 불안 문제가 심각한 것이고, 전문가 방문 등 적절한 도움을 찾을 것을 권합니다.

우울검사 PHQ-9 (Patient Health Questionnaire-9)

PHQ-9[5]는 우울한 증상을 조사하는 9가지 질문으로 구성되어 있고 0점에서 27점까지 7점 척도를 이용해 응답하게 되어 있습니다. 이 검사에서는 기분 변화뿐만 아니라 일상생활의 행동에 대해서도 묻습니다. 최근 2주 동안의 기분에 집중하면서, 질문에 응답하십시오. 기분은 여러 가지 상황에 따라 변하는 속성을 가지고 있으므로, 현재의 기분에 대한 정확한 평가를 위해서는 최근 2주 간의 기분에 초점을 두고 질문에 응답해야 합니다. 질문에 대해 오래 생각하지 말고, 즉각적으로 떠오르는 대로 답하십시오.

다. 불안검사 GAD-7 (generalized anxiety disorder-7)

GAD-7[6]은 불안의 증상에 대해 묻는 7가지 질문으로 구성되어 있고, 0점에서 21점까지 7점 척도를 이용해 응답하게 되어 있습니다. 이 검사에서는 지난 2주 동안 불안한 기분이 일상에 방해가 되지 않았는지, 불안을 유발하는 상황에 잘 대처할 수 있었는지 평가합니다. 불안은 치료 중에 가장 흔하게 느끼는 기분으로, 일시

---

5 이 우울 검사지는 Pfizer Inc.로 부터 교육용 지원금을 받아 Robert L. Spitzer, Janet B.W. Williams, Kurt Kroenke (1999)에 의해 개발되었고, 안재용, 서은란, 임경희, 신재현, 김정범(2013)이 한국어로 번안하였습니다. 아래 쓰인 두개의 문헌은 검사 개발 과정을 기술한 연구 논문입니다.
- Spitzer RL, Kroenke K, Williams JBW(1999) Validation and utility of a self-report version of PRIME-MD. JAMA, *282*(18) : 1737-1744.
- 안제용, 서은란, 임경희, 신재현, & 김정범. (2013). 한국어판 우울증 선별도구 (Patient Health Questionnaire-9, PHQ-9) 의 표준화 연구. **생물치료정신의학, 19**(1), 47-56.

6 이 불안 검사지는 Pfizer Inc.로 부터 교육용 지원금을 받아 Robert L. Spitzer, Janet B.W. Williams, Kurt Kroenke(2006)에 의해 개발되었고, 서종근과 박성파(2015)가 한국어로 번안하였습니다. 아래 쓰인 두개의 문헌은 검사 개발 과정을 기술한 연구 논문입니다.
- Spitzer RL, Kroenke K, Williams JBW, Löwe B(2006). A brief measure for assessing generalized anxiety disorder : the GAD-7. *Arch Intern Med, 166*(10), 1092-1097
- Seo, J. G., & Park, S. P. (2015). Validation of the Generalized Anxiety Disorder-7 (GAD-7) and GAD-2 in patients with migraine. *The journal of headache and pain, 16*(1), 97.

적인 불안은 정상적인 반응으로 간주합니다. 하지만 이런 불안이 떨쳐지지 않고 오래 지속되어 생활을 방해한다면 문제로 볼 수 있습니다. 우울 검사와 마찬가지로 불안 역시 생활 속 다양한 요인에 의해 영향을 받으므로, 정확한 평가를 위해서 최근 2주 동안 경험한 정서를 근거로 설문에 응하십시오. 우울 검사와 마찬가지로 각 질문에 대해 즉각적으로 떠오르는 대로 답하십시오.

〈PHQ-9〉, 〈GAD-7〉검사지는 부록 4. 와 5. 에 수록되어 있습니다.

02

수면

1. 좋은 수면은 정신과 신체를 건강하게 만듭니다

수면[7]은 정신건강과 신체건강에 매우 중요한 역할을 합니다. 수면은 일에 집중할 수 있게 하고, 피로를 회복하고, 면역력을 유지할 수 있게 해줍니다. 수면 문제가 오래되면 체력 저하, 집중력, 기억력 감퇴, 무기력증과 같은 문제를 경험하게 됩니다. 많은 암환자들이 잠이 부족할 때 더 높은 수준의 피로와 피곤, 신체적 통증 및 우울감을 느낍니다.

좋은 수면의 조건은 첫째, '적절한 수면의 양'과 둘째, '높은 수면의 질'입니다.

---

7 시작하기 전에 본 장의 수면과 관련된 내용은 논문 <수면장애 의학>, <수면과 통증>, 질병관리본부 건강정보포털의 내용을 참고하여 작성된 것임을 알립니다. 수면에 대한 자세한 지식을 알기 위해서는 전문가에 의해 쓰여진 책자 또는 웹사이트를 참고하십시오.

- 홍승봉. (2013). 수면장애 의학. *Journal of the Korean Medical Association, 56*(5), 410-422.
- Lee, J. S., & Jeong, D. U. (2012). Sleep and pain. *Sleep Medicine and Psychophysiology, 19*(2), 63-67.
- 질병관리본부 건강정보포털 건강/질병정보: "불면증", "수면장애", "노인 불면증" http://health.cdc.go.kr/health/HealthInfoArea/HealthInfo/List.do

일반적으로 건강한 성인은 매일 평균 7-8시간의 수면을 취합니다. 하지만 각자에게 필요한 수면의 양은 모두 다르기 때문에, 나에게 맞는 적절한 수면 시간을 찾아야 합니다.

수면의 질을 높이려면 깨지 않고 숙면을 취하는 시간을 늘여야 합니다. 수면은 크게 두가지 종류로 나눌 수 있습니다. 바로 비-렘수면(non-rapid eye movement; NREM) 과 렘수면(rapid eye movement; REM)입니다. 일반적인 수면 주기는 90분으로, 이 90분 안에는 비렘수면과 렘수면이 포함되어 있습니다. 우리는 하룻밤에 수면 주기를 4-5회 반복하면서 잠을 잡니다. 수면의 질을 좌우하는 것은 렘수면입니다. 렘수면은 잠의 20-25%를 차지합니다. 렘수면 동안에는 눈동자가 빠르게 움직이고, 근육이 긴장하지 않습니다. 렘수면 동안에는 꿈을 꾸고, 학습이 이루어지고, 정신적 피로가 감소하고 스트레스를 해소됩니다. 그러므로 렘수면이 부족해지면 기억력 저하와 감정 조절의 문제가 생깁니다. 수면 주기가 반복될수록 렘수면의 길이가 점점 길어지므로, 수면 시간이 짧거나 수면 도중 잠을 깨면 렘수면 시간이 부족해져 수면의 질이 감소하게 됩니다.

빛과 활동량은 수면의 질에 영향을 주는 중요한 요인입니다. 빛은 우리가 밝은 낮에는 깨어 있도록, 어두운 밤에는 잠이 오게 만듭니다. 좋은 수면을 위해 낮에는 충분한 양의 빛을 쬐고, 밤에는 최대한 빛을 차단하는 것이 좋습니다. 또한, 활동량이 높을수록, 피로회복을 위해서 수면 욕구가 커집니다. 수면을 충분히 취하지 못한다면, 하루 활동량이 너무 적지 않은지 확인해봐야 합니다.

'적절한 양'과 '높은 질'의 수면을 취하지 못하면 "수면장애"를 겪을 수 있습니다. 일반 성인의 약 1/3이 다양한 종류의 수면 문제를 경험하고 있으며, 암환자의 경우 수면장애를 겪을 확률이 더 높습니다. 수면장애는 일반 성인과 암환자 집단 모두에

서 여성이 더욱 많이 경험합니다.[8]

수면장애는 종류가 다양합니다. 그 중 가장 많은 사람들이 경험하는 수면장애로는 불면증(Insomnia), 기면증(narcolepsy), 수면호흡장애(sleep-related breathing disorder), 하지불안 증후군(restless legs syndrome, RLS) 등이 있습니다.

이중에서 불면증은 가장 흔하게 나타나는 수면장애로, 수면의 양과 질이 부족한 것이 특징입니다. 잠이 드는 것이 30분 이상 걸리고 어렵거나, 잠이 들어도 자다 깨다를 반복하며 다시 잠들기 어렵거나, 너무 일찍 잠에서 깨 더 이상 잠들 수 없는 일중 한가지 이상을 일주일에 3번 이상 경험하고 있다면 불면증을 의심하고 치료를 고려해야합니다.[9]

불면증에는 3가지 유형이 있습니다. 첫째, 잠드는 데 어려움이 있는 유형, 둘째, 중간에 자주 깨는 유형, 셋째, 너무 일찍 깨는 유형입니다. 잠드는 데 어려움이 있는 유형은 잠자리에 든 후에도 오랜 시간 동안 잠이 오지 않아 어려움을 겪는 경우로 늦잠을 자게 되거나 잠이 부족해질 수 있습니다. 중간에 자주 깨는 유형은 수면 도중 원치 않게 잠을 깨는 경우를 말하는데, 중간에 깨어있는 시간이 생겨나면 숙면을 취하기 어렵습니다. 너무 일찍 깨는 유형은 일어나려는 시간보다 이른 시간에 잠을 깨어 충분한 수면을 취하지 못하므로, 수면 부족으로 일과 시간에 피로를 느낄 수도 있습니다. 이 중 자신이 어떤 유형의 불면증인지 파악하고 유형에 맞추어 수면을 조절해야 합니다.

기면증이란 낮 시간에 참을 수 없는 졸음으로 인해 깜박 잠이 들거나 낮잠을 자는 증상입니다. 호흡관련 수면장애는 자는 동안 숨을 쉬지 않거나 얕은 숨을 쉬는

---

8 최원정, 이병욱, 김동욱, 이선구, 홍수정, 강지인, 이혁, 오승택, 김민경. (2014). **우리나라 암 환자에서 나타나는 정신질환의위험도 및 정신과 진료의 특성 연구**. 일산 : 국민건강보험공단 일산병원 연구소.

9 **대한수면연구학회** https://www.sleepnet.or.kr/sleep/self-test

것으로, 코골이 또는 낮에 졸린 증상을 동반합니다. 하지불안 증후군을 가진 사람은 다리에 저리거나 아픈 느낌, 또는 벌레가 기어가는 느낌이 들어 다리를 가만히 두기 어려워 계속해서 움직이므로 숙면을 취하기 어렵게 됩니다.

2. 불면증이 있으면 이런 어려움이 있습니다

불면증의 원인은 다양한데, 크게는 감정, 생각, 신체적 요인 및 생활습관으로 나눠볼 수 있습니다. 먼저, 우울, 불안과 같이 부정적인 감정이 불면증을 일으킬 수 있습니다. 우울하고 불안한 감정은 잠을 자기 어렵게 만들거나 혹은 지나치게 많이 자게 만듭니다. 둘째, 걱정, 잘못된 생각, 잠과 관련된 잘못된 믿음 등 특정한 유형의 생각도 불면증을 일으킵니다. 셋째, 다양한 신체적 요인도 불면증을 일으키는데, 특히, 암과 같은 질병은 통증을 포함하여 여러 신체적/심리적 변화를 가져와 불면의 원인이 되기 쉽습니다. 마지막으로 커피, 녹차의 카페인과 담배의 니코틴이나 알코올은 신체를 각성시켜 수면을 방해하는 생활습관과 관련된 요소들입니다. 이 책에서는 감정, 생각, 생활습관과 관련된 수면 문제를 중점적으로 다룹니다.

암 투병을 하면서 생기는 수면 문제도, 일반적인 수면 문제와 같이 그 종류와 원인은 다양합니다.

> “47세 여진씨는 몇 달 전 위암 진단을 받은 후부터 잠에 쉽게 들지 못하고 있습니다. 암에 걸렸다는 사실을 도저히 받아들이기 힘들어 우울감과 함께 수면 문제를 겪고 있습니다.”

“ 35살 승수씨는 평소에 잠을 잘 자던 편이었고 폐암 진단을 받은 이후에도 수면에 큰 문제는 없었지만, 항암치료를 시작하면서 자꾸 이른 새벽에 잠에서 깨어납니다. 승수씨는 항암치료 중 통증과 불쾌감을 경험하고 있고, 항암 치료 받으러 가기 며칠 전부터 치료 중에 수반되는 통증과 불쾌감에 대한 걱정 때문에 한번 잠을 깨고 나면 다시 잠들 수가 없습니다. ”

“ 55세 경자씨는 대장암 수술과 항암치료를 받은 후 손과 팔에 심한 통증을 겪고 있습니다. 통증때문에 밤에 몇 번씩 잠을 깨고, 수면시간이 부족해 피곤합니다. 낮잠을 자는 날에는 밤에 잠이 오지 않아 고생합니다. ”

“ 45세 지은씨는 직장을 다니며 규칙적인 생활을 해왔으나, 혈액암에 걸린 후 직장을 쉬면서 밤에 잠을 자지 않고 새벽까지 깨어 다른 일을 하다가 낮과 밤이 바뀌었습니다. 아침에 잠들어 저녁에 일어나니 정상적인 생활이 불가능합니다. ”

각각이 가진 수면문제는 형태나 기능 측면에서 모두 다 다릅니다. 어떤 원인으로 불면증에 걸렸는지 파악해야, 이를 해결할 방법을 찾아 증상을 개선할 수 있습니다.

여러 연구를 통해 증명된 불면증 개선을 위한 가장 효과적인 방법이 인지행동치료입니다. 추후 2부에서는 인지행동이론을 근거로 불면증 치료 기법을 구체적으로 제시할 것입니다.

3. 수면문제는 이렇게 평가합니다

불면증을 겪고 있다면, 매일 수면 일기 쓰기를 권합니다. 수면 일기를 쓰면 불면증의 원인을 파악하고 원인에 맞는 치료에 도움이 되는 정보를 얻을 수 있습니다.

가. 수면일기와 수면효율

수면일기란 수면의 양과 질을 기록하는 것입니다. 수면 일기에 기록한 정보를 바탕으로 수면효율을 계산할 수 있습니다.

"수면효율"이란 침대에 누워 있는 시간 중 실제로 잠을 잔 시간의 비율을 말합니다. 수면효율이 높다는 것은 눕자마자 잠이 들어 중간에 깨지 않고 아침까지 잠을 잘 잤다는 뜻입니다. 수면 효율은 다음 공식을 사용해서 계산할 수 있습니다.

$$\text{수면효율(\%)} = \frac{\text{실제 수면시간}}{\text{침대에 누워있던 시간}} \times 100$$

다음의 예를 이용해 수면 효율을 계산해 봅시다.

① 어젯밤 잠에 들기 위해 몇 시에 누웠습니까? 오후 11시
② 어젯밤 실제로 몇 시에 잠이 들었습니까? 오전 1시
③ 오늘 아침 몇 시에 잠에서 깼습니까? 오전 7시
④ 아침에 일어나기 전까지 중간에 잠에서 깨어 있었던 시간이 있다면, 몇 시간입니까? 1시간

위 정보를 공식에 대입하면 다음과 같습니다.

$$수면효율(\%) = \frac{5시간}{8시간} \times 100 = 62.5\%$$

침대에 누워있던 시간은 잠자리에 든 시간은 오후11시부터 오전 7시까지 총 8시간입니다.

실제 수면시간은 실제로 침대에 누워있었던 시간 (8시간)에서 잠에 들기 전까지의 2시간과 중간에 깬 시간 1시간을 빼서 총 5시간입니다. 이 경우 수면 효율은 5시간/8시간 × 100 =62. 5%가 됩니다.

어제의 여러분의 수면 효율을 계산해 보십시오.

어제 밤을 떠올리면서 다음 질문에 답해보세요.

Q

① 어젯밤 잠에 들기 위해 몇 시에 누웠습니까?
② 어젯밤 실제로 몇 시에 잠이 들었습니까?
③ 오늘 아침 몇 시에 잠에서 깼습니까?
④ 아침에 일어나기 전까지 중간에 잠에서 깨어 있었던 시간이 있다면, 몇 시간입니까?

자고 일어나는 시간과 중간에 깨는 시간이 다르다면 수면 효율은 매일 달라집니다. 약 1주일 정도 여러분의 수면 효율을 계산해 보십시오. 수면 효율의 평균이 85%보다 낮다면 수면에 문제가 있다고 볼 수 있습니다. 수면 효율을 85% 이상으로 높이는 것이 불면증 치료의 목표입니다.

나. 피츠버그 수면의 질 척도 (Pittsburgh Sleep Quality Index)

앞서 수면 효율을 계산을 통해 수면문제에 대한 스크리닝을 해봤습니다. 이제 추가 검사를 통해 지난 한달 간의 수면을 평가하면서 자신에게 수면 문제가 있는지 평가해봅시다. 피츠버그 수면의 질 척도(Pittsburgh Sleep Quality Index)[10]는 19가지 문항으로 이루어지며, 0점에서 21점까지로 지난 한달 간의 수면의 질을 평가하는 도구입니다. 점수가 높을수록 수면상태가 만족스럽지 못함을 말합니다. 척도에는 주관적인 수면의 질, 입면 시간, 수면시간, 습관적 수면 효율, 수면 장애, 수면제의 복용, 주간기능장애에 대해 알아보는 문항이 포함되어 있습니다.

피츠버그 수면의 질 척도 검사지는 부록 6. 에 수록되어 있습니다.

---

10 이 수면 검사지는 Daniel Buysse, Charles F Reynolds, Timothy H. Monk, David J. Kupfer(1989)에 의해 개발되었고, 손승일, 김도형, 이미영, 조용원(2012)이 한국어로 번역한 것입니다.

- Buysse, D. J., Reynolds III, C. F., Monk, T. H., Berman, S. R., & Kupfer, D. J. (1989). The Pittsburgh Sleep Quality Index: a new instrument for psychiatric practice and research. *Psychiatry research, 28*(2), 193-213.
- Buysse, D. Sohn, S. I., Kim, D. H., Lee, M. Y., & Cho, Y. W. (2012). The reliability and validity of the Korean version of the Pittsburgh Sleep Quality Index. *Sleep and Breathing, 16*(3), 803-812.

03

통증

1. 통증은 관리할 수 있습니다

치료 중인 암 환자 중 64%는 통증을 호소하는데, 암환자가 통증을 느끼는 이유는 크게 3가지입니다.[11]

첫째, 암세포가 다른 조직을 눌러 통증을 느낄 수 있습니다. 암세포가 뼈, 신경, 장기를 눌러 통증을 만드는 것입니다. 둘째, 수술, 검사, 방사선요법, 항암화학치료 등 치료하는 과정에서 통증을 느낄 수 있습니다. 셋째로 다른 질병으로 인해 통증을 경험할 수 있습니다.

통증에는 여러 가지 유형이 있습니다. 통증은 지속 시간에 따라 급성 통증과 만성 통증으로 나눌 수 있습니다, 급성 통증은 질병 및 수술로 인해 생겨나며, 이 통증

11 본 장의 통증과 관련된 내용은 암성 통증관리지침 권고안 (6판)을 참고하여 작성된 것임을 알립니다. 좀 더 자세한 정보는 전문가에 의해 쓰여진 도서 또는 전문가에 의한 웹사이트를 참고하십시오.
- 국립암센터 (2015). **암성 통증관리지침 권고안**. 서울 : 보건복지부

이 3개월에서 6개월 이상 지속되면서 세포 손상, 근육의 긴장, 신경 및 혈관 이상, 스트레스, 부정적 정서로 인해 만성 통증으로 발전할 수 있습니다.

통증은 지속 시간과 강도에 따라서 돌발 통증과 지속 통증으로도 분류하는데, 돌발 통증은 일시적이지만 높은 강도로 나타나고, 규칙적인 진통제를 복용하는 경우에도 발생할 수 있습니다. 지속 통증은 오랜 시간 동안 일정한 강도로 지속되는 통증을 말하는데, 만일 통증 강도를 0에서 10의 숫자로 표시했을 때, 7에서 8점정도로 강한 통증이 30분에서 60분 동안 지속되며, 하루 3번 이상 나타난다면 이를 지속통증으로 보아야 합니다.

통증의 유형은 통증의 종류에 따라서 분류하는데, 체성 통증은 주로 피부, 뼈, 근육 등에서 경험되는 쑤심, 욱신거림, 누르고 찌르는 듯한 통증을 지칭합니다. 내장 통증은 위치가 정확히 파악되지 않는 경련성 통증으로, 내부장기에서 비롯되는 둔하게 아림, 쥐어짜는 듯한 통증을 말합니다. 신경 통증은 화끈거리고 쑤시는 듯한 느낌으로, 신경손상으로 인해 나타나는데, 주로 타는 듯하고, 저리고, 콕콕 찌르고, 무디며, 전기 통하는 듯한 통증을 말합니다. 자신의 통증 유형이 무엇인지 파악하면 지금보다 통증에 효과적으로 대처할 수 있습니다. 암성 통증 관리지침[12]에서는 적절한 진통제 치료에도 약 10%의 경우에는 통증조절이 어려울 수 있다고 하고 있습니다. 이에 따르면 아직도 많은 암환자가 통증으로 인한 어려움을 경험하고 있을 가능성이 큽니다.

통증을 적절히 표현하면 가족, 친구, 동료 등 주변 사람들에게 지지를 구하기가 쉬워집니다. 수술한 후로 손발이 저리다고 알리고 집안일을 나눌 수도 있고, 친구들에게 다리가 붓고 아프다고 말하면 움직임이 많은 활동 대신 영화보기를 선택할

12 국립암센터 (2015). **암성 통증관리지침 권고안**. 서울 : 보건복지부

수 있습니다. 직장에서 상사와 동료에게 통증의 강도와 지속 시간에 대해 알리면, 통증이 있을 때 쉬는 시간을 얻기 수월할 것입니다. 또한 의사에게 통증을 자세히 파악하고 표현함으로써 적절한 처방을 받을 수 있습니다. 그러므로 통증 조절의 첫 걸음은 '통증 표현하기' 입니다.

통증을 잘 표현하기 위해서 다음 질문에 답해보십시오. 특히, 일주일 동안 이 질문들에 대해 기록해서 가져가면, 의사에게 통증에 대해 정확한 정보를 제공할 수 있을 것입니다.[13]

통증 표현하기 위해 생각해볼 질문들

① 어디가 아픈가?
② 어떻게 아픈가?
③ 얼마나 아픈가?
④ 어떻게 하면 더/덜 아픈가?
⑤ 얼마나 오래, 자주 아픈가?
⑥ 진통제 복용 시 어떤가?

만일, 다음과 같은 경우라면, 반드시 의사 면담 시 이를 보고해야 합니다.[14]

의사 면담에서 반드시 보고해야 하는 상황

1. 통증이 나아지지 않을 때
2. 통증이 갑자기 나타날 때
3. 통증 때문에 생활에 지장이 있을 때
4. 새로운 통증이 나타날 때
5. 진통제 효과가 나타나지 않을 때

많은 사람들이 통증에 대한 부정확한 정보를 가지고 있는데, 이는 통증 관리를 어렵게 만듭니다. 통증에 대해 흔히 가질 수 있는 잘못된 생각은 다음과 같습니다.[15] 아래에 제시된 정보에 대해 자신이 얼마나 믿고 있는지 확인해보십시오. 자신이 믿고 있는 정보의 수가 많거나, 정보에 대한 믿음이 강하면 강할수록 통증관리가 어려울 수 있습니다. 아래 제시된 정보에서 5개 이상을 믿고 있거나, 혹은 1-2 가지를 강하게 믿고 있다면 통증으로 인해 어려움을 겪고 있을 가능성이 매우 높습니다. 이 경우 전문가를 찾아 도움을 받으실 것을 권합니다.

통증에 대한 부정확한 정보

- 통증은 암이 악화된 것을 뜻한다
- 진통제는 중독되기 쉽다
- 처음부터 진통제를 쓰면 나중에 쓸 약이 없다
- 통증은 가능한 한 참고, 정말 심할 때만 진통제를 써야 한다
- 통증을 이야기하면 암 치료를 제대로 받지 못한다
- 통증이 사라지면 진통제를 그만 먹어도 된다
- 진통제는 부작용 있어 될 수 있으면 안 먹는 것이 좋다

통증의 치료 방법은 크게 약물, 수술, 비약물로 나뉩니다. 약물 치료는 가장 대표적인 통증 치료 방법입니다. 진통제는 가장 널리 쓰이며 통증 완화에 효과적이지만, 부작용과 한계가 있으므로 반드시 의사의 처방대로 복용해야 합니다. 혹은 수

13 National cancer institute. (n.d.). Cancer Pain (PDQ®)-Patient Version. https://www.cancer.gov/about-cancer/treatment/side-effects/pain

14 National cancer institute. (n.d.). Cancer Pain (PDQ®)-Patient Version. https://www.cancer.gov/about-cancer/treatment/side-effects/pain

15 국가암정보센터 암환자 생활백서 : 통증관리 https://www.cancer.go.kr/lay1/S1T378C379/contents.do)

술을 통해 통증의 근원인 종양을 제거하거나 통증을 전달하는 신경을 절제하는 경우, 통증이 완화될 수 있습니다.

비약물 치료는 약물이나 수술 이외의 방법들을 말합니다. 인지행동치료, 이완훈련, 물리치료, 마사지 등의 비약물치료가 통증 감소에 효과적이라고 연구된 바 있습니다. 이 책에서는 비약물치료 중에서 인지행동치료와 이완훈련을 다룹니다. 이 책에서 다루는 기법들을 꾸준히 연습하면 통증 치료에 도움이 될 것입니다. 현재 약물을 복용 중이라면 함께 병행할 것을 권합니다.

2. 이런 것들이 통증에 영향을 줍니다

암과 같이 우리 몸에 생기는 질병은 통증을 일으킵니다. 암 외에 통증을 일으키는 다른 신체적 요소에는 호르몬, 외상, 신경 손상, 약물, 질병, 유전, 감염, 영양 상태 등이 있습니다. 또한 통증은 주관적인 경험이기 때문에 심리상태나 사회적상황에 의해서도 영향을 받습니다. 특히 기분, 감정, 생각과 같은 심리상태는 통증을 느끼는 데 영향을 줍니다. 부정적인 감정상태에 있으면 통증을 더 강하게 느낄 수 있습니다. 통증에 대해서 어떤 생각을 가지고 있는지도 매우 중요합니다. 통증을 민감하게 받아들일수록 더 큰 통증을 느끼게 됩니다. 성별, 연령, 가족 및 직장 문화, 경제 수준과 같은 사회적 요소도 통증에 영향을 미칩니다. 젊은 남자 청년에 비하여 여성 노인은 통증에 더 취약할 수도 있습니다. 경제적인 어려움으로 통증 치료를 잘 받지 못하는 경우, 통증에 취약할 수 있습니다. 반면에 가족, 직장 동료 등 가까운 사람들로부터 많은 지지를 받는다면 통증을 이겨내기가 더 수월해질 것입니다.

자신의 통증에 영향을 미치는 세가지 요소, 즉 신체적 요소, 심리적 요소, 사회적 요소를 파악하고 개선을 통해 통증조절이 가능합니다. 4장에서는 이에 대해 자세히 소개할 것입니다.

3. 통증은 이렇게 평가합니다

절반이 넘는 암환자가 통증을 경험하고 있지만, 통증을 느끼는 부위와 강도는 사람마다 다릅니다. 특정 암종의 치료에는 통증 조절이 특히 중요합니다. 뼈 암이나 뼈로 암이 전이된 환자는 큰 통증을 경험하므로 보호자에게도 통증관리에 대한 정보전달이 필요합니다.[16] 수술이나 검사 후에도 통증관리가 중요합니다. 유방 절제술을 받은 환자 중 45%가 만성 통증을 경험합니다.[17] 설명했듯이 통증을 조절하기 위해서는 자신의 통증을 잘 표현해야 합니다. 다음에 소개하는 통증일기를 통해 통증을 스스로 관찰하고 잘 표현하는 방법을 알아봅시다.

가. 통증 일기

통증일기를 통해 통증 강도와 부위를 평가합니다. 꾸준한 통증 일기는 통증을 치료하고 관리하는 데 도움을 줍니다. 통증이 있다면, 매일 같은 시간에 통증 일기를 쓰고 이를 기록할 것을 권합니다. 오랫동안 자료를 수집하다 보면 자신의 통증의 패턴이나 변화정도 등에 대해 알 수 있습니다. 다음 제시되는 질문에 따라 통증 일기를 써 보십시오

---

16 Clohisy, D. R., & Mantyh, P. W. (2003). Bone cancer pain. *Cancer, 97*(S3), 866-873

17 Smith, W. C. S., Bourne, D., Squair, J., Phillips, D. O., & Chambers, W. A. (1999). A retrospective cohort study of post mastectomy pain syndrome. *Pain, 83*(1), 91-95.

1. 어디가 아픈가요? 제일 아픈 부위 1곳을 선택하세요.

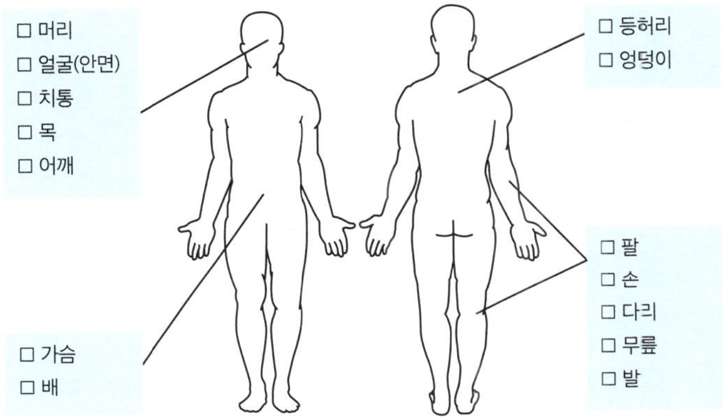

그림 3-1 통증 일기(남자)

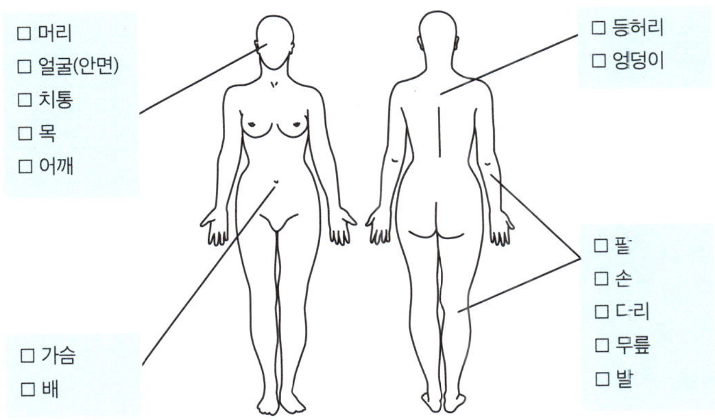

그림 3-2 통증 일기(여자)

2. 오늘은 통증이 얼마나 심한가요?

그림 3-3 통증 일기

'오늘은 통증이 얼마나 심한가요?' 기준 정하기

앞서 기분 평가에서 설명했던 것처럼, 통증 평가도 기준을 명확히 정하고, 매번 그 기준에 따라 평정을 할 것을 권합니다. 다음은 기준에 대한 예시입니다. 예를 참고해서 자신만의 기준을 만들어 보세요.

예

0점 통증이 전혀 없는 상태. 몸이 가볍고 날아갈 것 같음

.

.

3점 통증을 가끔씩 약한 강도로 느끼고 있으나, 빈도나 강도가 무시할 만한 수준임

.

5점 약간의 통증이 있으나, 일상 생활을 하는데 무리가 없음

.

7점 겨우 일상적인 일을 수행할 수 있을 정도의 통증이 있음 집중하는 일을 하기 어려움

.

.

10점 통증이 너무 극심해 아무것도 할 수 없음

3. 어떻게 아픈가요?

표 3-1 통증 일기

□ 따갑다	□ 화끈거리다
□ 쑤시다	□ 찌르는 듯이 아프다
□ 결리다	□ 묵직하게 누르는 듯 하다
□ 쓰리다	□ 전기가 흐르는 듯 하다
□ 저리다	□ 무디다
□ 뻐근하다	□ 무감각하다

4. 어떻게 했을 때 통증이 심해지거나 나아지나요?

표 3-2 통증 일기

통증이 심해질 때	통증이 나아질 때
□ 누웠을 때	□ 누웠을 때
□ 앉아있을 때	□ 앉아있을 때
□ 서있을 때	□ 서있을 때
□ 걸을 때	□ 걸을 때
□ 기침할 때	□ 기침할 때
□ 휴식	□ 휴식
□ 아픈 부위를 누를 때	□ 아픈 부위를 누를 때
□ 스트레칭	□ 스트레칭
□ 물건을 들 때	□ 물건을 들 때
□ 집안일을 할 때	□ 집안일을 할 때
□ 운동을 할 때	□ 운동을 할 때
□ 기타	□ 기타

2부

성공적인 이행을 위한 마음지도

근육을 키우기 위해서 운동하는 법을 배우고 이를 꾸준히 연습해야 하듯

정신적 문제를 극복하기 위해서 기술을 습득하고

이를 꾸준히 연습하는 과정을 거쳐야 합니다.

정신적인 어려움을 극복하는 데도 기술이 필요합니다.

기술은 배울 수 있고 연습해야 합니다.

이 책에선 과학적으로 입증된 기법에서

암환자의 심리적 어려움을 다루는데 효과적인 방법을 소개하고 있습니다.

이 책에서 소개하는 모든 방법이 모든 사람들에게 효과적이지는 않지만

많은 사람들이 도움을 받은 방법입니다.

열린 마음으로 마음에 드는 방법부터 시도해 보십시오.

시도하기 전까지 얼마나 도움이 될 지 알 수 없습니다.

04

인지행동치료

암 환자들의 정신적인 어려움에 주의를 기울이기 시작한 1970년대 이후, 많은 연구자들이 이를 다루는 가장 효과적인 방법을 찾아내기 위한 노력을 기울여 왔습니다.[18] 지난 40여년 동안 연구를 통해 가장 효과적인 방법으로 밝혀진 것은 인지행동치료입니다.

인지행동치료에서는 생각과 마음과 행동이 연결되어 있다고 보며, 생각하는 방법에 문제가 있게 되면 행동도 그에 따르게 되고 결과적으로 마음의 어려움이 생겨나게 된다고 가정합니다. 다시 말하면, 우리가 어떻게 느끼는지가 어떤 행동을 할

---

18 암환자를 위한 심리적 돌봄을 수행하고 연구하는 분야를 '심리종양학 (Psycho-oncology)'이라고 부릅니다. 심리종양학은 다음과 같은 주제를 탐구합니다. 다수의 심리종양학자가 이 책에 소개된 인지행동치료에 대해 알고 활용하고 있습니다.

1) 라이프스타일을 바꾸거나 암을 예방하는 습관을 만드는 행동
2) 암의 조기 발견을 위한 행동과 태도
3) 암의 유전적 위험 및 유전자 진단에 대한 심리적 이슈
4) 암 치료 중에 환자가 경험할 수 있는 불안, 우울, 섬망, 통증, 피로와 같은 증상 관리
5) 암 치료가 끝난 이후의 심리적 후유증 관리
6) 완화의료(호스피스)에서 필요한 심리적 돌봄
7) 심리신경면역학적 지식을 통해 암의 발병과 생존에 관련된 신체와 심리 사이의 연관 심리종양학의 역사에 관심있는 학생은 다음 논문을 참고할 수 있습니다
   - Holland, J. C. (2002). History of psycho-oncology : overcoming attitudinal and conceptual barriers. *Psychosomatic medicine, 64*(2), 206-221.

지 결정하고, 어떤 행동을 하는지가 어떤 생각을 할 것인지 결정하며, 어떻게 생각하는지가 어떻게 느낄지에 영향을 미친다는 것입니다(그림 4-1).

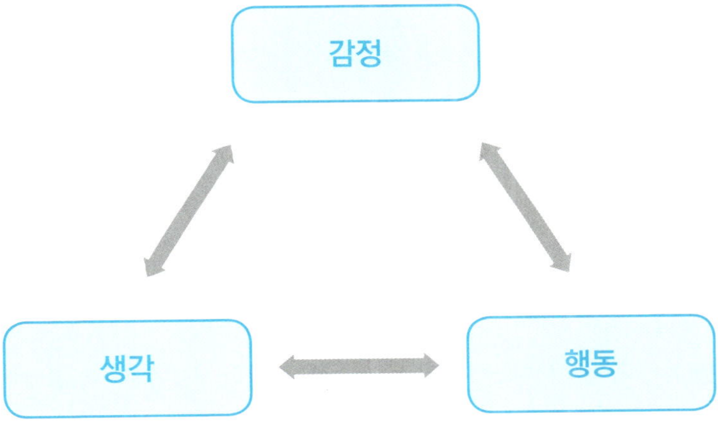

그림 4-1 인지행동모델

인지행동치료에서는 우울이나 불안으로 표현되는 마음을 다스리기 위해서는 마음을 어렵게 만드는 여러 가지 상황을 파악하고, 그 상황에서 자신의 사고나 신념 및 태도를 분석하고, 이를 보다 건설적인 방향으로 바꿔주어야 한다고 강조합니다. 생각하는 방법이 잘못되면 행동에도 부정적인 영향을 주는데, 바로 이 때문에 수면문제와 통증이 심해질 수 있으며, 이 역시 생각하는 방법을 바꿔주면 나아질 수 있다고 봅니다. 실제 많은 연구들은 생각을 바꾸는 방법이 우울/불안, 수면, 통증 등 다양한 어려움에 효과적임을 보고합니다.

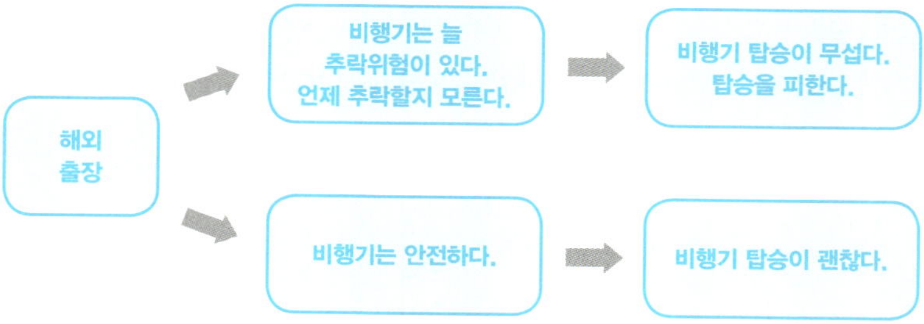

그림 4-2 비행기에 대한 사고(thought, 思考) 차이에 따른 행동과 감정

그림 4-2는 비행기 탑승에 대한 불안을 가지고 있는 사람과 그렇지 않은 사람의 예를 인지행동치료모델에 적용시킨 것입니다. 예를 들어서, "비행기는 늘 추락 위험이 있다, 언제 추락할지 모른다" 라는 불안한 생각에 사로잡힌 사람들에게는 비행기를 타는 것이 무척 두려운 일일 것입니다. 두렵기 때문에 비행기 여행을 피하게 되는 행동을 하게 됩니다. 비행기가 안전하지 못하다고 생각할수록, 비행기에 대한 공포가 심각할수록 비행기 탑승을 더욱 피하는 행동을 하게 됩니다. 반면, 비행기가 안전하다고 생각하는 사람은 비행기에 대한 불안이나 공포를 전혀 느끼지 않을 것이고, 비행기를 편안하고 빠른 이동수단으로 선택할 것입니다. 이렇듯 우리가 어떤 생각을 하는지에 따라서 느끼는 감정이나 선택하는 행동이 매우 달라지는 것을 알 수 있습니다.

불시에 일어나는 상황에 대한 생각은 자신이 의식하기도 전에 찰나에 발생합니다. 어떤 상황에 마주쳤을 때 즉각적으로 머릿속에 떠오르는 생각을 "자동적 사고"라 하며, 자동적 사고는 비슷한 상황에서 반복되어 발생하는 특징을 가집니다. 모든 사람들이 상황에 따라 각기 다른 자동적 사고를 가지고 있습니다. 자동적 사고가 반드시 좋지 않은 영향을 주는 것은 아니지만, 자동적 사고 중 일부인 "잘못된 자동적 사고"는, 우리의 행동과 감정을 부정적으로 만듭니다. 이 그릇된 사고는 우리가 알아채지 못하는 사이에 생겨난 생각하는 방식의 한 형태로, 우리의 행동과 감정을 좌우하게 됩니다. 잘못된 자동적 사고가 오랜 기간 동안 반복해서 나타나면 우울과 불안 등 다양한 정신적인 어려움을 경험하게 됩니다. 많은 연구들은 우울이나 불안 등 감정적인 어려움이 생겼을 때, 이를 극복하는 가장 좋은 방법은 자신이 가진 잘못된 자동적 사고를 파악하여 이를 합리적인 생각으로 바꿔주는 것임을 보여주고 있습니다.

이 장에서는 암환자들이 가장 빈번하게 호소하는 우울과 불안, 수면, 그리고 통증에 어떻게 인지행동치료모델을 적용시킬 수 있는지 소개합니다

1. 생각과 행동을 바꾸면 우울과 불안 등 정서를 변화시킬 수 있습니다

우울과 불안은 내재화된 문제이므로 스스로 겪고 있는 경우에도 문제로 인지하지 못할 수 있습니다. 그러나 1장에서 설명한 것처럼 우울과 불안은 그 자체로 부정

적이고 고통스러운 감정일 뿐만 아니라 수면 문제나 통증을 악화시킬 수 있습니다. 인지행동치료는 우울증이나 불안 장애, 불면과 통증 등 정신과적 어려움을 겪는 환자를 위해 개발된 치료 방법의 하나로, 장애와 연관된 핵심적인 생각(인지)이나 행동을 변화시키는 기법인데, 인지행동치료를 암 투병 중인 환자에게 적용한 결과 인지행동치료의 치료 방법이 암환자가 겪는 유사 문제에 효과적임이 밝혀졌습니다. 지금부터 인지행동치료를 우울 및 불안, 수면 문제, 통증 순서대로 적용해 보겠습니다.

첫 번째로 암환자의 사례를 들어 인지행동치료를 우울 및 불안에 적용해 보겠습니다.

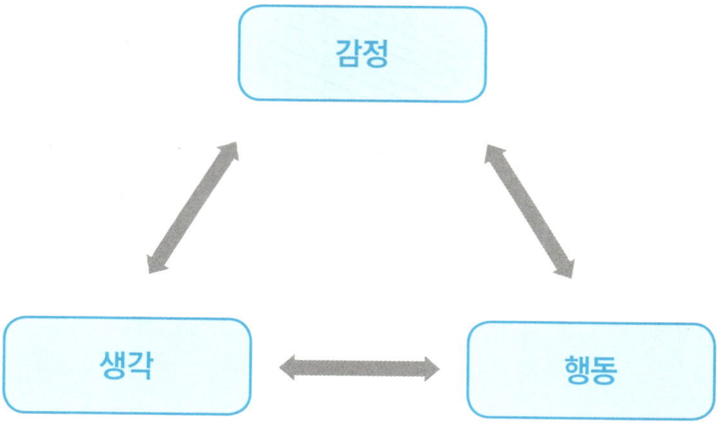

그림 4-3 인지행동모델의 생각 · 감정 · 행동

> 52세, 미진씨는 유방암으로 투병하였습니다. 며칠 전 항암치료를 끝낸 후에 첫 정기검진을 받았습니다. 병원에서는 결과를 일주일 후까지 알려준다고 하였습니다. 미진씨는 검사 결과를 생각할 때마다 가슴이 두근거렸습니다. 평소와 다른 통증이 조금만 있어도 '재발한 것이 아닐까?', '재발하는 사람이 많으니까 치료가 끝난 후에도 정

기검진을 받으라고 하는 것이 아니겠어?', '암에 걸린 후로부터 나쁜 예감은 꼭 맞더라'는 불길함을 느꼈습니다. 초조하고 해야할 일에 하나도 집중이 되지 않았습니다. '일주일 걸린다고 했는데, 결과를 볼 때까지 어떻게 기다리지?' 하고 기다리는 것이 매우 힘겹게 느껴집니다. 딸이 재미있는 TV프로그램을 같이 보자고 부르지만 미진씨는 병원에서 어떤 연락이 올 것 같아 핸드폰을 손에 잡은 채로 앉아서 계속 걱정합니다. ❞

미진씨의 사례를 인지행동치료모델에 적용하면 다음과 같습니다.

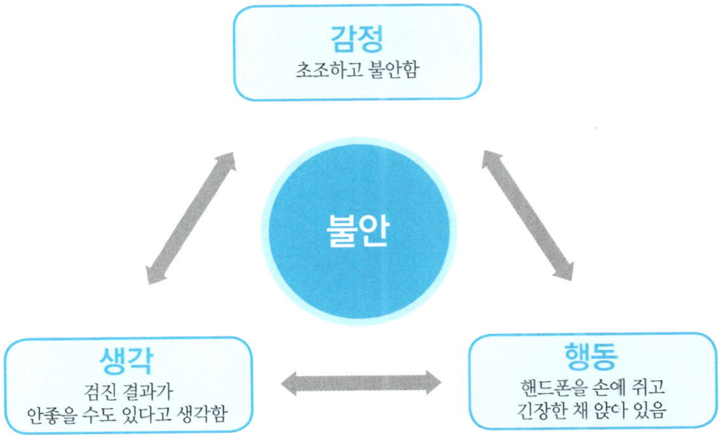

그림 4-4 미진씨의 생각 · 감정 · 행동(불안 유발)

미진씨는 검진 결과가 나쁘게 나올 것을 걱정하고 있고 이로 인해 정서적으로는 초조해하며 행동적으로는 긴장하고 있습니다.

같은 상황에서 미진씨가 어떤 다른 생각을 할 수 있는지 살펴봅시다. 미진씨는 검사 결과가 걱정되기는 했지만, 걱정은 잠시 접어두고 유방암을 겪었지만 치료를 마치고 잘 지내고 있는 친구, TV에서 봤던 사람, 병원 지식 센터에서 읽었던 치료 수기의 주인공을 차례대로 떠올려봅니다. 처음에 쉽지는 않았지만, 의식적으로 "누구도 있고, 누구도 있고, 그래, 누구도 있었지" 하고 사람 이름을 콕콕 짚어 떠올렸습니다. 그리고는 재발하는 사람도 있지만, 치료가 잘되어 완치한 사람도 있다고 생각합니다. 그 생각을 하자 불안이 다소 누그러졌고, 딸이 TV에서 하는 건강관리 프로그램을 같이 시청하자고 제안하자 함께 그 프로그램을 시청하기 시작했고 점점 더 몰입할 수 있었습니다.

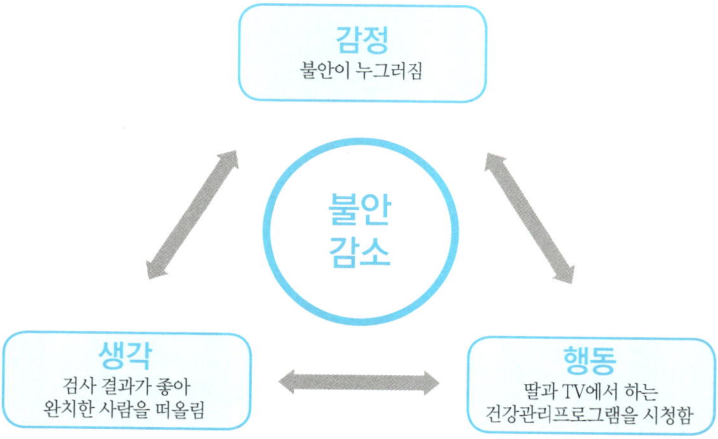

그림 4-5 미진씨의 생각 · 감정 · 행동(불안 감소)

이 두 가지 경우를 한 번 비교해봅시다.

표 4-1 미진씨의 생각 · 감정 · 행동('불안 상태'와 '불안 감소 상태')

		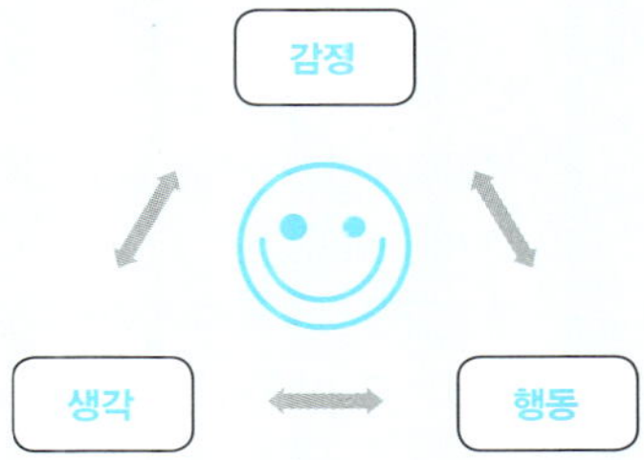
생각	검진 결과가 안좋을 수도 있다고 생각함	재발하는 사람도 있지 만, 치료가 잘되어 완치한 사람도 있다고 생각함
행동	핸드폰을 손에 쥐고 긴장한함채 앉아 있음	딸과 TV를 건강관리 프로그램을 시청함
감정	초조하고 불안함	불안이 누그러짐

똑같은 상황이었지만, 그 상황을 어떻게 해석했는가에 따라 미진씨의 행동과 감정이 달라졌습니다. 물론 미진씨의 불안이 생각에 따라 완전히 사라지는 것은 아닙니다. 하지만, 우리의 생각과 행동과 감정은 서로 연결되어 있기 때문에 생각하기에 따라 불안의 정도가 달라질 수 있음을 기억하십시오.

2. 생각과 행동을 바꾸면 수면문제를 감소시킬 수 있습니다

인지행동치료는 우울, 불안 뿐 아니라 수면문제의 해결에도 도움을 줍니다
수면 문제 해결에 인지행동치료의 원리를 적용해봅시다.

“ 은진씨는 낮에 친구와 말다툼을 했습니다. 은진씨는 친구의 생각이 잘못되었다고 생각했지만, 친구를 존중하는 마음에서 친구와 헤어지기 전에 친구에게 사과를 했습니다. 자신이 먼저 사과하면 친구도 미안하다고 할 것이라고 생각했지만 친구는 은진씨에게 사과하지 않고 집으로 돌아갔습니다. 사과조차 하지 않는 친구를 보니 은진씨는 친구가 자신을 무시한다는 생각이 들었습니다. 이 날 저녁 평소처럼 잠자리에 들었지만 잠자리에서 낮에 있었던 사건을 떠올리자 화가 치밀어 올랐습니다. 결국 은진씨는 다음 날 새벽까지 잠을 이루지 못했습니다. ”

은진씨가 왜 잠을 이루지 못했는지를 인지행동치료모델로 설명해봅시다. 은진씨는 친구가 사과하지 않자 친구가 날 무시한다고 생각했습니다. 이 생각은 은진씨를 화나게 했습니다. 이런 생각과 감정은 은진씨가 잠들지 못하게 만들었습니다. 이것을 인지행동치료모델의 삼각형 위에 써보면 다음 그림과 같아집니다.

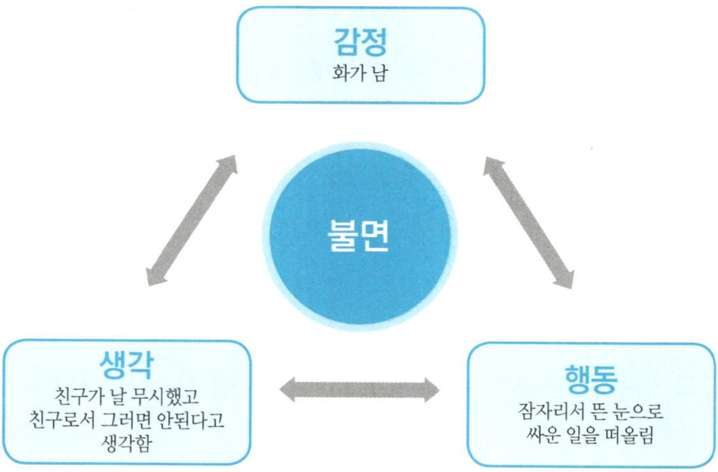

그림 4-6 은진씨의 생각 · 감정 · 행동(불면 상태)

친구와 싸운 일을 계속 생각한다면 잠을 이루기가 더 어려워질 것입니다. 은진씨의 불면 증상을 해결하는 방법에는 무엇이 있을까요?

먼저, 행동을 바꿀 수 있습니다. 잠자리에 누워 친구와 싸운 일을 계속 떠올리지 말고, 친구에게 전화를 걸 수 있습니다 만약 친구가 전화로 사과의 말을 건넨다면 화가 누그러지고 잠을 잘 수 있을 것입니다.

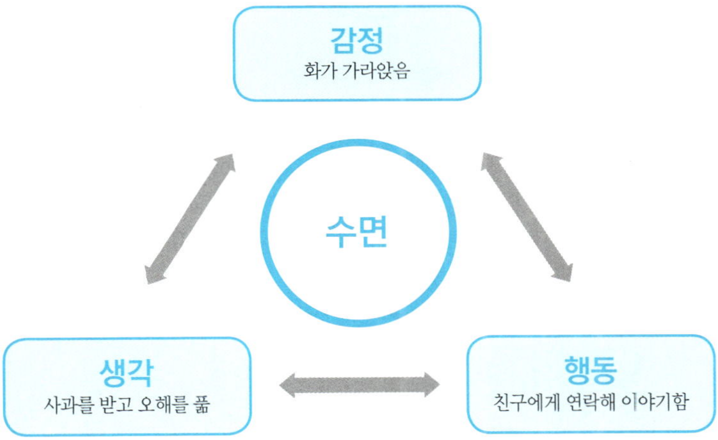

그림 4-7 은진씨의 생각 · 감정 · 행동(수면)

그러나 전화를 걸어도 친구가 전화를 받지 않거나 사과를 하지 않을 가능성이 있습니다. 따라서 전화를 거는 대신 잠이 잘 오게 심호흡 운동을 하거나, 마음을 진정시키는 책이나 음악을 들을 수 있습니다. 화나는 일 대신 다른 일에 몰입하면 마음이 가라앉아 잠을 들 수 있습니다.

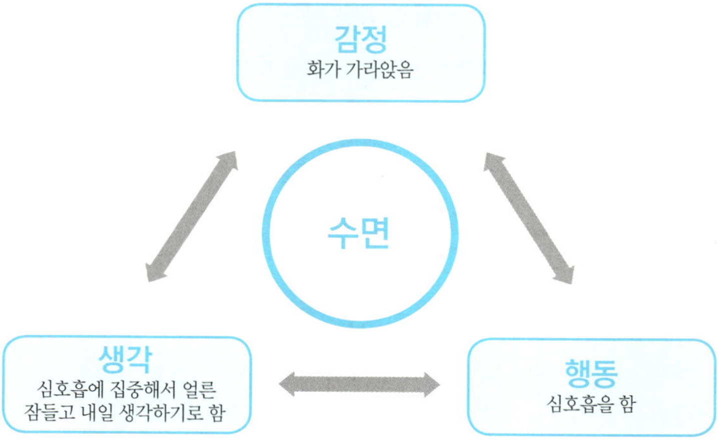

그림 4-8 은진씨의 생각 · 감정 · 행동(수면)

표 4-2 은진씨의 생각 · 감정 · 행동('불면'과 '수면')

	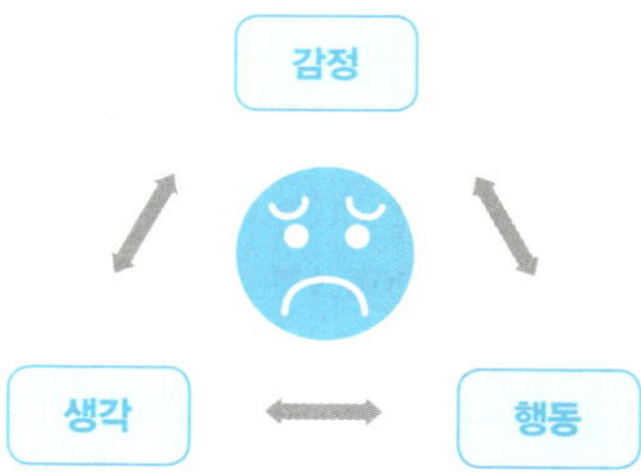	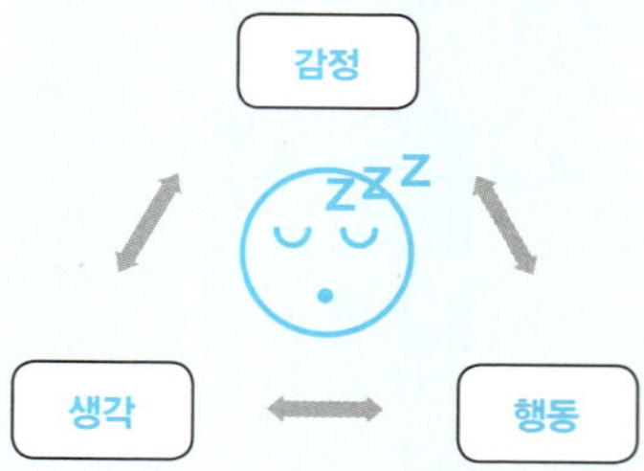
	불면	수면
행동	잠자리서 싸운 일을 떠올림	심호흡을 함
생각	친구가 날 무시했고 친구로서 그러면 안된다고 생각함	심호흡에 집중해서 얼른 잠들고 내일 생각하기로 함
감정	화가 남	화가 가라앉음

행동을 바꾸는 대신, 생각을 바꾸는 방법도 있습니다. 친구가 자신을 무시한다고 생각하는 대신 평소에 은진씨는 친구가 먼저 화해를 청했는데 자신이 거절한 적은 없었는지 생각해 볼 수 있습니다. 혹은 오늘의 말다툼이 특히 친구를 화나게 한 점이 무엇인지 생각해 볼 수 있습니다. 친구가 사과를 받아들였던 때를 상상하거나, 혹은 오늘은 늦었으니 밝은 날 다시 생각하기로 결정할 수 있습니다. 이 모든 방법은 은진씨의 화난 감정을 누그러뜨려 잠이 들게 만들어 줄 수 있습니다.

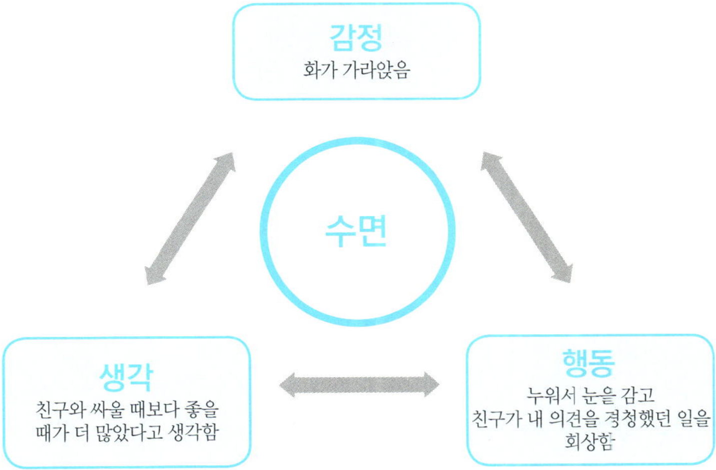

그림 4-9 은진씨의 생각 · 감정 · 행동(수면)

다음 표를 통해 생각에 따른 다른 결과를 이해해 봅시다.

표 4-3 은진씨의 생각 · 감정 · 행동('불면'과 '수면')

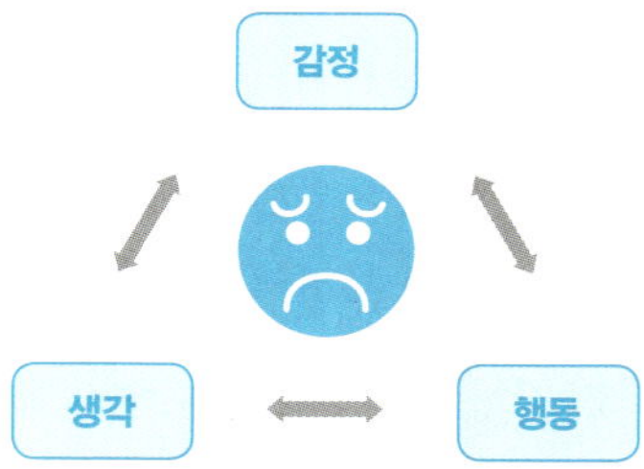

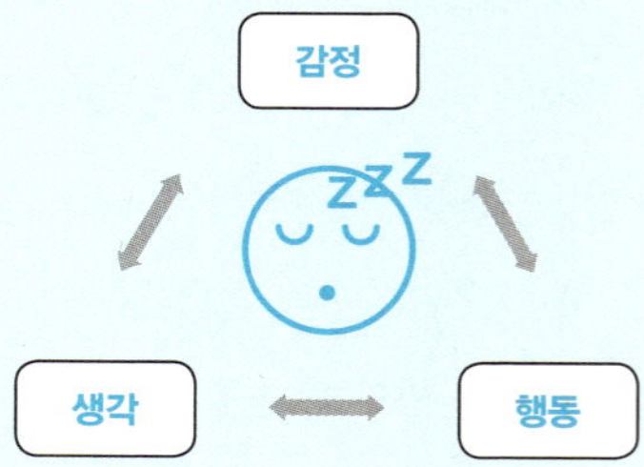

	불면	수면
생각	친구가 날 무시했고 친구로서 안된다고 생각함	친구와 싸울 때보다 좋을 때가 더 많았다고 생각함
행동	잠자리에서 싸운 일을 떠올림	누워서 눈을 감고 친구가 내 의견을 경청했던 일을 회상함
감정	화가 남	화가 가라앉음

3. 생각과 행동을 바꾸면 통증을 다스릴 수 있습니다

이번에는 통증 문제에 인지행동치료모델을 적용해봅시다.

“45세, 자궁암 환자인 승연씨는 하루 일과를 마친 후 휴식을 취하기 위해 쇼파에 눕는 순간, 갑자기 허리에 통증을 느꼈습니다. 승연씨는 허리통증이 재발의 사인일 것 같은 생각이 들자 매우 불안해졌습니다. 승연씨는 쇼파에 누운 채로 꼼짝도 하지 않고 다음날 아침까지 있었습니다. 다음 날 겨우 일어난 승연씨는 허리가 더 뻐근하고 무겁게 느낍니다.”

승연씨의 사례를 인지행동치료모델에 적용하면 다음과 같습니다.

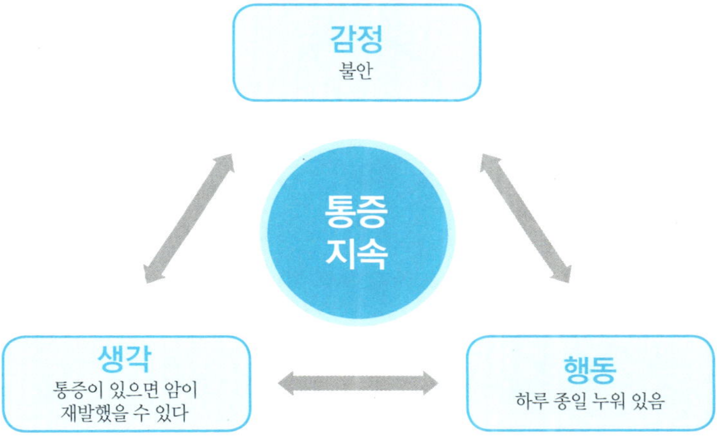

그림 4-10 승연씨의 생각 · 감정 · 행동(통증 지속)

같은 상황에서 승연씨가 어떤 다른 생각을 할 수 있는지 살펴봅시다. 승연씨는 허리에 통증을 느꼈지만 "이 정도 통증은 진통제를 먹으면 별 문제 없이 사라질 거야.", 또는 "치료 받으면서 통증이 있을 수 있다고 했어", 또는 "진통제를 먹고 나면 아프지 않을 거야" 라고 생각할 수 있습니다. 이렇게 생각하면 크게 불안하지 않을 것입니다. 승연씨는 쇼파에서 일어나서 진통제를 먹고, 수첩에 '허리통증' 경험을 기록하여 다음 진료에서 질문하기로 마음먹었습니다. 자세를 고쳐 더 바르게 누워 쉬었습니다. 다음날 아침 승연씨는 통증을 느끼지 못했습니다.

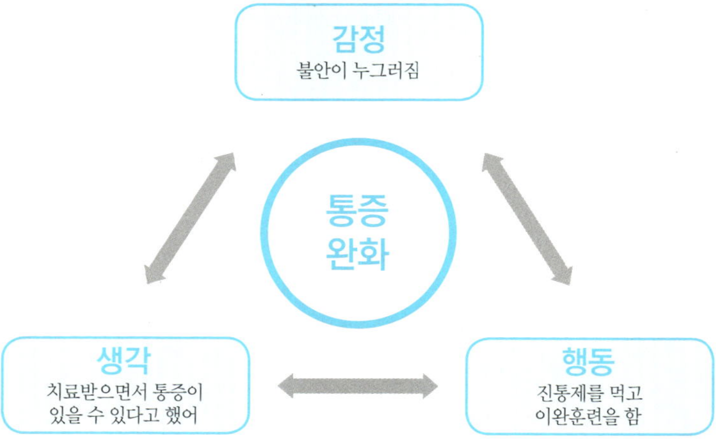

그림 4-11 승연씨의 생각 · 감정 · 행동(통증 완화)

똑같은 상황이었지만, 그 상황을 어떻게 해석했는가에 따라 승연씨의 행동과 감정이 달라졌습니다. 물론 승연씨의 통증이 전적으로 생각에 따라 심해지거나 사라지는 것은 아닐 수 있습니다. 하지만, 생각하기에 따라 통증의 정도가 달라질 수 있다는 것은 잘 알려져 있습니다. 우리의 생각과 행동과 감정은 서로 연결되어 있고, 이 연결은 치료 중 상태나 건강에도 영향을 미치기 때문입니다.

다음 표를 통해 생각에 따른 다른 결과를 이해해 봅시다.

표 4-4 승연씨의 생각 · 감정 · 행동('통증 지속'과 '통증 완화')

	통증 지속	**통증 완화**
생각	아픈 걸 보니 암이 재발했을 수 있다	치료받으면서 통증이 있을 수 있다고 했어
행동	하루 종일 누워 있음	진통제를 먹고 이완훈련을 함
감정	매우 불안함	불안이 느그러짐

05

생각을 바꾸는 길

이 장에서는 인지행동치료의 가장 핵심이 되는 생각 바꾸기에 대해서 살펴보겠습니다.

'인지행동치료'에서 '인지'란 생각을 의미합니다. 어떤 자극을 해석하고, 지각하고, 기억하고, 혹은 상상하고 그에 대해 추리하는 과정을 모두 인지라고 합니다. 여러분의 생각하는 방식이 적절해서 살면서 해결해야 하는 여러 가지 사건을 잘 해결하게 해준다면 금상첨화입니다. 지금처럼 유지하세요. 하지만, 이전의 경험 때문에 잘못된 생각을 하게 되고 이로 인해 현재를 판단하는데 어려움을 겪는다면 여러분의 생각을 바꿔주어야 합니다. 내 생각이 적절한지 아닌지를 판단하는 가장 좋은 기준 중 하나는 나와 내 주변이 얼마나 마음의 어려움을 겪고 있느냐 하는 것입니다.

우리의 생각에 영향을 미치는 요인들은 매우 다양합니다. 오랫동안 경험하는 좋은 음악, 멋진 경치, 다정한 사람들은 우리의 생각을 긍정적으로 만들어 줍니다. 하지만 암 진단과 같은 충격적인 사건은 세상을 바라보는 시각과 다른 사람을 이해하는 방식, 그리고 내 주변에 일어나는 사건을 해결하는 방식을 완전히 바꾸기도 합니다. 만일 여러분이 암 진단 이후로 마음의 어려움이 커지고 행동에 제약을 받게 되었다면, 여러분의 생각을 알아보고 만일 생각이 문제라면 생각 바꾸기를 통해서 이를 바꿔주어야 합니다. 5장에서는 다양한 사례를 통해 지금 여러분의 생각을 분석해 보고 다양한 기법을 통해 문제가 되는 생각을 바꾸어 봅시다.

1. 생각 바꾸기의 기본원리

☑ 부정적인 자동적 사고를 파악합시다

어떤 일을 맞닥뜨릴 때마다 그 순간 머릿속을 스쳐가는 생각이 있습니다. 이런 생각을 "자동적 사고"라고 부릅니다. 이 즉각적으로 떠오르는 생각에 따라 행동과 반응이 달라집니다. 사람들은 각각 다른 자동적 사고를 가지고 있습니다. 어떤 자동적 사고를 가지고 있는지 파악하는 것은 매우 중요합니다. 예를 들어, 중요한 약속이 있어 서둘렀지만 교통사고로 길이 막혀 약속에 늦게 되었다고 가정해 봅시다. 사고가 나서 길이 막힌다는 것을 알았을 때, 만일 "난 재수없는 사람이야. 내가 급할 때 꼭 이런 사고가 나지"와 같은 생각을 한다면, 기분이 매우 우울해질 것입니다. 좋지 않은 일이 일어날 때마다 매번 이런 생각을 한다면 우울 장애로 확장될 확률이 높습니다.

혹시 '나는 좋아지지 않을 거야'와 같은 부정적인 생각이 자주, 그리고 자동적으로 떠오른다면 '부정적인 자동적 사고'를 가지고 있다고 볼 수 있습니다. 암을 진단받은 사람들 중 일부는 부정적인 사고를 가지고 있습니다. 부정적인 사고는 우울하고 불안하게 만들어, 건강을 회복하기 위한 노력을 하지 않게 만들 수 있습니다. 활력과 기운이 떨어짐을 느끼고 치료에 대한 의지를 다지기가 힘들다고 느낀다면, 자신의 생각을 점검해봅시다.

“대장암 2기인 지영씨는 어느 날 갑작스러운 통증을 느꼈습니다. 갑작스럽게 배가 찌르듯 아픈 느낌을 받는 일이 반복되자 지영씨는 병원을 방문했고 진통제를 처방받으면서 복용 방법에 대한 안내를 받았습니다. 이튿날 지영씨는 처방대로 약을 복용했으나 통증이 사라지지 않자 불안해졌습니다. 그리고 '진통제는 나한테 듣지 않아. 병이 재발했는지 몰라. 병원에 다시 가기 두려워. 항상 나쁜 예감은 틀리지 않았지'라고 생각하면 불안해졌습니다. 통증은 지속되었지만, 지영씨는 약 복용을 중단하고, 하루 종일 누워 재발되었으면 어떻게 할 것인지에 대해 걱정하고 있습니다.”

“이제 정남씨의 사례를 살펴봅시다. 대장암 2기인 정남씨는 갑작스러운 통증을 느끼고 병원을 방문해 진통제를 처방받았습니다. 정남씨는 복용주의사항을 잘 지켜 약을 복용했습니다. 다음 날도 정남씨는 통증을 느꼈지만 복용 전과 다른 점에 주목했습니다. 약을 복용하기 전에는 찌르듯이 아프고 배를 움켜쥐고 쉬었어야 했다면, 복용 후에는 둔한 아픔이 느껴지고 복용 전보다는 강도가 약해서 하던 일을 계속 할 수 있는 정도였습니다. 그러나 계속 통증을 느끼자 정남씨는 “더 나아지는 방법이 있을거야” 라고 생각했습니다. 병원 방문을 하여 의료진에게 통증에 대해 설명했습니다. 그리고 새로운 처방을 받았습니다. 이후 정남씨는 많이 나아졌다고 느낍니다. 통증이 나아지자 자신이 침착하게 잘 대처했다는 것에 기분도 한층 나아졌습니다.”

표 5-1 정남씨의 생각 · 감정 · 행동('통증 지속'과 '통증 완화')

	통증 지속	통증 완화
생각	"진통제는 나한테 듣지 않아. 병이 재발했는지 몰라."	지금보다는 나아지는 방법이 있을거야
행동	약복용을 중단하고 누워서 생각하지 않으려고 함	진통제를 계속 복용하고 진료를 신청하여 의사에게 통증을 설명함
감정	매우 불안함	잘 대처했다는 자신감을 느낌

두 사람 모두 통증을 겪었지만 다른 생각을 했기 때문에 통증에 다르게 대처했고, 결과도 달랐습니다. 지영씨처럼 통증을 느끼자 '역시 나쁜 예감은 틀리지 않아. 무슨 일이 생긴 거야' 라고 부정적인 생각이 머릿속을 스쳐갔다면, 부정적인 자동적 사고를 한 것입니다. 반면에 정남씨는 같은 상황에서 보다 긍정적이고 합리적인 생각을 하고 있습니다. "합리적인 생각"은 어떤 상황을 긍정적이고 합리적으로 해석해 부정적인 기분을 느끼지 않으면서 적절한 행동을 하게 만들어 줍니다.

다행스럽게도 부정적인 자동적 사고는 연습을 통해 바꿀 수 있습니다. 사고를 바꾸기 위해서 자동적 사고를 먼저 파악해야 합니다.

☑ A-B-C 를 기록합시다

여러분이 스스로의 자동적 사고를 파악하기 위해서, ABC 평가라고 부르는 활동기록지를 사용할 것을 권합니다. 아래에 A, B, C 라고 적힌 기록지가 있습니다. C는 결과로서 사고, 감정이나 행동을 의미합니다. 그리고 A와 B는 각각 감정을 느끼는 상황과 생각을 의미합니다.

표 5-2 ABC 기록지

A Antecedent 선행사건	B Belief 사고/생각	C Consequence 결과
생각이나 감정을 일으키는 사건이나 상황을 A칸에 적어넣어 봅시다.	머릿속을 스치는 생각을 B칸에 적어 봅시다.	사고/생각의 결과로서의 감정이나 행동의 변화를 C칸에 적어봅시다.

ABC기록지의 사용법을 예를 통해 알아봅시다.

어느 날, 철호씨는 길에서 회사 동료와 마주쳤는데 동료가 인사없이 지나갔습니다. 그때 철호씨는 순간적으로 '왜 그냥 지나가지, 나를 무시하다니, 내가 우습게 보이나?'라는 생각을 했습니다. 동일한 상황에서 상희씨는 '나를 못 알아봤나 봐. 뭔가 다른 일에 정신이 없는 것 같네.' 라고 생각 했고, 다음번에는 먼저 얘기를 걸겠다고 결심했습니다.

이 때 ABC는 각각 다음과 같이 적을 수 있습니다.

표 5-3 상희씨의 ABC 기록지

A Antecedent 선행사건	B Belief 사고/생각	C Consequence 결과
예(1) 친구가 인사 없이 지나감	예(1) "인사하지 않은 것은 나를 우습게 생각하기 때문이다."	예(1) 화가 남/ 마음에 상처를 받음
예(2) 친구가 인사 없이 지나감	예(2) "못 알아보네. 다른 일에 정신 없이 바쁜가 보네."	예(2) 다음번에는 먼저 인사하려고 마음먹음

다른 예를 들어봅시다.

> "얼마전 유방암 수술을 마친 수림씨는 주치의로부터 수술 부위에 통증이 있을 수 있다는 이야기를 들었습니다. 이후 수림씨는 수술 부위에 지속적인 통증을 느꼈습니다. 통증이 지속되자 수림씨는 몸 상태가 나빠진 것이라고 생각했습니다. 걱정이 된 수림씨는 우울감과 불안감에 잠을 이루지 못했습니다."

은하씨도 똑같이 유방암 수술을 마치고 주치의로부터 수술 부위에 통증이 있을 수 있다는 이야기를 들었습니다. 이후 은하씨는 수술부위에 지속적인 통증을 느꼈습니다. 은하씨는 수술 후에 통증이 있을 수 있다고 한 주치의의 말을 떠올리며 통증관리법을 찾아보기로 했습니다. 통증관리법을 찾아본 은하씨는 이완훈련을 하며 통증을 관리했습니다.

표 5-4 ABC 기록지 예시 : 수림씨 사례

A Antecedent 선행사건	B Belief 사고/생각	C Consequence 결과
수술 부위에 통증을 느낌	"몸 상태가 안 좋아진 것이 분명해."	• 불안하고 우울해서 자주 누워있음 • 입맛이 없어 식사를 잘 하지 않아 진통제 복용 주의사항을 잘 못지킴

표 5-5 ABC 기록지 예시 : 은하씨 사례

A Antecedent 선행사건	B Belief 사고/생각	C Consequence 결과
수술 부위에 통증을 느낌	"통증은 있을 수 있다고 했어."	• 불안, 우울 없음 • 통증 관리 방법을 찾음 • 주의사항을 잘 지켜 진통제 복용

이 사례들은 주어진 상황을 어떻게 해석하는지, 즉, 자동적 사고가 무엇인지에 따라 정서와 행동이 달라짐을 보여줍니다.

생각이 긍정적으로 바뀌는 과정은 천천히 일어납니다. 그리고 부정적으로 생각하는 버릇에서 조금씩 긍정적으로 생각하는 과정으로 변화합니다. 그 속도가 느리기 때문에 자신의 생각하는 방식에 관심을 집중하지 않으면 이런 향상을 알아차리기 힘들 수도 있습니다. 그래서 기록하는 것을 강력히 권합니다.

어려운 상황을 겪을 때마다 새로운 긍정적인 생각을 했는지 아닌지를 기록하고, 긍정적인 생각의 정도가 매일 혹은 일주에 얼마만큼 변화하는지 그래프로 그리거나 횟수를 적어보세요. 단, 부담스럽지 않은 수준에서 기록이나 그래프 그리기를 해보세요.

기록이 어렵다면 며칠에 한번은 꼭 자신의 부정적인 자동적 사고와 긍정적인 생각을 써보십시오. 변화할 때는 굴곡이 있다는 것을 기억하고, 당면하는 어려운 상황에서 긍정적으로 생각하지 못했더라도 실망하지 말고 자신에게 시간을 주십시오. 그래야 힘이 나고 계속해서 연습할 수 있게 됩니다. 그러므로 ABC 기록지를 사용할 때 다음을 꼭 지키세요.

ABC기록지 사용 주의사항

- 적어도 3일은 기록합시다
- 기분이 나빠질 때 마다 즉각적으로 기록합니다
- 나중에 기억했다가 한꺼번에 기록하는 것은 도움이 되지 않습니다
- 그 당시에 대해 간결하지만 필수적인 정보를 모두 기록합니다
- 특히 그 순간 떠오르는 생각과 느낌은 자세하게 적습니다
- 기록을 쉽게 하기 위해 기록지와 필기도구를 지정된 곳에 두던지 가지고 다닙니다
- 핸드폰의 메모기능을 이용해도 좋습니다

나는 어떤 부정적 사고를 하고 있는지 알아봅시다

긍정적으로 생각하기 위해서는 자신의 부정적인 생각이 무엇인지, 어떤 자동적 사고를 가지고 있는지 파악해보는 것이 도움이 됩니다. 아래에선 사람들이 일반적으로 보이는 부정적인 자동적 사고 다섯 가지를 소개합니다. 다섯 가지는 지나친 일반화, 재앙화, 의미 확대와 축소, 개인화, 당위성의 오류입니다. 혹시 여러분이 부정적인 자동적 사고를 하고 있진 않는지 확인해 봅시다.

◆ 싹쓸이식 결론 내리기 - 지나친 일반화

한가지 경험으로 다른 상황에서도 같은 결과가 나타날 것이라고 단정지어버릴 때 '지나친 일반화'를 했다고 합니다. 현재 다니는 직장에서 승진에 실패하고 나서, 다른 모든 일에서 절대로 성공을 거두지 못할 것이라고 결론을 내린다면, 지나친 일반화를 한 것입니다. 한 직장에서 승진에 실패한 것에 불과하지만, 이런 부정적인 결과가 다른 직장이나 다음번 승진 기회에도 반드시 발생할 것이라는 생각의 오류를 범하는 것입니다.

한번의 실패에 지나친 일반화 오류를 범하는 경우의 ABC

표 5-6 ABC기록지 – 지나친 일반화의 예시 1

A Antecedent 선행사건	B Belief 사고/생각	C Consequence 결과
승진 실패	"나는 모든 일에 무능력 해."	다른 일을 해도 잘 안될 것이라고 여김

지나친 일반화를 하는 사람들은 부정적인 사건을 확대 해석합니다. "나는 무능력 해" 라고 승진하지 못한 일을 확대 해석해버리면 한번 더 도전하거나 다른 경험을 하는데도 자신감이 없어집니다. 투병하는 중 부정적 경험을 하고 나서, 다음 치료를 받기 전에 "이번에도 결과가 나쁠 것 같아" 라고 생각하고 있다면, 지나친 일반화의 오류에 빠진 것일 수 있습니다. "지난번 치료와 달라진 것은 무엇일까?", "이번에는 다를 수 있어!"라는 생각을 한다면 일반화 오류를 피할 수 있습니다.

치료 실패 후 지나친 일반화 오류를 범하는 경우의 ABC

표 5-7 ABC기록지 – 지나친 일반화의 예시 2

A Antecedent 선행사건	B Belief 사고/생각	C Consequence 결과
기대보다 치료결과가 좋지 않음	"아무것도 소용이 없을 거야."	다른 치료를 할 때에 큰 불안을 느낌

◆ 미래에 대한 재앙적 예측 - 재앙화

미래에 대해 현실적인 예상을 하지않고, 파국적으로 예상하는 생각의 오류를 재앙화라고 합니다. "승진을 못했으니 내 인생은 실패야" 라고 생각하는 경우가 재앙화의 예입니다. 재앙적인 사고를 하면 우울과 불안으로 이어지기 쉽습니다. 암을 진단받은 것은 많은 인생의 측면에서 부정적인 변화를 가져옵니다. 그럼에도 불구하고 "암에 걸렸으니 이제 내 인생은 끝이야"와 같이 재앙적으로 생각한다면 치료에 적극적으로 임하기 어렵습니다. 합리적인 생각이 암 투병 중 고통을 줄일 수 있습니다.

표 5-8 ABC기록지 – 승진 실패와 암진단 후 재앙화 오류를 범하는 경우의 ABC

A Antecedent 선행사건	B Belief 사고/생각	C Consequence 결과
승진 실패	"승진을 못했으니 내 인생은 실패야."	우울함
암진단	"이제 끝이야."	불안에 시달림

또 다른 예를 들어봅시다.

"예진씨는 유방암 수술 후 팔에 통증이 있어 병원을 찾았습니다. 주치의는 수술 후 팔에 통증이 있을 수 있다고 합니다. 동창 모임에 참여하고 집에 들어온 예진씨는 밀린 집안일을 하고 쉬기로 했습니다. 3시간 동안 예진씨는 쉬지 않고 설거지, 청소, 빨래 등 밀린 집안일을 했습니다. 집안 일을 모두 마치고 소파에 앉은 예진씨는 어깨에 찌릿한 통증을 느끼기 시작했습니다. 그날 밤에 예진씨는 어깨 통증으로 밤새 잠을 설쳤습니다. 예진씨는 '이제 아무 일도 못하겠구나, 큰일 났다'라는 생각에 눈물이 났습니다.

예진씨는 통증이 느껴지자, 최악의 상황만을 생각하고 있습니다. 이와 같은 경우 재앙화의 오류를 범한 것으로 볼 수 있습니다."

표 5-9 ABC기록지 – 통증을 느낀 후 재앙화 오류를 범하는 경우의 ABC

A Antecedent 선행사건	B Belief 사고/생각	C Consequence 결과
어깨 통증	"이제 누워서 쉬기 밖에 할 수 있는 게 없구나. 아무 일도 못하는 사람이 되었어."	우울함

◆ 밝은 면은 작게, 어두운 면은 크게 - 의미 축소와 확대

의미 축소와 확대는 사건의 긍정적인 면은 축소 해석해 작게 여기고 부정적인 면은 확대 해석해 크게 여기는 오류입니다. 승진하고 나서 "이 승진은 별로 의미가 없어. 다른 사람 덕에 승진한 것에 불과해." 라고 한다면, 자신이 받은 좋은 평가는 축소하고 다른 사람에게 도움 받은 사실만 확대 해석한 것일 수 있습니다. 투병 중에는 부정적인 면에 주의가 더 기울여지기가 쉽습니다. 잘 보지 못하고 지나친 긍정적인 면은 없는지 생각해봅시다.

표 5-10 ABC기록지 – 두가지 상황에서 의미 축소의 오류를 범하는 경우의 ABC

A Antecedent 선행사건	B Belief 사고/생각	C Consequence 결과
승진	"이 승진은 별로 의미가 없어. 다른 사람 덕에 승진한 거에 불과해."	씁쓸하고 승진 축하 인사도 받기 싫음
머리가 빠져 구매한 모자가 멋지다고 칭찬을 받음	"뭐가 멋있어. 할 말이 없어서 하는 말이야."	씁쓸하고 기분 좋지 않음

◆ **"나 때문이야!" 또는 "왜 나에게만 그럴까?" - 개인화**

개인화란 다른 사람이 부정적으로 행동하는 이유가 자신과 관련된 것이라고 믿는 것입니다. 승진에 중요한 정보를 전달받지 못한 상황을 상상해 봅시다. 상사가 나를 싫어해서 나에게만 중요한 정보를 주지 않은 것이라고 생각한다면 개인화의 오류를 범한 것은 아닌지 의심해봐야 합니다. 정보를 전달하는 자리에 참석하지 못했거나 상사의 실수로 설명을 듣지 못했을 가능성을 배재하고, 상사가 나를 싫어해 전달하지 않았다고 생각한다면 부정적인 감정을 느낄 것입니다. 옆 사람이 킁킁 소리를 내며 냄새를 맡을 때 다른 가능한 설명은 없는지 따져보지 않고 "나에게서 냄새가 나기 때문일거야"라고만 즉각적으로 생각한다면 신경이 쓰이고 긴장 될 것입니다.

표 5-11 ABC기록지 – 두가지 상황에서 개인화 오류를 범하는 경우의 ABC

A Antecedent 선행사건	B Belief 사고/생각	C Consequence 결과
승진에 중요한 정보를 전달받지 못함	"상사가 나를 싫어하기 때문이야."	화가 남
옆 사람이 킁킁 소리를 냄	"나한테서 냄새가 난다고 눈치를 주려는 건가?"	신경이 쓰임

무조건 이래야 한다는 생각을 조심합시다

당위성이란, '무조건 이래야 한다'는 믿음을 의미합니다. 살면서 경험하는 여러 가지 사건은 당위성과 맞지 않을 수 있습니다. 따라서 당위성이 많으면 그만큼 당위성과 맞지 않는 사건을 경험할 가능성이 크며, 그렇게 되면 심리적으로 힘들게 될 수 있습니다.

당위성에는 세가지 종류가 있습니다. 첫째는 나에 대한 당위성, 둘째는 타인에 대한 당위성, 그리고 마지막은 세상에 대한 당위성입니다. 나에 대한 당위성이란, '나는 무조건 이래야 한다'와 같은 믿음입니다. 타인에 대한 당위성이란, '사람들(타인)은 무조건 이래야 한다'와 같은 믿음입니다. 세상에 대한 당위성이란, '세상은 무조건 이래야 한다'와 같은 믿음입니다. 아래 예시를 통해 이해해 봅시다.

나에 대한 당위성의 예

- 나는 아프기 때문에 모두가 나를 배려해야한다.
- 나는 어제 잠을 잘 잤기 때문에 통증이 줄어야 한다.
- 나는 식단 조절을 하기 때문에 건강해야한다.

타인에 대한 당위성의 예

- 내가 통증이 심하기 때문에 의료진은 나를 다른 환자보다 우선시 해야한다.
- 내가 아픈 티를 내지 않아도 가족들은 내 병에 신경 써야 한다.
- 다른 사람들은 나의 건강상태에 대해서 추측해서 말해서는 안된다.

세상에 대한 당위성의 예

- 의사 말을 잘 들으면 병이 더 잘 나을 것이다
- 의사 말을 잘 들으면 통증이 줄어야 한다.
- 열심히 투병생활을 하면 곧 병이 완치될 것이다

사례를 통해 각 당위성에 대해서 조금 더 자세히 살펴봅시다. 먼저 진이씨의 사례를 보겠습니다.

> 60세 진이씨는 몸 관리를 철저히 합니다. 특히 암을 유발하는 발암물질은 모두 피합니다. 각종 영양제도 매일 챙겨 먹습니다. 어느 날 골반에 통증을 느낀 진이씨는 검사 후 난소암 판정을 받았습니다. 열심히 건강관리를 했지만 난소암 판정을 받자 진이씨는 건강관리 한 것에 대해 회의감을 느꼈습니다. 암 진단을 받고 난 이후에 진이씨는 더 이상 건강도 챙기지 않고 치료에 대한 희망도 가지지 못합니다.
>
> 진이씨의 당위성은 "나는 건강을 꾸준히 챙겼기 때문에 병에 안 걸릴 것이다"입니다. 진이씨는 자신은 무조건 이래야한다는 '나에 대한 당위성'을 가지고 있습니다.

이번에는 신혜 씨의 사례를 살펴보겠습니다.

> 55세 신혜씨는 간암 환자입니다. 신혜씨는 평소와 다르게 대중교통을 이용했는데, 아무도 자리를 양보하지 않자 화가 났습니다. 다음날 신혜씨는 업무에 실수를 해서 상사에게 지적을 받았습니다. 신혜씨는 '이렇게 아픈데 실수는 이해해주고 넘어

갈 수 있는거 아니야?' 라는 생각에 회사 상사에게 화가 났습니다. 다음 날 친구가 동창회로 등산을 가자며 연락이 왔습니다. '아픈데 등산이라니, 나는 나오지 말라는 소리인가'라는 생각에 벌컥 서러워졌습니다. ”

신혜씨의 당위성은 '모든 사람들이 내가 아프기 때문에 나를 배려해야 한다.' 입니다. 신혜씨는 다른 사람(타인)은 무조건 이래야한다는 '타인에 대한 당위성'을 가지고 있습니다.

마지막으로 소미씨의 사례를 보겠습니다.

“ 56세 소미씨는 평소에 자원봉사를 많이 다닙니다. 자원봉사는 소미씨의 자부심입니다. 어느 날 복부에 통증이 생긴 소미 씨는 병원에서 검사 후 위암 판정을 받게 되었습니다. 소미씨는 위암 수술을 앞두고 세상은 불공평하다고 생각하며 서러워졌습니다. 자신처럼 착하게 산 사람이 이렇게 큰 병이 걸렸다는 사실을 믿을 수가 없었습니다. 병원으로 자원봉사를 오는 사람들을 보는 마음이 부끄럽기도 하고 화가 나기도 해서 말로 표현하기가 어려울 정도입니다. ”

소미씨의 당위성은 '착한 사람은 병에 걸리지 않는다.' 입니다. 이러한 당위성은 '세상에 대한 당위성'입니다.

여러분의 치료 여행을 더 힘들게 하는 당위성을 찾아보십시오. 당위성은 생각바꾸기 전략에 나오는 '반대증거 찾기' 방법을 통해 재평가할 수 있을 것입니다.

☑ 부정적 사고를 대신할 긍정적 생각을 만듭시다

우울한 부정적인 사고를 가지고 있는 사람이라면 그 사고를 대신할 만한 생각들을 찾아야 합니다. 중요한 약속에 늦은 경우를 다시 생각해 봅시다. "이번에는 예상치 못한 사고 때문에 늦었어. 안 늦었으면 좋았겠지만, 이미 지난 일이야. 다음부터는 중요한 약속이 있을 때 약속 시간보다 좀 더 여유를 두고 나와야겠어", "오늘은 운이 나쁘게 교통사고가 났네. 내 잘못도 있지만, 운도 없었어."등은 좋은 대안입니다. 좋지 않은 사건이 일어날 때 마다 자기 탓으로 돌리는 것이 우울한 사람들의 특징입니다. 우울한 사람들은 자신과 세상, 그리고 미래에 대해 부정적인 사고방식을 가지고 있습니다. 여러분의 사고방식도 부정적이지 않은지 비교해 보십시오.

표 5-12 부정적 사고의 대체 : 긍정적 사고하기

문제상황 약속 시간에 늦었을 때

부정적인 자동적 사고	긍정적인 생각
• 나는 약속 시간을 못 지켰으니 이제 끝이야.	• 이미 늦은 것은 어쩔 수 없어. 사과하고 최선을 다 해야지.
• 마지막 기회를 놓쳤어. 역시 나는 안될 거야.	• 더 좋은 기회가 있을 거야.
• 하필 이 때 교통사고가 나다니. 내 운이 다했다는 뜻이야.	• 앞으로는 더 이른 시간에 나와야겠다.
• 이미 불성실한 사람으로 낙인 찍혔을 거야.	• 늦게 되었지만, 나는 끝까지 최선을 다하는 사람이야.

문제가 생기면 당황스럽고 마음이 평안하지 못합니다. 이런 상태에서 새로 배운 것들을 떠올리고 실천하기는 쉽지 않습니다. 문제 상황에서 배운 것을 실천하기 위해서는 평소에 문제 상황을 미리 상상해보고 상황에 맞는 긍정적인 생각을 하는 연습을 해두어야 합니다.

아래 표를 사용하여 매일 생각을 바꾸는 연습을 해보십시오. 처음엔 실제 상황에선 연습한 것이 생각나지 않을 수 있습니다. 처음 몇 번 생각이 나지 않더라도 실망하고 멈추지는 마십시오. 지속적으로 연습하면 언젠가는 실제 상황에서 생각이 나고 써먹을 수 있습니다.

연습한 것을 실제 상황에서 기억해낼 수 있도록 기록해 놓는 것이 좋습니다. 핸드폰 바탕화면에 새로운 긍정적인 생각을 적어 보관하고 다니면, 문제 상황이 닥쳤을 때 쉽게 연습할 것을 떠올릴 수 있을 것입니다. 또는 긍정적인 생각을 짧은 단어로 만들어 평소에 외우는 것도 도움이 됩니다. 문제 상황이 닥치면 즉시 큰 숨을 세 번 쉬기로 하고, 숨을 쉬면서 긍정적인 생각을 기억해내도록 정해두는 것도 방법이 됩니다. 그게 무엇이든 스스로에게 맞는 방법을 고안해내십시오. 중요한 것은 실제 상황에서 긍정적인 생각을 떠올리게 해줄 단서를 마련하는 것입니다.

☑ 긍정적으로 생각하기를 연습합시다

새로운 긍정적인 생각이 자동적으로 되려면 반복적으로 연습하는 것이 매우 중요합니다. 처음부터 잘 되는 법은 절대로 없습니다. 인내심을 가지고 연습하세요. 그리고 믿음을 가지십시오. 반복 연습처럼 정확하고 정직한 방법은 없습니다. 우리는 운동을 하면서 운동의 효과를 크게 의심하지는 않습니다. 많이 뛰면 뛸수록 뛰는 것이 쉬워질 것이고, 높은 곳에 올라가는 연습을 많이 하면 할수록 높이 올라가기가 수월해질 것이며, 윗몸일으키기를 반복하면 할수록 점점 더 하기가 쉬워지는 것을 알고 있습니다. 이런 신체 움직임은 변화가 상대적으로 빠를 뿐 아니라 변화된 결과가 잘 보입니다. 안타깝게도 정신적인 변화는 속도도 느릴 뿐 아니라 변화도 잘 보이지 않습니다. 더군다나 정신적인 변화는 빠르게 지나가서 우리의 기억 속에만 남아있습니다. 그리고 앞서 언급했듯이 우리의 기억은 그리 정확하거나 공고하지 않습니다. 매일 꾸준히 향상되고 있더라도 한번 잘못하게 되면 마치 향상이 전혀 없었던 것으로 기억합니다. 이런 기억의 오류로 잘하고 있는 것을 잘못하고 있다고 판단하고 그만두기도 합니다. 기억하십시오. 연습으로 나빠지는 것은 하나도 없습니다. 나쁜 것은 실망하고 연습을 그만 두는 일입니다.

2. 생각 바꾸기 전략

이제 여러분에게 일상에서 사용할 수 있는 여러 가지 생각 바꾸기 전략을 소개합니다. 가장 맘에 드는 것부터 적용하기 시작하십시오. 그리고 자신만의 전략을 개발하십시오.

내 걱정이 무엇인지 파악하자

많은 암환자들은 치료과정에서 새로운 검사, 고통이 수반되는 치료 절차, 여러 의사와의 면담, 잦은 입원치료 등 이전에 경험하지 못했던 두려운 일을 많이 경험하게 됩니다. 그리고 이런 새로운 일들은 주로 고통이나 불쾌한 결과를 초래하기 때문에, 앞으로 일어날 일들에 대해 걱정이 높아지게 됩니다. 걱정에 대한 연구는 걱정이 우울 및 불안과 관계가 높다고 보고합니다. 더 많이 걱정하면 현명하게 대처할 수 있을 것만 같지만, 실제로 걱정은 우울과 불안을 높여 치료를 방해할 수 있습니다.

가장 좋은 방법은 자기가 무슨 걱정을 하는지 파악하고, 그에 대한 해결책을 미리 찾아 놓는 것입니다. 아래 걱정목록들은 환자들이 한번쯤 해본 걱정들을 모아둔 것입니다. 여러분이 가장 걱정하는 것이 무엇일지 다음 목록에서 찾아봅시다. 그리고 어떤 대처를 해야할 지 생각해봅시다. 다음에 이어 나오는 생각 바꾸기 전략 중에서 어떤 전략이 지금 나의 가장 큰 걱정을 해결할 수 있는 것인지 따져봅시다.

많은 환자들이 비슷한 걱정을 하고 있지만, 어떤 사람들은 다른 사람들보다 훨씬 효율적으로 걱정에 대처하여 치료 여행을 훌륭하게 마친다는 것을 기억합시다.

환자들의 걱정

- 메스꺼움이나 구토
- 음식 취향을 어떻게 바꿀 수 있을지 고민함
- 이 병으로 인해 내가 죽을 수 있다는 생각
- 신과의 관계
- 식욕 상실
- 수입과 지출의 균형을 맞출 수 있을지
- 가족의 휴일이나 특별한 날을 방해하는 것
- 수술
- 암의 전이
- 언제 죽게 될까?
- 나의 종교적인 신념
- 이전에 살던 대로 살 수 있는 돈이 있을지
- 배우자나 파트너에게 감정적인 짐이 되는 것
- 항암치료의 부작용
- 치료를 받아도 암이 완치되지 않을까봐
- 삶의 가치와 살아야 할 이유
- 친구에게 도와달라고 부탁해야 하는 것
- 나 때문에 가족들의 삶이 달라진 것
- 방사선치료 받아야 한다는 것
- 방산선치료의 부작용
- 암이 재발 할까봐
- 가족에게 부담 될까봐
- 지금까지 내가 살아온 삶
- 사후 세계가 있는지

암환자들의 고민 또는 걱정을 알아보기위해 영국 더럼 대학교와 미국 사우스캐롤라인 대학교 소속의 연구자들이 팀을 이루어 제작한 걱정 척도(The Cancer Worries Inventory; CWI)의 문항입니다. 본 책에서 해당 척도의 사용에 대해 1저자에게 이메일로 허락을 받아 사용함을 알립니다.

• D'Errico, G., Galassi, J. P., Schanberg, R., & B.Ware, W. (2000). Development and Validation of the Cancer Worries Inventory. Journal of *Psychosocial Oncology 17*(3-4), 119-137

유방암 환자들의 걱정

- 암이 있다는 것을 알게 되면, 구직이나 승진이 어려울 것 같아서
- 병 때문에 급여 인상을 받지 못할 것 같아서
- 치료비가 너무 많을 것 같아서
- 아이를 가질 수 없을 것 같아서
- 애들이 자라는 것을 보지 못할 것 같아서
- 암 혹은 암 치료 때문에 배우자나 사귀는 사람이 거절할 것 같아서
- 애들이 나를 덜 사랑하고 덜 애정표현을 할 것 같아서
- 가족들이 나한테 화가 나게 될 것 같아서
- 배우자와 더 싸우게 될 것 같아서
- 치료를 받으면 여성스러움이 줄어들 것 같아서
- 치료로 인해 성적으로 덜 매력적으로 될 것 같아서
- 많은 치료로 인해 성적인 느낌이 줄어들 것 같아서
- 예전보다 좋아보이지 않을 것 같아서
- 친구들이 나를 피할 것 같아서
- 직장 동료들이 더 이상 나와 상호작용을 하고 싶어하지 않을 것 같아서
- 친구들이 전염병을 가진 것처럼 할 것 같아서
- 항암치료 또는 방산선치료가 아프게 만들 것 같아서
- 항암치료 또는 방산선치료가 몸을 망가뜨릴 것 같아서
- 갱년기가 빨리 올 것 같아서
- 곧 죽을 것 같아서
- 가고 싶은데 못 가고, 하고 싶은 것을 못할 것 같아서
- 병이 몸을 망가뜨릴 것 같아서
- 배우자와 함께 사는 날이 끝날 것 같아서
- 암이 재발할 것 같아서
- 독립성이나 자기만족을 느끼지 못할 것 같아서
- 암을 진단받기 전보다 주변 사람들이 나를 덜 강하고 덜 건강하다고 여길 것 같아서
- 병이나 치료가 통증을 일으킬 것 같아서
- 의약품에 의존하거나 중독될 것 같아서

유방암 환자의 고민 또는 걱정을 알아보기 위해 미국 피츠버그대학교, 미국 마이애미대학교, 미국 잭슨 기념 병원 소속 의 연구자들이 팀을 이루어 제작한 유방암 환자의 고민 프로파일 척도 (Profile of Concerns about Breast Cancer ; PCBC)의 문항들입니다. 본 책에서 해당 척도의 사용에 대해 저자 대표 1인에게 이메일로 허락을 받아 사용함을 알립니다.

Spencer S.M., Lehman J.M., Wynings C., Arena P., Carver C.S., Antoni M.H., Derhagopian R.P., Ironson G., Love N.(1999). Concerns about breast cancer and relations to psychosocial well-being in a multiethnic sample of early-stage patients. *Health Psychology, 18*(2), 159-168.

치료를 마친 환자들의 걱정

- 암이 재발할까봐
- 다른 종류의 암에 걸릴까봐
- 미래의 진단 테스트
- 내가 최선의 보살핌/ 올바른 치료를 받고 있는지
- 병원이나 의사가 실수하지 않았을지
- 죽을 때 품위있게 죽을 수 있을지
- 내 자녀/ 가족은 누가 돌볼지
- 가정의 재정보증
- 가족한테 부담될까봐
- 죽기 전에 해야할 것을 끝낼 수 있을까
- 남은 시간을 잘 보낼 수 있을지
- 암을 이기기 위해 내가 할 수 있는 것을 다 하고 있는지
- 언제 다시 평소로 돌아갈 수 있는지
- 몸 안에 무언가가 정상적으로 기능하지 못할까봐
- 직장 생활이나 원래 하던 활동을 언제 다시 할 수 있을까?

암 치료를 끝마친 환자들이 어떤 고민을 하고 있는지 알아보기위해 하버드 대학교 의대, 보스턴 대학교 의대, 베일러 의과대학 소속의 연구자들이 팀을 이루어 제작한 다차원적 걱정 척도(multidimensional worry scale)의 문항입니다. 본 책에서 해당 척도의 사용에 대해 1저자에게 이메일로 허락을 받아 사용함을 알립니다..

Moye, J., Wachen, J. S., Mulligan, E. A., Doherty, K., & Naik, A. D. (2014). Assessing multidimensional worry in cancer survivors. *Psycho-Oncology, 23*.(2), 237-240.

걱정 쓰레기통을 만들자

여러분이 가지고 있는 걱정거리에 대해, 할 수 있는 것을 다 했거나 혹은 할 수 있는 것이 없다고 생각한다면 이제 어떻게 해야할까요? 걱정한다고 걱정하는 일이 없어지는 것이 아니므로 가장 좋은 방법은 걱정을 그만두는 것입니다. 하지만 걱정을 그만두기는 쉽지 않습니다. "걱정 그만하자. 그만 생각해!" 라고 다짐할수록 걱정거리는 더 자주 떠오릅니다. 불쾌한 생각이 떠오르면 생각하지 않으려는 시도하

지만, 이런 시도는 대부분의 경우 실패하는데, 이는 생각하지 않으려고 할수록 그 생각이 더 나게 되는 '반동 효과(ironic rebound)' 때문입니다. 반동 효과가 무엇인지 느껴보기 위해 간단한 실험을 함께 해봅시다.

다음 지시문대로 해보십시오.

<지시문>

다음 페이지에 코끼리가 있습니다.
지금부터 30초 후로 알람을 설정하세요.
그 30초 동안 코끼리를 쳐다보세요.

30초 동안 코끼리를 쳐다보셨습니까?
이제 책을 덮으세요. 그리고 다시 한번 30초 후로 알람을 설정하세요.
30초 동안 자유롭게 아무 생각이나 해도 됩니다.
단, 절대 아까 본 코끼리를 떠올리면 안됩니다.

30초가 지났습니다. 30초 동안 코끼리 생각을 하지 않는데 성공했습니까?

이 간단한 실험은 트리니티 대학의 다니엘 웨그너 교수가 반동효과를 알아보기 위해 했던 실험[19]과 비슷합니다. 웨그너 교수는 대학생들을 두 집단으로 나누어 한 집단에게는 '흰 곰을 생각하라'고 했고 다른 한 집단에게는 '흰 곰을 생각하지 말라'고 했습니다. 실험 참가자들에게 흰 곰이 생각날 때마다 앞에 놓인 종을 치라고 지시했습니다. 실험 결과 흰 곰을 생각하지 말라고 지시를 받은 집단이 흰 곰을 생각하라고 한 집단보다 흰 곰을 더 자주 떠올렸다고 보고했습니다.

아마 여러분도 코끼리를 생각하지 않으려 할수록 더 코끼리가 머릿속에 떠오르는 반동 효과을 경험했을 것입니다. 걱정도 이 코끼리와 같습니다. 걱정하지 않으려고 노력하면 할수록 걱정을 하지 않기가 더욱 힘들어 집니다. 반동 효과를 없애는 효과적인 방법 한 가지를 소개합니다.

자신의 걱정을 모두 모아 두는 걱정 쓰레기통을 만듭시다. 즉, 걱정이 될 때마다, 자신의 걱정은 걱정 쓰레기통에 넣어 두고, 걱정 쓰레기통 확인 시간에만 걱정하는 것을 규칙으로 정해놓는 방법입니다. 걱정을 하지 말아야 한다는 압력이 없어서 반동 효과가 나타나지 않으며, 수시로 걱정이 될 때마다 걱정 쓰레기통에 걱정을 담아두고 걱정 시간에만 들여다보게 함으로써 평소에 걱정을 통제할 수 있게 됩니다. 걱정 쓰레기통을 들여다보는 시간은 하루에 3-4회, 한번에 10-15분씩 정하고, 그때 걱정 쓰레기통을 뒤져서 걱정거리에 대해 생각하는 시간을 갖습니다. 중요한 것은 반드시 시간을 지키는 것입니다. 걱정 쓰레기통을 들여다보는 시간에 너무 걱정을 많이 하게 될 것 같지만, 실제 이 방법을 사용한 많은 사람들은 정해진 시간에 걱정을 하자고 계획하면 걱정하기가 어려워진다고 보고합니다. 걱정 쓰레기

19 Wegner, D. M., Schneider, D. J., Carter, S. R., & White, T. L. (1987). Paradoxical effects of thought suppression. *Journal of Personality and Social Psychology, 53*(1), 5-13.

통에 던져 넣은 걱정을 다시 펼쳐보면 이런 걱정을 한 적 있었지만 잊고 살고 있었다는 것을 알고 오히려 용기를 얻을 수도 있습니다. 누구에게 다 효과가 있는 것은 아니지만, 많은 사람들이 효과적이라고 보고하니 여러분도 한번 시도해 보십시오.

<걱정 쓰레기통 만들기>

1. 박스 하나를 찾아 박스 위에 걱정 쓰레기통이라고 적습니다.
   박스는 크지 않아도 되고 예쁘지 않아도 좋습니다.
2. 생각 바꾸기 전략 2에서 알아낸 자신의 걱정을 종이에 적어봅시다.
3. 종이를 박스 안으로 집어 넣읍시다. 그리고 '걱정을 버렸다'라고 말해봅시다.
4. 박스를 잘 보이지 않는 곳에 둡시다.
5. 생활하다가 문득 종이에 적은 걱정이 떠오르면 '이미 버렸다' 라고 말합시다.
6. 새로운 걱정이 떠오르면 걱정 쓰레기통에 던져 넣읍시다.

지금 나에게 이득이 되는 생각인지 따져보자

걱정은 마치 끝나지 않는 롤러코스터처럼 한번 시작되면 꼬리에 꼬리를 물고 이어집니다. 걱정을 멈추려면 롤러코스터에서 내려오는 연습을 해야합니다. '이렇게 생각하는 것이 지금 나에게 도움이 될까, 얻는 이득은 뭘까?'라는 질문은 롤러코스터에서 내려오게 도와줍니다. '걱정해서 걱정이 사라지면 걱정이 없겠네' 라는 말이 있듯이, 걱정하는 것은 도움이 되지 않는다는 것을 기억하십시오.

재발 및 전이에 대한 걱정, 검사결과에 대한 걱정은 가장 많이 하는 걱정 중 하나일 것입니다. 다른 사람의 재발 소식에 서로 다른 반응을 보이는 정연씨와 재상씨를 비교해봅시다.

> “정연씨는 유방암 치료를 마치고 정기검진을 받고 있습니다. 텔레비전에서 방송되는 프로그램을 보던 정연씨는 유명 연예인의 암 재발 소식에 관한 뉴스를 보았습니다. 정연씨는 ‘나도 재발하면 어떡하지?’하는 걱정이 들기 시작했습니다. 한번 걱정이 시작되자 예전에 들었던 재발한 다른 환자의 이야기까지 떠올랐습니다. 잠자리에 들어서도 걱정은 멈추지 않았습니다. 정연씨는 결국 뜬눈으로 밤을 보냈습니다.”

> “재상씨는 위암 치료를 마치고 정기검진을 받고 있습니다. 재상씨도 정연씨와 같은 프로그램을 시청했습니다. 재상씨도 재발에 대한 걱정이 되었습니다. 재상씨는 걱정이 시작되자 ‘걱정하는 것은 나한테 전혀 도움이 안돼’라고 중얼거렸습니다. 걱정 대신, 재상씨는 검진 날짜를 잘 지켜야겠다고 생각하고, 달력에서 다음 병원 방문 날짜를 확인했습니다. 그리고 다음 병원 방문 날까지 재발에 대한 걱정은 하지 않기로 마음먹었습니다. 다른 텔레비전 프로그램을 시청하며 시간을 보낸 재상씨는 평소와 다름 없이 잠자리에 들었습니다.”

정연씨와 재상씨는 같은 프로그램을 보았지만 정연씨만이 수면 문제를 경험했습니다. 무엇이 정연씨의 건강관리를 어렵게 하고 있을까요? 정연씨와 재상씨의 A, B, C를 그림으로 그려봅시다.

정연씨와 재상씨의 A B C

표 5-13 ABC 기록지 예시 : 재상씨 사례

	A Antecedent 선행사건	B Belief 사고/생각	C Consequence 결과
정연씨	암투병 연예인의 재발 소식을 접함	"나도 재발하면 어떡하지?"	• 불안 • 불면
재상씨	암투병 연예인의 재발 소식을 접함	"걱정하는 것은 도움이 안돼."	• 기분 안변함 • 숙면

방송을 보고 '나도 재발했을 지도 모른다' 라고 생각한 정연씨는 불안해졌고 수면에 어려움을 겪게 되었습니다. 한편 방송을 보고 '걱정하는 것은 나한테 전혀 도움이 되지 않아. 그 대신 주기적으로 검진을 받고 건강 관리를 잘 해야지' 라고 생각한 재상씨는 별다른 기분 변화를 느끼지 못했고, 방송은 재상씨의 수면에 특별한 영향을 주지 않았습니다. 어떤 생각을 하느냐에 따라 수면이 달라질 수 있습니다. 정연씨와 재상씨가 보았던 텔레비전 프로그램이 바로 선행 사건(A)에 해당합니다. 정연씨의 "나도 재발했을 것 같다" 라는 생각, 재상씨의 "이건 나에게 전혀 도움이 안되는 생각이야. 그 대신 건강관리를 잘 해야겠다" 라는 생각이 자동적 사고, 즉 B에 해당합니다. 정연씨가 불안감을 느끼고 잠을 이루지 못한 것, 재상씨가 평소와 다름 없이 잠을 잔 것이 바로 결과에 해당됩니다.

끊이지 않는 걱정 때문에 괴로워지고 있는 것은 아닌지 생각해봅시다. "이것이 나에게 도움이 되는 생각일까?" 라고 질문을 던지면서 자동적 사고를 합리적 생각으로 변화시켜봅시다.

▶ 장단점을 비교해보자

통증을 경험하는 많은 사람들은 통증에 대해서 지나치게 걱정하곤 합니다. 앞으로 통증이 얼마나 심해질 것인가 걱정하기도 하고, 통증이 없더라도 앞으로 닥쳐올 통증에 대해 걱정하곤 합니다.

> "골육종을 진단 받았던 은영씨는 치료를 마친 후 팔에 통증이 있습니다. 팔의 통증이 지속되자 은영씨는 늘 통증에 대해 걱정하기 시작했습니다. '의사가 운동하면서 건강관리하라고 했는데, 무리하면 팔이 더 아프겠지?' 라는 생각으로 평소 쉽게 하던 일들도 해야할지 고민합니다. 은영씨는 오늘은 또 얼마나 아플지, 얼마나 더 심해질지, 통증때문에 잠을 설치는 것은 아닌지 늘 걱정하곤 합니다."

걱정을 하는 것이 돌발 통증에 대비하는 일이라고 생각될지도 모르지만 실제로는 계속 걱정하고 있는 것은 도움이 되지 않습니다. '장단점 평가하기' 기법을 통증에 대한 걱정에 적용해봅시다.

표 5-14 장단점 비교하기 1단계 : 은영씨 사례

상황 통증에 대한 걱정을 항상 한다.

장점	단점
① 통증이 생길 수 있는 상황에 미리 대비할 수 있다	① 활동을 못하고 있다
② 주변에서 신경을 더 써준다	② 밤에 잠이 안 온다
③ 몸에 이상이 생기면 빨리 알아차릴 수 있다	③ 새로운 계획을 세우기 어렵다
	④ 항상 초조하고 긴장이 된다
	⑤ 주변 사람들이 듣기 싫어한다
	⑥ 작은 통증에도 예민하게 반응하게 된다

이번에는 은영씨의 사례를 장단점 비교하기 방법의 3단계를 은영씨의 사례에 적용해보겠습니다.

1단계 : 장점과 단점의 개수를 세어 비교해봅시다

장점이 3개고 단점이 6개로 단점이 더 많습니다.

2단계 : 각각의 장단점의 크기를 비교해 봅시다

각각의 장점과 단점에 대해 0-10점까지 점수를 매겨보는 것입니다. 전혀 장/단점이 아니다를 0점으로 하고, 매우 큰 장/단점이다를 10점으로 했을 때 각각 몇 점인지 매기고, 장단점의 점수를 더하면 다음과 같습니다.

표 5-15 장단점 비교하기 2단계 : 은영씨 사례

상황 통증에 대한 걱정을 항상 한다.

장점		단점	
① 통증이 생길 수 있는 상황에 미리 대비할 수 있다	7점	① 활동을 못하고 있다	5점
② 몸에 이상이 생기면 빨리 알아차릴 수 있다	6점	② 밤에 잠이 안 온다	7점
		③ 새로운 계획을 세우기 어렵다	9점
		④ 항상 초조하고 긴장이 된다	4점
		⑤ 주변 사람들이 듣기 싫어한다	4점
		⑥ 작은 통증에도 예민하게 반응하게 된다	6점
합계	13점	합계	35점

장점은 총 16점, 단점은 35점으로 점수를 매겨보니, 이렇게 예상했던 것보다 장점과 단점의 점수 차이가 생각보다 크게 날 수 있습니다.

3단계 : 가장 큰 장단점을 하나씩 고르는 단계입니다

은영씨는 '통증이 생길 수 있는 상황에 미리 대비할 수 있다'와 '새로운 계획을 세우기 어렵다'를 가장 큰 장점과 단점으로 꼽았습니다. 3단계에서는 장점과 단점 중 어떤 것이 더 영향이 큰지 평가합니다. 은영씨는 새로운 계획을 세우기 어려운 것이 더 크다고 생각합니다. 은영씨의 장단점 비교해보기를 정리해보면 다음과 같습니다.

표 5-16 장단점 비교하기 3단계 : 은영씨 사례

	장점	단점
장단점 개수 비교하기	3개	6개
장단점 크기 비교하기	16점	35점
가장 큰 장점과 단점 찾기	통증이 생길 수 있는 상황에 미리 대비할 수 있다	새로운 계획을 세우기 어렵다

계속해서 걱정이 될 때, 장점과 단점을 나열하고, 위의 3단계를 거쳐 이를 평가해 보면서 지속적으로 걱정을 하는 것이 도움이 되는지 평가해 보십시오. 걱정을 멈추는데 도움이 될 수 있습니다.

장단점 평가하기를 할 때 사용할 기록지는 부록 10. 에 있습니다. 하지만 기록지를 굳이 인쇄하지 않고 아무 종이에나 적어 내려가도 됩니다. 부정적인 생각이

밀려들 때는 어디에든 먼저 적어보는 것이 좋습니다.

나쁜 일이 발생할 확률을 따져보자

데일 카네기는 '걱정하기 그만두고 살기 시작하는 법(How to Stop Worrying and Start Living)[20]'이란 저서에서 걱정을 얼마나 해야 하는지 결정하고, 그 이상 걱정하지 않는 것이 그가 인생을 사는 비법이었다고 기술합니다. 구체적으로 카네기는 걱정하기에 앞서 자신이 걱정이 무엇인지 정확히 표현해보고, 그 일이 일어날 확률을 따져보라고 권합니다.

확률이란 어떤 일이 일어날 가능성을 과학적으로 따져본 수치를 말합니다. '약이 효과가 없으면 어떡하지?'라는 생각이 마음을 무겁게 한다면 복용하고 있는 약의 효과성에 대한 사실을 찾아봅시다. 수술에서 사고가 있을까 걱정하고 있다면 사고가 있었던 확률을 알아봅시다.

걱정이란 '~다면 어떻게 하지?' 또는 '~한 일이 생기면 어떡하나' 하는 생각입니다. 대부분의 걱정은 '~한다면'을 가정하고 일어나지 않은 나쁜 일을 상상하기 때문에 생겨납니다. 여러분이 걱정하는 일이 일어날 확률은 100%가 아니며, 꽤 많은 걱정거리는 일어날 확률이 낮습니다. 일어날 확률이 적은 일에 대해 미리 걱정하는 일은 투병 생활에 전혀 도움이 되지 않습니다. 지금부터 쓸데없는 걱정은 여러분의 인생에서 없애봅시다.

---

20 걱정하기 그만두고 살기 시작하는 법(How to Stop Worrying and Start Living)은 한국어로 번역 · 출판된 적 있습니다

- 데일 카네기, 박훈(엮음) (2018) 괜찮아 걱정하지 마 : 지금 이 순간을 자유롭게 걱정하지 않으면 좋겠어. 서울, 춤추는 고래
- 데일 카네기 (2002) 카네기 인생지침서. 서울, 산해

▶ 나는 친구에게 뭐라고 했을까 생각해보자

우리는 다른 사람에게 닥친 일에 대해 이런 저런 조언을 하지만, 정작 우리가 그 일을 겪게 되면 친구에게 조언한 대로 따르지 않는 경우가 많습니다. 암 진단을 받기 전에 주변의 암환자에게 여러분은 무슨 조언을 했나요? 아마도 완치될 것이니 기운 내서 치료 잘 받으라고 했을 것이고, 잘 먹고 운동하고 스트레스 덜 받으라고 했을 것이고, 재발은 걱정할 필요가 없다고 했을 것입니다. 그럼 여러분은 그렇게 하고 있습니까? 여기 몇몇 분들은 아마도 그 땐 내가 몰라서 그런 말을 했다고 할 수 있습니다. 실제 맞는 말입니다. 자기가 겪는 것과 남이 겪는 것을 보는 것은 절대로 같지 않습니다. 그러나, 한편으로는 내가 겪고 있기 때문에 객관적으로 문제를 바라보지 못할 가능성도 배제할 수는 없습니다. 사람들은 스스로 어떤 문제를 경험하고 있으면, 정서적으로 혹은 인지적으로 그 문제에 너무 압도되어 적절한 의사결정을 하지 못하기도 합니다. 여러분도 지금 경험하는 문제에 압도되어 문제해결 방법을 합리적으로 생각하지 못하는 상태일 수 있습니다. 문제에 압도되어 있는 자신보다는, 지금 그 문제를 겪고 있지 않는 타인의 충고를 따르는 것이 문제를 쉽게 극복하는 방법이 될 수 있습니다. 내 가족이, 내 친구가 지금 나와 같이 암을 진단받고 투병 중이라면, 나는 무슨 말을 해 줄 것인지 생각해봅시다. 그 말을 스스로에게 해줍시다. 그 말을 믿고 그렇게 되기 위해 노력하는 것이 암을 이기는 가장 좋은 방법이 될 수 있습니다. 이렇게 자신의 일을 좀 멀리 떨어져 객관적으로 바라보고 그 해결책을 생각하는 것을 '거리두기'라고 합니다.

탈모로 인해 고민하는 수아씨의 사례를 보며 거리두기 전략을 적용하는 연습을 해봅시다.

> “ 수아씨는 길었던 머리가 다 빠져서 아무도 만나고 싶지 않습니다. 집 밖에 나가기도 꺼려했지만 가발을 구입한 후 용기 내어 밖에 나가보았습니다. 그러나 막상 밖에 나서자 사람들이 자신이 가발 쓴 것을 알아보고 쳐다보는 것만 같았습니다. 웃고 있

는 사람을 마주치면 자기를 보고 웃는 것 같아서 머리를 매만졌습니다. 길거리를 지나가던 사람들이 웃는 이유는 다양하지만 수아씨는 자기때문이라고 생각합니다.

상담자를 찾아간 수아씨는 상담자와 함께 '거리두기'를 연습하게 되었습니다.

상담자: 만약 암 투병 중인 친구가 수아씨에게 '가발 때문에 사람들이 웃는 것 같다'고 하면 수아씨는 그 말에 뭐라고 답하시겠어요?

수아: '요즘 나오는 가발은 자연스러워서 웬만하면 잘 몰라. 사람들이 웃는 건 다른 이유 때문일 수 있어. 서로 재미있는 얘기를 했을 수도 있어.' 라고 했을 것 같아요 ”

수아씨는 자신의 일은 객관적으로 생각하지 못했습니다 그러나 상담자의 질문을 통해 한 발 떨어져 자신의 상황을 객관적으로 바라볼 수 있었습니다. 이미 답을 알고 있지만, 문제에 압도되어 해결책이 없다고 생각하게 되는 경우엔 '내 친구에게 나는 뭐라고 말해줄까?' 라고 스스로에게 질문해 봅시다. 그럼 조금 더 객관적으로 문제를 바라볼 수 있게 됩니다.

거리두기 전략이 도움이 되는 예를 하나 더 봅시다.

“ 40대 정희씨는 한 달 전 유방암 진단을 받았습니다. 치료를 받는 날에는 여섯 살 난 아들을 시부모님이 돌봅니다. 정희씨가 병원에서 치료를 받던 날 운동회를 하던 아들이 달리기를 하다가 넘어져 발목을 다쳤습니다. 시어머니는 크게 다치지 않았으니 너무 걱정하지 말라고 했지만 정희 씨는 속상했습니다. 정희씨가 운동회에 응원하러 가지 못해서 아들이 넘어진 것 같았기 때문입니다. 정희씨는 심지어 겨우 넘어진 것으로 다치다니, 정희씨 자신을 닮아 아이도 건강에 문제가 있는 것 아닐까라고까지 생각합니다.

정희씨는 책에서 읽은 거리두기 방법을 연습하기로 했습니다. 정희씨는 종이를 꺼내 다음과 같이 질문을 적고 스스로 답했습니다.

질문: 친구가 자기 아들이 달리기를 하다가 다쳤다고 하면서 그것이 자신의 탓이라고 합니다. 이럴 때 나는 친구에서 무슨 말을 해줄 수 있을까?

답: "아이들이 달리다가 다치는 것은 자주 있는 일이라고, 직접 응원하러 갔어도 넘어졌을수도 있지'라고 해줄거에요" 혹은 "한번 다쳤다고 건강에 문제가 있다고 생각하는건 지나친 걱정이라고 말해줄거에요. 부모가 암이어도 건강한 아이들 많다고 할거에요." ❞

여러분은 정희씨처럼 모두 자신이 아픈 탓이라고 생각한 적 없으십니까? 부정적인 사건을 암에 걸린 자신 탓이라고 생각하기 쉽습니다. 만약 지나친 죄책감이나 걱정이 든다면 스스로에게 상담자처럼 거리두기 전략을 사용하는 질문을 던져봅시다. 상황을 객관적으로 해석하는데 도움이 될 것입니다.

▶ 반대 증거를 찾아보자

흔히 '믿는대로 보인다'고 합니다. 2012년에 미연방수사국(FBI)은 싼 와인에 명품 와인라벨을 부착해 약 15억 원에 이르는 이익을 챙긴 범인을 검거했습니다. 이 사건에서 주목해볼 점은 세계적인 와인 전문가들조차 가짜 명품 와인을 알아보지 못하고 진짜로 착각했다는 점입니다. 전문가들조차도 명품라벨이 붙은 와인은 좋은 와인이라 믿고 있었기 때문에, 싼 와인을 아주 좋은 와인이라고 평가했다는 것입니다.

사람들은 자신의 의견에 일치하는 증거만 찾는 경향이 있다고 합니다. 즉 어떤 것에 동의하면 이를 지지하는 증거만 찾고, 반대하면 반대하는 증거만 찾는다는 것입니다. 이것을 "확증편향"이라 합니다. 결국, 어떤 마음을 가지고 있느냐에 따라 세상을 다르게 본다는 것입니다. 한번쯤은 자신의 믿음에 반하는 증거에 귀 기울여 보십시오.

살면서 어떤 것들에 대해 막연히 부정적이다가, 그것들을 경험하고 나서 생각과 달라서 놀란 적은 없습니까? 우리는 한정된 경험으로 세상을 봅니다. 우리의 생각은 맞을 수도 틀릴 수도 있습니다. 적응에 문제가 없고 사는데 불편함이 없다면 틀린 생각을 가진 것이 크게 문제가 되지 않을 수 있습니다. 그러나 암과 같은 큰 질병을 만나게 되면, 여러분이 가진 작은 잘못된 생각이 스스로를 더욱 괴롭고 힘들게 만드는 원인이 될 수 있습니다.

지금쯤 자신을 괴롭히는 생각이 있다면, 과연 그 생각이 맞는지 아닌지 객관적으로 판단해 보는 시간을 갖기를 권합니다. 가장 좋은 방법은 자신이 믿는 것들에 대한 증거를 수집하는 일입니다. 그 증거가 내 생각을 지지하는 것이던 지지하지 않는 것이던 편견 없이 증거를 수집해야 합니다. 그리고 판단은 나중에 하면 됩니다.

예를 들어, 가족들이 여러분의 병수발을 점점 더 귀찮아하고 더이상 여러분을 사랑하지 않는다는 생각을 할 수 있습니다. 아마도 가족과 부딪히면서 몇 가지 사건들이 여러분이 이런 생각을 하게 만들었을 것입니다. 사실일 수도 혹은 사실이 아닐 수도 있습니다. 그런데 이런 생각을 가지게 되면 같이 사는 것이 힘들어지고 투병이 어려워지게 됩니다. 이런 생각이 여러분의 착각인지 아니면 사실인지 살펴보는 것은 중요합니다. 착각이라면 생각을 바꿔야 하는 것이 맞고, 사실이라면 관계를 개선하기 위한 해결책을 찾아야 합니다. 무슨 이유이던 생각을 확인해 보는 시간은 필요합니다.

반대되는 증거찾기는 특히 미래에 대해서 부정적으로 생각될 때 도움이 될 수 있습니다. 다음 예를 통해 이를 확인해 봅시다.

> “ 40대 주부인 연화씨는 3년 전 유방암 완치 판정을 받았습니다. 연화씨는 완치 판정을 받은 이후 식습관 관리와 운동을 통해 꾸준히 건강을 관리하고 있습니다. 어느 날, 공원에서 강아지를 산책 시키던 연화 씨는 오랜만에 이웃을 만났습니다. 오랜만에 만난 이웃은 연화 씨에게 못 본 사이에 살이 많이 빠졌다고 말했습니다. 집에 돌아온 연화씨는 계속해서 건강이 걱정되었습니다. 재발했을 거라는 생각에 잠을 설쳤

습니다. ”

살이 빠진 것이 재발을 의미하는 것일까요? 재발 이외에 다른 가능성들이 있지는 않을까요? 반대되는 증거 찾기를 통해 '살이 빠진 것은 재발을 의미한다' 라는 생각을 되짚어 봅시다.

표 5-17 반대증거 찾기 – 연희씨 사례

상황 이웃에게 살이 많이 빠졌다는 말을 들었다. 건강이 나빠졌거나 재발한 것이다

지지 증거	반대 증거
• 옷이 헐렁하다고 느낀다 • 진단받을 무렵에 피곤하고 살이 빠졌다고 느꼈다	• 한달 전 검진에서 아무 이상이 없는 것으로 나왔다 • 식습관을 바꿔 살이 빠졌을 수 있다 • 규칙적으로 운동했기 때문에 살이 빠졌을 수 있다 • 몸무게를 재보니, 실제로 살이 빠지지 않았다 • 다이어트 중인 이웃은 건강해진 것 같다는 말을 살이 빠진 것 같다고 이야기했을 것이다

연희씨의 처음 생각과는 달리, 반대되는 증거를 많이 찾을 수 있었습니다. 연희씨는 이 연습을 통해 자신의 생각이 100% 확실하지 않을 수도 있다는 것을 알 수 있습니다. 여러분도 혹시 어려운 마음을 들게 하는 생각이 있다면 이 방법을 사용해 보십시오. 스스로 반대되는 증거를 찾기 힘들다면 친구나 가족, 의사나 책 등 다양한 경로를 통해 증거를 찾아봅시다. 이 과정이 여러분에게도 도움이 될 수 있습니다.

반대증거를 찾을 때 사용할 기록지는 부록 9. 에 있습니다.

좋은 점과 나쁜 점을 써보자

너무 마음이 괴롭지만 어떻게 해야 괴로움을 없애야 할 지 모르는 사건을 경험하고 있다면, 그 사건에 대해 걱정하는 것의 장단점을 써 보는 것도 한 방법입니다. 종이를 꺼내 아래 보이는 것처럼 줄을 나누고, 나에게 벌어진 일을 맨 위에 적은 후, 생각할 수 있는 좋은 점과 나쁜 점을 모두 써 보십시오. 적을 때 주의사항은 다음과 같습니다.

좋은 점과 나쁜 점 써보기 주의사항

- 말이 되든 안되든 머리 속에 생각나는 대로 거르지 말고 모두 적는다
- 다른 사람에게 보일 것이 아니므로 남들이 뭐라고 생각할 것인지 신경쓰지 말고 생각나는 대로 적는다
- '이 상황에서 이런 생각이 나야 하나' 라는 죄책감이나 스스로 용납되지 않는 부적절감을 느낄 수도 있지만, 평가하거나 판단하지 말고 적는다

나쁜 사건은 나쁘기만 할 것으로 생각되지만, 나쁜 일도 여러 가지 측면에서 생각하면 적어도 한두 가지 정도는 좋은 점이 있을 수 있습니다. 좋은 사건도 마찬가지입니다. 좋은 일이라고 해서 전적으로 다 좋지만은 않습니다. 모든 일에는 장단점이 있기 마련입니다. 이 방법은 생각할 수 있는 모든 장단점을 고려하게 해줍니다.

암 진단처럼 사실이면서 피할 수 없는 일이라면, 받아들여야 하고 빨리 받아들일 수록 적응에 유리합니다. 그리고 받아들이기 위해선 스스로를 설득할 수 있는 이유가 있어야 합니다. 이렇게 장단점을 적어보면, 적어도 조금은 냉정하게 상황을 나와 떨어뜨려 볼 수 있는 여유가 생기고, 그 여유는 그 상황을 벗어날 수 있게 하는 힘을 줄 수 있습니다.

표 5-18 좋은 점과 나쁜 점 써보기의 예

사건 오늘 최종적으로 암진단을 받았다. 유방암 3기라고 한다

좋은 점	나쁜 점
• 일을 쉴 수 있다 • 직장에서 보기 싫은 사람들을 보지 않아도 된다 • 하기 싫은 일은 모두 병 핑계로 거절할 수 있다 • 관심을 받을 것이다 • 진정한 친구가 누군지 알 수 있다 • 내 시간이 많아진다 • 전이되기 전에 발견한 것이 다행이다 • 유방암은 다른 암보다 완치율이 높다 • 건강관리를 하면서 다른 삶을 생각해보는 전환점이 될 수 있다	• 죽을 수도 있다 • 치료를 받아야 한다. 치료가 아프다고 한다 • 가족에게 짐이 될 것이다 • 경제적으로 큰 타격이다 • 유방을 절단해야 할 수도 있다 • 직업을 잃을 것이다 • 부모님과 형제자매에게 고통을 줄 것이다 • 몸이 너무 힘이 들 것이다 • 머리카락이 빠질 것이다 • 다른 사람에게 동정을 받을 것이다 • 나를 싫어하는 사람들은 고소하다고 생각할 것이다

긍정적인 면에 주의를 기울이자

치료 중에는 외모에 변화가 생기기도 합니다. 머리카락이 빠지기도 하고, 수술 외상 흔적이 남기도 합니다. 자신의 일부가 원하지 않는 방향으로 변화하는 것은 힘든 경험입니다. 피하고 싶지만 피할 수 없는 좋지 않은 일들이 발생했을 때, 어떻게 달리 생각할 수 있을까요?

칵테일파티 효과[21]는 파티의 참석자들이 소음이 시끄러운 방에서도 자신과 대

21 칵테일 파티 효과(cocktail party effect)를 처음으로 연구한 사람은 콜린 체리이다. 콜린 체리는 실험 참가자에게 오른쪽과 왼쪽에서 서로 다른 메시지가 들리는 헤드셋을 착용하게 하고 한 쪽의 메시지만 입으로 따라하도록 요구했다. 한쪽 메시지에만 지속적으로 주의를 기울였던 참가자들은 다른 한쪽의 메시지는 하나도 기억하지 못했다. 콜린 체리의 실험은 많은 정보들 사이에서 우리가 보는 것만 보고 듣는 것만 듣는다는 사실을 보여주는 선택적 주의(selective attention) 또는 선택적 지각(selective perception) 현상을 잘 보여주고 있다.

화하는 사람의 소리를 잘 듣는 현상을 표현하는 단어입니다. 이와 같이 자신에게 의미 있는 정보만을 적극적으로 받아들이는 것을 선택적 주의라고 합니다. 우울증에 걸린 사람은 부정적인 측면에 선택적 집중을 하는 경향이 있다고 합니다. 혹시 여러분도 그렇지는 않은가요? 다행히도, 긍정적인 측면에 주의를 기울이는 연습을 반복하면, 사물을 긍정적으로 보는 경향이 높아질 수 있다고 합니다.

힘든 치료를 이겨내려고 노력하고 있는 자신을 격려할 방법을 적극적으로 찾아봅시다. 탈모로 괴로워하기 보다는 여러 가지 모자를 써보는 기회라고 생각해 볼 수도 있고, 새로 나는 머리가 길어지면 다른 사람들이 부러워하는 머릿결을 가질 수 있다고 생각할 수도 있습니다. 또는 짧은 머리를 해 볼 기회라고 생각할 수도 있고, 머리 손질에 시간과 돈을 들이지 않아도 되니 편해진 것이라고 생각할 수도 있습니다. 겪고 있는 힘든 일의 긍정적인 측면에 주의를 기울이는 연습은 기분을 좋게 만드는 효과적인 방법 중 하나입니다.

▶ 어제 보다 나아진 부분에 집중하자

가장 많은 환자들이 공통적으로 가지고 있는 걱정은 재발에 대한 것입니다. 재발에 대한 걱정과 두려움은 매우 현실적인 것이지만, 그 발생 가능성에 대해 아무도 알 수 없고, 그래서 대책을 세우기 어렵다는 한계가 있습니다. 재발에 대한 걱정으로 힘들다면 바로 위의 재상씨의 사례에서처럼 지금 나에게 이로운 생각일까 따져보는 것이 좋습니다. 그리고 어제보다 나아진 부분에 집중하는 것도 좋은 방법입니다.

미리 걱정하는 것이 도움이 될까요, 걱정하지 않는 것이 도움이 될까요?

지진 대피 훈련 등 대비 훈련을 합니다. 대비 훈련이 중요한 이유는 어떻게 대처할 지 알려주기 때문입니다. 그러나 재발의 경우에 재발했을 때를 상상하며 대비훈련을 하는 것은 크게 도움이 되지 않는다고 합니다. 그보다 의미 있는 것은 재발에 대한 걱정에서 벗어나 현재의 건강관리에 힘쓰는 것입니다. 재발에 대한 걱정은 주로 암 치료 중에보다 암 치료 과정이 끝나갈 때 더 많이 하게 된다고 합니다. 암 치료 과정에서는 어쩔 수 없이 병원에서 "이곳에 가서 검사하세요" 하면 가야하고, 의료진이 "지금은 OO을 하시면 안됩니다"하면 그대로 지켜야하는 경우가 많았을 것입니다. 수동적으로 지켜야할 사항을 알림받고 지켰다면, 수술, 항암화학치료, 방사선치료같은 치료를 마치고 나서는 스스로 건강관리를 해야하고 자기 관리를 위하여 적극적으로 정보를 찾고 해야할 일을 결정해나가야 합니다. 만약 이렇게 다소 간의 홀로서기를 하는 시점에서 걱정이 너무 많다면 건강관리도 어려울 것입니다.

어제보다 나아진 부분에 집중합시다. 어제보다 나아진 부분에 집중함으로써 걱정을 통제합시다. 어제보다 오늘 덜 아프다면 통증이 줄어든 것을 놓치지 말고 기분 좋게 여겨봅시다. '어제'와 '오늘'을 비교해 조금이라도 나아진 부분을 찾고, 발견 즉시 이에 대해 감사하거나 기쁜 마음을 가져봅시다. 예를 들어 어제보다 어깨 통증이 덜 심하다면 "오늘은 좀 낫네!" 라고 생각하는 연습을 해 봅시다. 어제보다 오늘 아침에 일어나기가 가뿐했다면 기지개를 한번 더 펴면서 좋은 기분을 누려봅시다. 어깨의 통증이 나아져서 움직일 수 있는 범위가 조금 늘었다면 한껏 기뻐해봅시다. 운동 약속을 잘 지킨 결과라면 약속했던 보상을 자신에게 주어봅시다.

▶ 변화를 수용하자

치료 중에는 피할 수 없는 불편함이 많습니다. 외모의 변화는 상당한 스트레스와 불편함이 됩니다. 암 치료 부작용 중의 하나로 머리가 빠지고, 신체 일부분에 변화가 생길 수 있습니다. 이 변화가 일시적이어도 그 변화 기간에는 적응이 어려우며, 특히 변화가 영구적인 경우, 새로운 자신의 모습에 대한 적응에는 상당한 시간이 걸리기도 합니다. 여기서 중요한 것은 이 원치 않는 변화는 선택이 아니고 피할 수 없는 현실이라는 것입니다. 피할 수 없는 것을 부인하고 거부하고 숨기려고 하는 것은 더 큰 어려움과 마음의 상처를 가져올 수 있습니다. 어떤 소아암 환자는 머리가 빠지는 것을 학교 친구에게 들키고 싶지 않아 가발을 쓰고 다녔습니다. 그런데 어느 날 체육시간에 가발이 움직여 친구들에게 가발을 들키게 되었고 몇몇 친구들은 가발 쓴 이 친구를 놀렸고 이로 인해 학교 등교를 거부하게 되었다고 합니다. 하나를 숨기게 되면, 그것을 위해 다른 숨김이 필요하고, 이건 숨기는 사람에게 엄청난 에너지와 신경을 쓰게 만드는 결과를 초래합니다. 다행히 숨김이 오래가면 좋겠지만, 언제 어떤 일이 일어나게 될 지는 아무도 알 수 없습니다. 변화는 숨기지 말아야 하며, 수용하고, 피하지 못하는 사실에 대해 새로운 방법으로 적응해 나가는 자세가 필요합니다. 처음에는 아주 어려울 수 있지만, 이런 태도가 장기적으로 볼 때 적응을 더 쉽게 만들어 줍니다. 변화를 수용하고 장기적으로 더 좋은 선택을 합시다.

'변화를 수용하는 것이 더 좋다'고 여기게 되면, 긍정적인 부분을 찾아 그에 집중하기도 쉽습니다. 그리고 약점을 커버해 주는 방법을 찾아보게 될 것입니다. 달라진 외모로 기분이 우울해 진다면, 외출 할 때 기분이 나아지는 옷차림을 하나씩 해봅시다. 새로운 모자나 두건도 좋습니다. 혹은 감추고 싶은 부분을 가려주는 의상을 선택하는 방법도 있습니다. 위에 들은 소아암 환자의 이야기처럼 외모의 변화는 사회적인 위축을 초래합니다. 사교적인 활동이 많았던 환자가 외모 변화를 숨기기 위하여 사회활동을 제한한다면 그로 인하여 머리카락뿐 아니라 인생이 통째로 달라졌다고 여겨 괴롭게 될 것입니다. 외모 변화가 힘들다는 것을 마음 편한 친구에게 털어놓아 봅시다. 예상하지 못했던 지지를 얻을 수 도 있을 것입니다. 밖으로 나가기 싫은 정도로 외모에 대한 자신감이 떨어졌다면 꼭 나가야하는 상황을 기회로 삼아 조금씩 좋은 기분 만들기를 시도해 봅시다.

▶ 긍정적인 자기 대화를 하자

자기 자신과 긍정적으로 대화하는 것을 '긍정적 자기대화'라고 합니다. 여러분이 스스로에게 들려주는 마음의 소리에 귀를 기울여 보십시오. 힘든 순간을 극복할 수 있게 자기 자신을 응원해주는 말을 찾아봅시다.

'통제감(a sense of control)'이란 자신의 힘으로 상황을 통제할 수 있다는 믿음을 말합니다. 자기 스스로 싫은 것은 하지 않기로 결정하고, 좋은 것을 선택해서 하기로 할 수 있는 통제감을 느끼는 것은 누구에게나 매우 중요합니다. 그러나 암 진단을 받고 치료하다 보면 통제감을 느끼지 못할 때가 많습니다. 나에게 어떤 치료가 필요한지 모든 정보를 스스로 이해하고 결정하기가 어렵기 때문에 어쩔 수 없이 치료를 지시 받는 느낌이 들기도 합니다. 스스로 할 수 있었던 일들도 다른 사람에게 도움을 받아야하니, 내가 할 수 있는 것이 줄어듭니다. 특히 통증이 있는 경우, 통제감을 잃고 무기력을 느끼게 될 가능성이 높습니다.

통증을 느끼는 현수씨의 사례를 봅시다.

> “현수씨는 대장암 진단 후 치료 중입니다. 현수씨는 지속적으로 통증을 느꼈지만 무엇을 어떻게 해야할지 잘 몰랐습니다. 진통제도 큰 효과가 없자 현수씨는 '내가 할 수 있는 건 아무것도 없어' 라고 생각했습니다.”

현수씨는 스스로 통증을 통제할 수 없을 것이라고 생각하고 있습니다. 이를 '통제감 상실'이라고 합니다. 통제감 상실은 부정적인 기분을 불러일으키고 암치료에 대한 자기효능감을 떨어뜨립니다. 다음 퀴즈를 풀면서 '통제감 상실'에서 비롯된 부정적인 생각을 긍정적 자기대화 기법을 통해 보다 긍정적인 생각으로 바꾸어 봅시다.

Quiz "진통제도 별로 효과 없고, 아파도 내가 할 수 있는 것은 아무것도 없어" 라고 생각하고 있다면, 다음 중 어떤 것이 긍정적인 자기대화 방법일까요?

① 이완법은 일시적이지만 통증을 줄이는데 도움이 돼. 이완을 해보자. 난 할 수 있어.
② 이완법 효과는 잠시 뿐이야. 해 봤자 아무 소용 없어.
③ 진통제가 별로 효과가 없으니, 어떤 방법을 해도 내 통증은 나아지지 않을 거야.

Quiz "통증을 어떻게 줄일 수 있는지도 모르겠고, 내가 할 수 있는 것은 아무것도 없어" 라고 생각하고 있다면, 라고 생각하고 있습니다. 다음 중 어떤 것이 긍정적인 자기대화 방법일까요?

① 진통제도 효과 없으니, 어떤 방법을 해도 내 통증을 줄일 수 있는 방법은 없을 거야.
② 이완훈련의 효과는 잠시 뿐이야. 해 봤자 아무 소용 없어.
③ 내가 좋아하는 TV 프로그램을 보다 보면 통증을 조금 잊을 수 있을 거야. 아플 땐 TV를 켜보자.

Quiz "통증이 있을 때 나를 도와줄 수 있는 사람은 아무도 없어" 라고 생각하고 있다면, 라고 생각하고 있습니다. 다음 중 어떤 것이 긍정적인 자기대화 방법일까요?

① 통증은 원래 스스로 참아내는 거야. 무조건 참자.
② 통증이 있을 때 주치의 말고는 나를 도와줄 수 있는 사람은 아무도 없어.
③ 통증이 있을 때 주치의나 가족에게 연락하면 돼. 침착하게 생각하자.

통증을 관리할 수 있는 것으로 생각하면, 이에 대처하는 방법을 찾아보게 될 것입니다. 통증을 느낄 때 주위를 분산시킬 취미나 영상을 볼 수 있는 도구도 준비하게 되고, 진통제 효과가 미미할 때 주치의를 찾아가 논의하게 될 것입니다. 병원으로 연락을 취할 수 있는 빠른 방법도 미리 문의해 놓을 수도 있습니다. 이런 대처들은 통증이 있을 때 큰 도움이 될 것입니다.

'긍정적 자기대화' 기법을 통해 통증에 대해서 통제감을 가지고 관리에 적극적으로 참여해봅시다. 다음은 통증에 대한 긍정적인 자기대화의 예시입니다. 이런 긍정적인 메시지를 거울, 냉장고, 핸드폰 바탕화면 등 자주 보는 곳에 적어놓는 것도 통제감을 높이고 통증을 관리하는데 도움이 됩니다.

통증에 대한 긍정적 자기대화

- 이완훈련을 해보자. 통증이 조금 줄어들 거야. 난 할 수 있어.
- 나만의 안전지대로 가보자. 난 이겨낼 수 있을 거야.
- 주치의가 처방해준 진통제를 먹어보자. 괜찮아질 수 있어.
- 숫자를 세어 볼까? 침착하게 대처하자.
- 규칙적으로 운동하면서 통증관리를 해보자.

칭찬 일기를 쓰자

우울과 불안이 높으면, 자신에 대해 부정적으로 생각하고 심리사회적으로 위축됩니다. 친구로부터 "발표 좋았어! 대단하다" 는 칭찬을 들으면 그건 단지 빈말이라고 생각하고, 반면에 누군가가 자신을 비판하면 "이 친구는 나를 싫어해", "저 친구는 항상 내 말에만 반대해"라며 확대 해석합니다.

위에서 배웠듯이 긍정적인 면은 축소하고 부정적인 면을 과대 해석하는 것을 의미 확대 또는 의미 축소라고 합니다. 이때 도움을 줄 수 있는 방법이 '칭찬일기 쓰기'입니다. 칭찬일기는 나에 대한 칭찬을 통해 스스로에 대한 잘못된 편견이나 부정적인 감정을 줄이는 훈련 방법입니다. 오늘 하루 내가 잘 한 점을 적고 축하하고 칭찬하며 기운을 북돋아주십시오.

이제 연습해 봅시다. 여러분이 어제 하루 동안 칭찬 받을 일을 아래에 세가지 적으십시오.

1.
2.
3.

스스로 잘 한 일을 생각하는 것은 쉽지 않을 수 있습니다. 기억을 돕기 위해 활동 시간과 장소를 떠올려볼까요?

평소 가장 많은 시간을 보내는 장소를 3군데만 떠올려 봅시다.

표 5-19 스스로 잘 한 일 떠올리기 보조자료

장소1 (　　　　　　　　)	장소2 (　　　　　　　　)	장소3 (　　　　　　　　)

각각의 장소에서 여러분이 했던 일 중 잘 했다고 생각되는 일을 찾아보세요. 아주 작은 것이라도 괜찮습니다. 바빴으나 친구의 고민을 들어준 일, 병원에서 다른 환자의 질문에 답해준 일, 택시 대신 버스를 탄 일, 혹은 운동 겸 걸어서 집에서 온 일 등 조금이라도 칭찬할 수 있는 일은 모두 떠올려보세요. 일상에 의미를 부여하면서, 생각나는 대로 최대한 많이 기록해주세요. '이게 무슨 잘 한 일인가', '이렇게 사소한 일도 괜찮은가'하고 생각하지 말고 적고 봅시다. '장소마다 잘한 일 최소한

1개씩 기억한다'를 목표로 삼아서 적어보세요. 매일 기록하다 보면 오늘 잘한 일이 생각보다 꽤 많은 것을 발견하게 될 것입니다. 잘한 일이 없다고 생각되면, 점차적으로 잘한 일의 숫자를 조금씩 늘려보는 것도 방법입니다.

파이차트를 그려보자

파이차트는 둥근 파이 모양으로 생긴 그래프입니다. 파이차트는 주로 비율(%)을 표시하는데 사용하는데, 비율은 언제나 모두 합치면 100%를 이루게 되므로 파이 조각을 채우듯이 비율을 다 채워 넣으면, 100%에 해당하는 동그라미 파이차트를 완성할 수 있습니다. 이 파이차트를 우리가 합리적으로 생각하고 있는지 검토하기 위해 사용할 수 있습니다.

투병하면서 제일 많이 걱정하는 것이 미래에 대한 걱정입니다. 그런데 이런 걱정이 얼마나 정확한 지 따져본 적은 아마 없을 것입니다. 예를 들어, 자녀가 대학입시를 앞둔 시기에 진단을 받았다면, 자신의 병 때문에 자녀의 입시를 완전히 망칠 것이라는 걱정을 할 수 있습니다.

파이차트를 활용하는 혜미씨의 가상의 상담 상황을 함께 봅시다.

> "상담자: 가장 큰 걱정이 무엇인가요?
>
> 혜미: 고3인 아들의 뒷바라지를 잘 못해서 아들이 대학 못가는거요. 그 생각만 하면 잠이 안 와요. 왜 하필 이 때 아픈지 내 자신이 싫어집니다.
>
> 상담자: 올해는 중요한 해였군요. 가장 최악의 상황이 벌어진다면 어떨까 함께 생각해볼까요. 말씀하시는 것을 들으니 아들이 대학에 가지 못하는 것이 최악의 상황이네요.
>
> 혜미: 네, 최악이에요.

상담자: 대학입시가 아들의 인생에 얼마나 중요한가요? 0부터 100까지 %로 말해본다면요.

혜미: 거의 100%요. 남들 다 가는 대학을 못 간다면 제 아들은 앞으로 아무 것도 못 하겠지요.

상담자: 대학 입학을 결정하는 건 중요한 일이죠. 그런데 그것 말고 아들 인생에서 앞으로 굵직하고 중요한 일이 무엇이 더 있을까요?

혜미: 이 나이에 대학이 전부입니다.

상담자: 그렇다면 아들의 평생을 고려하여 중요한 일을 한번 생각해 보세요. 대학입시 말고 다른 중요한 일이 무엇이 있을까요?

혜미: 음, 평생 의지할 수 있는 좋은 배우자를 만나서 화목한 가정을 꾸리는 거도 중요하고, 또, 좋은 직장을 갖는 것도 중요하겠네요.

상담자: 또 있을까요?

혜미: 자신의 꿈을 이루는 것이요. 세계일주를 하고 싶어해요. 그걸 할 수 있으면 좋겠어요.

상담자: 대학, 배우자, 자녀, 꿈, 그리고 또 있을까요?

혜미: 좋은 친구들, 관계 맺으며 사는 것이요.

상담자: 방금 우리가 대화한 것들이 인생에서 몇 %를 차지하는지 숫자로 적어보겠습니다. 맨 오른 쪽 빈칸에 숫자를 적으면 됩니다. 합이100%가 되어야 합니다.

혜미: 네. 적어 넣었습니다.

표 5-20 파이차트 그리기 예시 : 혜미씨 사례

	사건 혹은 대상자	%
1.	배우자	20%
2.	자녀	20%
3.	꿈 (세계일주)	30%
4.	친구관계	10%
5.	대학입시	20%
합계 =		100%

상담자: "잘하셨어요. 이제 이 것들을 파이차트 안에 그려넣어 봅시다. 그려 넣을 때 대학입시는 마지막으로 그려보세요."

혜미: 다 그렸습니다.

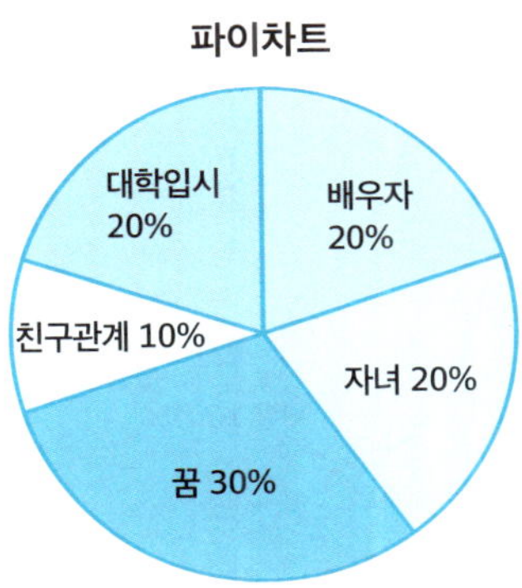

그림 5-1 파이차트 그리기 예시 : 혜미씨 사례

상담자: "파이차트를 봅시다.대학 입시가 아들의 인생에서 차지했던 비율이 처음에 100%였지만, 아들의 인생에서 중요한 다른 많은 일을 확인하고 나니 대학입시가 차지하는 비율이 20%로 낮아졌습니다. 아직도 아들의 대학입시가 아들 인생의 전부라고 생각하시나요?" ❞

심한 통증때문에 극단적으로 생각하게 되는 경우에도 파이차트를 적용해볼 수 있습니다.

❝ 아침부터 저녁까지 바쁜 일과를 보내고 잠자리에 누운 예진 씨는 팔에 통증을 느끼기 시작했습니다. 통증이 지속되자 암이 재발된 징후라는 생각이 들었고, 그러자 불안해져 잠을 들 수가 없습니다. ❞

이 경우, 파이차트를 그려보면 다음과 같습니다.

그림 5-2 파이차트 그리기 예시 : 예진씨 사례(전)

예진씨는 팔의 통증에 원인이 될 만한 다른 가능성을 생각했고, 그리고 다음과 같은 4가지 가능성을 찾아낼 수 있었습니다. 예진씨는 각 원인들이 팔이 아픈 이유 중 몇 %를 차지하는지 생각해보았습니다.

표 5-21 파이차트 그리기 예시 : 예진씨 사례

	%
1. 밀린 집안일을 하느라 팔을 많이 사용하기는 했다.	30%
2. 동창 모임이 있어서 조금 무리하기는 했다. 피곤한 하루였다.	20%
3. 생각해보니 장마철이기도 했다. 비가 오면 가끔 팔이 아프다.	10%
4. 의사가 수술 후에 팔에 통증이 있을 수 있다고 했다.	30%
5. 재발	10%
합계 =	100%

예진씨가 생각한 대로 파이차트를 그리면 다음과 같아집니다.

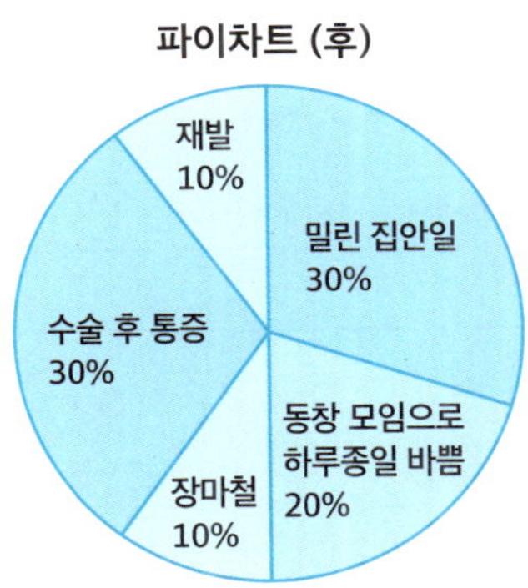

그림 5-3 파이차트 그리기 예시 : 예진씨 사례(후)

파이차트로 생각하기 전에는 암이 재발했다는 생각에만 100% 마음을 썼다면, 지금은 예진씨의 재발 걱정이 줄어들었을 것입니다.

암이 재발하였다는 파국적인 사고를 했을 때보다 파이차트를 통해 합리적으로 생각하고 나면 기분이 나아지고 통증에 대처하는 방법을 배우게 될 가능성이 늘어납니다.

동철씨의 사례도 함께 봅시다.

> 동철씨는 수술 후 복통을 느끼자 수술이 잘못된 것 같다고 생각했습니다. "이렇게 해서 앞으로 어떻게 살지?"하는 생각이 듭니다.

동철씨는 파이차트기법을 배우고 나서 복통의 원인에 대해 다음과 같은 4가지 가능성에 대해 생각해 낼 수 있었습니다.

표 5-22 파이차트 그리기 예시 : 동철씨 사례

	%
1. 수술 후에는 복통이 있을 수도 있다	25%
2. 운동을 시작했는데, 운동 자세를 잘못한 것 같다	25%
3. 환자식을 하다가 며칠 전 밥을 먹기 시작해 위가 잠깐 놀란 것이다	30%
4. 수술이 잘못되었다 (앞으로도 계속 이렇게 아플 것이다)	20%
합계 =	100%

동철씨가 작성한 파이차트를 함께 봅시다.

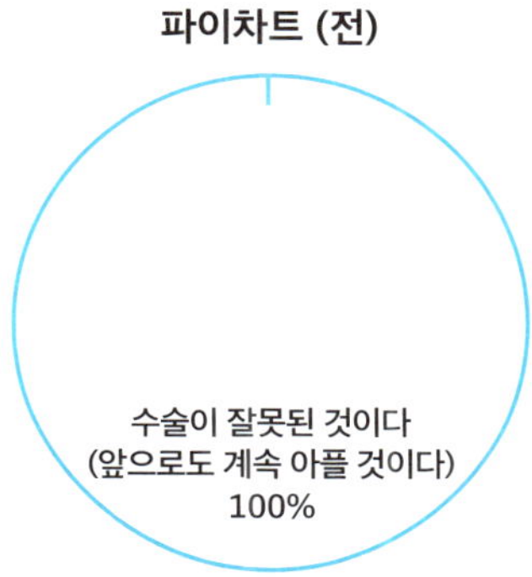

그림 5-4 파이차트 그리기 예시 : 동철씨 사례(전)

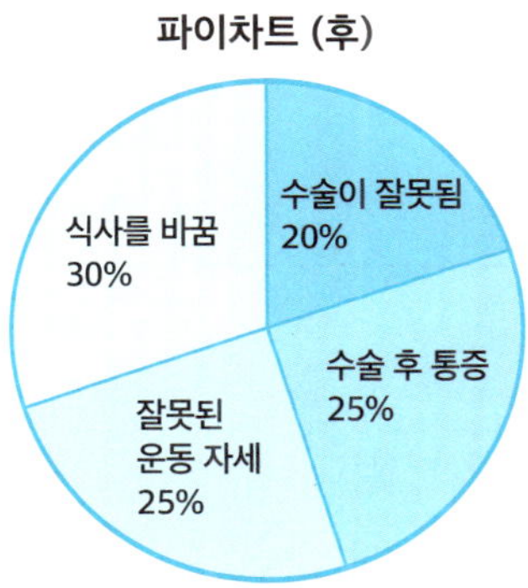

그림 5-5 파이차트 그리기 예시 : 동철씨 사례(후)

파이차트를 작성하고 난 후 동철씨는 회복이 어려울 것 같다는 생각으로 좌절하기 보다는, 운동 자세와 복통에 대해서 의사에게 문의를 하고 통증에 대처하는 방법을 찾을 수 있게 되었습니다.

위에서 제시한 다양한 가상 상담 상황에서 보듯이 파이차트 그리기는 상황에 대한 다양한 대안적인 해석을 할 수 있도록 합리적인 생각을 유도해서 파국적인 생각을 막아줍니다.

이제 파이차트 그리기 연습을 해 봅시다. 일부 환자들은 병가를 내고 투병 일정에 적응하기 시작하면서 우울해지는데 일부는 '직장생활을 더이상 잘 할 수 없어. 내 인생은 끝났어' 라는 파국적인 생각이 든다고 보고합니다. 이 경우, 직장생활이외에 인생에서 의미 있는 일을 찾아보는 것부터 시작합니다. 다음 목록에서 인생에서 의미 있는 일을 선택해봅시다.

표 5-23 파이차트 그리기 연습 – 1단계

□ 가족과 시간 보내기	□ 취미 만들기
□ 친구와 시간 보내기	□ 건강에 대해 공부하기
□ 여행 다니기	□ 종교 생활 하기
□ 사색 시간 갖기	□ 직접 써넣기: ______________

위에서 선택한 항목과 직장생활로 파이차트를 채우면서 직장생활 외에 삶의 다른 부분을 관찰할 기회를 가져봅시다.

표 5-24 파이차트 그리기 연습 – 2단계

	%
1.	
2.	
3.	
4.	
합계 =	

파국적인 사고는 무력감을 만들어냅니다. 파이차트를 다양한 대안을 발견하고 활력을 되찾는 도구로 사용해 봅시다.

파이차트 그리기

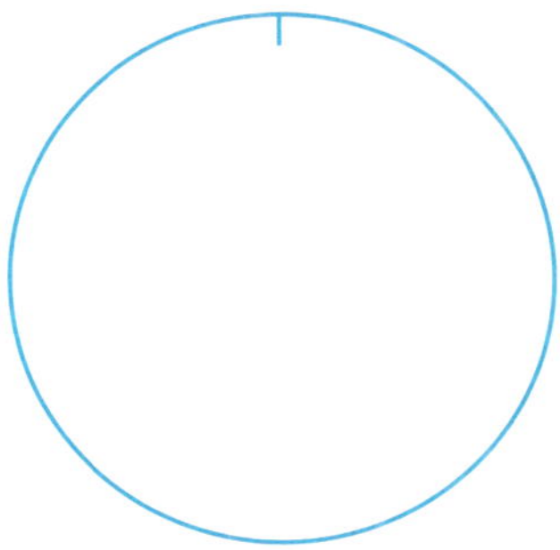

그림 5-6 파이차트 그리기 연습 – 3단계

잘못된 신념을 찾아보자

'암을 진단받았으니 이제 어떡하지?'라고 막연히 걱정하고 있다면 할 수 있는 일을 발견하기 어려울 것입니다. '암을 진단받고 가장 걱정되는 것이 무엇이지? 또는 '투병하는데 가장 방해가 되는 증상이 무엇이지?' 등으로 내가 하고 있는 걱정을 찾아보면 비로소 걱정에 대처할 수 있게 됩니다.

특히 암 투병을 힘들게 하는 증상이 있다면, 해결하기 위해 무엇을 할 수 있는지 질문해보고 증상 관리에 대한 정보를 수집하는 것이 먼저입니다. 불면증을 경험하는 환자의 예시를 통해 불면증 관리에 대한 정확한 정보를 습득해봅시다. 앞에서도 말했듯이 불면을 비롯한 수면 문제는 암환자가 많이 경험하는 문제입니다. 정확한 정보를 가지고 있으면, 수면 문제의 예방에도 도움이 될 것입니다.

정보를 수집할 때는 정확한 정보를 수집하는 것이 중요합니다. 신뢰할 수 있는 곳에서 정보를 수집하십시오. 그리고 수집된 정보를 통해 자신이 가지고 있는 잘못된 신념이 없는지 파악하십시오. 증상이나 증상관리법에 대한 잘못된 믿음이 있는 경우 증상 관리가 더욱 어렵게 되기 때문입니다. 예를 들어, 잠과 관련된 잘못된 믿음이 있는 경우, 수면을 방해하는 행동을 하게 하여 수면 문제를 악화시킬 수 있습니다. 수면 문제가 있는 사람들에게 자주 발견되는 잠과 관련된 잘못된 믿음들을 알아봅시다.

잠과 관련된 잘못된 믿음에는 다음과 같은 종류가 있습니다.

첫 번째, 나쁜 상태를 모두 잠 탓으로 돌리는 것입니다. 다음과 같은 신념들이 여기에 해당됩니다.

나쁜 상태를 모두 잠 탓으로 돌리기

- 잠을 잘 못 자면, 다음날 제대로 생활할 수 없다.
- 잠을 잘 못 자면, 다음날 약속을 나갈 수 없다.
- 짜증, 우울, 불안한 것은 모두 잠을 못 잤기 때문이다.

소은씨의 예를 통해 이해해봅시다.

> "소은씨는 밤에 잠드는데 어려움이 있습니다. 잠자리에 누웠을 때 1시간 이상 잠이 오지 않아 뒤척이다 겨우 잠드는 문제가 일주일째 지속되고 있습니다. 다음 날 소은씨는 피곤함을 느꼈는데, 잠을 못 잤기 때문이라고 생각했습니다. 또한 기분이 안 좋아지자, 이것도 잠을 못 잤기 때문이라고 생각했습니다. 소은씨는 잠을 못 자서 너무 피곤하다고 생각하며 귀가하자마자 잠을 잤습니다. 그리고 밤이되자 다시 잠을 이루지 못했습니다."

나쁜 상태를 모두 잠 탓으로 돌리는 것은 앞에서 배운 일반화와 파국화 생각과 관련이 있습니다. 앞에서 배운 '반대되는 증거 찾기'나 파이차트 등 그리기가 도움이 될 것입니다.

두 번째, 잠을 잘 못 잘 까봐 지나치게 걱정하게 만드는 신념들입니다. 다음과 같은 신념들이 여기에 해당됩니다.

잠을 잘 못 잘까봐 지나치게 걱정하기

- 나는 잠을 스스로 조절할 수 없다.
- 잠을 못 자면 건강이 심각하게 나빠질 것이다.
- 불면증은 내 인생 전체를 망칠 것이다.

명재씨의 예를 통해 이해해봅시다.

> "6개월 전 위암 완치 판정을 받은 명재씨는 요즘 밤에 잠이 잘 오지 않는 것이 스트레스입니다. 명재씨는 잠이 들려고 노력했지만 오히려 그럴수록 잠이 오지 않았습니다. 명재씨는 밤마다 "오늘은 잘 잘 수 있을까?"하고 걱정을 하기 시작했습니다. 하지만 그럴수록 오히려 밤에 잠을 자는 것이 더욱 어려워졌습니다. 명재씨는 잠과 관

렴하여 다음과 같은 세 가지의 잘못된 믿음을 가지고 있었고 이로 인해 걱정에 몰두하게 되었습니다. 이는 명재씨의 수면 문제를 더 심하게 만들었습니다. ”

세 번째, 잠은 어떠해야 한다는 믿음입니다. 다음과 같은 신념들이 여기에 해당됩니다.

잠은 어떠해야 한다는 잘못된 신념

- 모든 사람은 하루 8시간의 수면이 필요하다.
- 잠을 못 잤다면, 부족한 만큼 다음 날 낮잠으로 채워야 한다.

은하씨의 예를 통해 이해해봅시다.

“ 은하씨는 매일 자신이 수면 시간을 체크하고, 8시간을 채우지 못했을 경우 불안감을 느낍니다. 8시간을 자지 못했을 경우, 은하씨는 낮잠으로 남은 시간을 보충합니다. 낮잠을 자는 날 은하씨는 다시 잠을 이루지 못하는 경우가 많습니다. ”

잠과 관련된 잘못된 신념은 수면 문제를 악화시킬 수 있습니다. 사람들이 각자 다른 신체 조건을 가지고 있듯, 잠도 개인차가 있습니다. 모든 사람을 같은 기준에 맞추는 것은 바람직하지 못합니다. 밤에 부족한 잠을 낮잠으로 보충하는 것은 오히려 수면 문제를 악화시킬 수 있습니다. 주말에 몰아서 자는 것은 수면 주기를 무너뜨릴 수 있습니다.

네 번째, 약물에 대한 과도한 믿음입니다. 다음과 같은 신념들이 여기에 해당됩니다.

약물에 대한 과도한 믿음

· 불면증은 화학적 불균형 때문에 발생한다
· 불면증은 약물이 유일한 해결책이다

형은씨의 예를 통해 이해해봅시다.

> "형은씨의 사례를 함께 봅시다. 형은 씨는 3일 째 잠을 자는데 어려움이 있습니다. 형은씨는 잠이 오지 않자 약을 먹어야겠다고 생각했습니다. 형은씨는 곧장 병원을 찾아 수면제를 처방 받았습니다. 형은씨는 잠이 잘 오지 않자 바로 생리적인 문제가 있다고 판단하고, 수면제를 먹기로 결정했습니다."

앞서 나온 것처럼 불면증은 생리적 요인 뿐만 아니라 생활습관, 생각, 정서 등 다양한 원인이 서로 상호작용하여 발생하는 문제입니다. 따라서 오직 약물만으로 불면증을 해결하려고 하는 것은 효과적이지 않습니다. 생활습관 관리, 생각 바꾸기, 정서관리 등 수면 문제 개선을 위한 다양한 접근을 통해 보다 좋은 결과를 얻을 수 있으며, 효과 또한 보다 오래 지속될 수 있습니다.

운동에 대한 생각을 바꾸자

이전에는 암으로 치료하는 중이라고 하면 가장 많이 듣는 말이 "잘 먹고 잘 쉬세요" 였을 것입니다. 최근에는 여기에 하는 말이 한 개 더 있습니다. 바로 "적당한 운동을 하세요" 입니다. 암환자에게 신체활동이 도움된다는 연구들이 최근으로 올수록 많이 발표되고 있으며 이 정보는 이 책의 136페이지 6장 2. 행동 바꾸기 전략의 '규칙적으로 운동하자'에 보다 자세히 안내하였습니다. 그럼에도 불구하고 많은 환자들이 운동에 대하여 부정적인 생각을 갖고 있습니다. 통증으로 인하여 운동하는 것을 매우 힘들거나 두려운 일로 여기고 피하게 되기도 합니다. 그러나 적절한 운동을 찾아 일정하게 하는 것이 신체건강에 중요할 뿐만 아니라 정신건강에도 매우 중요하다는 것이 최근 연구들이 말하는 바입니다.

운동 시작이 어렵다면, 먼저 운동을 해야 하는 이유에 대해 스스로를 설득하는 것이 중요합니다. 다음 글상자에는 운동의 세 가지 이점이 정리되어 있습니다. 꼭 지금 당장 모든 증상이 없어지지 않더라도, 지금 당장 몸짱이 되지 않더라도 운동은 '기분 좋은 일'입니다. 소리 내어 읽으면서 스스로를 설득해 보는 것은 어떨까요?

운동의 이점 하나, 둘, 셋

하나, 운동하면 기분이 좋아진다!

많은 연구들은 운동을 하면 우울이나 불안 그리고 스트레스 등 부정적인 정서가 줄어들고, 좋은 기분이 상승한다고 보고합니다. 대부분의 사람들은 기분이 좋지 않으면 몸을 움직이는 것을 피하는데, 사실 이 때가 더 운동을 해야 하는 시간입니다. 여러분은 이미 운동을 하고 나서 느꼈던 좋은 기분을 기억할 것입니다. 운동을 하면 몸이 힘들기 때문에 복잡한 문제나 어려움에 대해 생각할 겨를이 없습니다. 뿐만 아니라, 운동하고 나서 얻는 성취감이나 신체적인 변화로 인한 개운한 느낌은 기분을 좋아지게 만듭니다.

둘, 운동하면 자기관리 능력이 높아진다!

운동을 할 때 어렵고 힘든 자세나 동작을 오랜 시간 하게 되는데, 많은 연구들은 이렇듯 도전이 되는 행동과 자세를 꾸준히 연습하는 것이 궁극적으로 자기관리 능력을 증진시킨다고 보고합니다. 반복적으로 하기 싫고 어려운 과정을 겪으면서, 점점 더 어려운 것을 참고 노력해서 극복하는 연습을 하게 되는 것이고, 그 과정 자체가 스스로를 관리하는 능력을 증진시킨다는 것입니다.

셋, 운동하면 건강해진다!

적당한 수준의 꾸준한 운동은 신체건강을 증진시킵니다. 나는 원래 건강하지 못한 체질이라고 생각해서 운동하지 않는 것은 어리석은 일입니다.

여러분은 운동이 주는 세 가지 중요한 이점에 대해 알게 되었습니다. 하나의 행동으로 3가지 이점을 얻는 셈입니다. 읽고 나니 어떤 생각이 드나요? 운동을 하지 않아야 할 이유가 이것보다 더 많은지 고민해 보십시오. 운동에 대한 정보를 수집하십시오. 그리고 현재 여러분이 할 수 있을 만큼 하십시오.

완치 후로 타임머신 여행을 떠나자

타임머신을 타고 치료 여행이 끝난 후로 여행을 떠나봅시다. 힘든 여행이 끝난 후에는 이 순간을 어떻게 회상하게 될까 생각해봅시다.

치료를 끝내면 많은 사람들이 이 기간을 통해 성장했다고 말합니다. 성장이란 이전의 상태보다 더 나은 상태로 변화하는 것입니다. 암환자의 심리에 대한 연구는 과거에는 주로 환자의 우울과 불안에 초점이 맞춰져 있었지만, 최근 연구들은 암 투병 경험을 통해 많은 환자들이 심리적으로 긍정적인 변화를 했다는 결과를 보고하고 있습니다.

긍정적인 변화란 힘든 투병 경험을 잘 이겨내고 정신적으로 성장한 것을 의미합니다. 투병 후 정신적인 성장을 이룬 환자들의 경우에 주로 다음과 같은 면에서 더 긍정적인 사람이 되었다고 말합니다.[22]

---

22 외상 후 성장(Post traumatic growth) 연구에 사용되는 척도에서 공통적으로 포함하는 질문들을 간추린 것입니다. 참고한 논문은 다음과 같습니다.

- 전상원, 한창수, 최준호, 배치운, 채정호, 고영훈, 윤호경 & 한창우. (2015). **외상후 성장 및 리질리언스 평가와 임상적 의의.** *신경정신의학. 54*(1) : 32-39
- Tedeschi, R. G., & Calhoun, L. G. (1996). The Posttraumatic Growth Inventory: Measuring the positive legacy of trauma. *Journal of traumatic stress, 9*(3), 455-471.
- McMillen, J. C., & Fisher, R. H. (1998). The Perceived Benefit Scales: Measuring perceived positive life changes after negative events. *Social Work Research, 22*(3), 173-187.

긍정적인 변화

- 다른 사람들과의 관계가 깊어졌다
- 다른 사람에게 나의 감정을 기꺼이 표현하게 되었다
- 가족과 관계가 돈독해졌다
- 사람이 멋지다고 느낀다
- 삶에 대한 생각이 변화했다
- 새로운 관심사가 생겼다
- 더 잘해보자고 생각한다
- 전환기를 맞았다고 느낀다
- 하루 하루에 감사한다
- 삶의 가치를 새로이 느낀다
- 나 자신에 대한 생각이 변화했다
- 나쁜 사건에서도 얻을 점을 발견하는 힘이 생겼다
- 나는 내가 생각하는 것보다도 강하다고 느낀다
- 어려움을 감당할 수 있다고 느낀다

긍정적인 변화를 경험한 사람들은 다음과 같이 말합니다.

> "암을 겪었기 때문에 다른 사람들은 암 말고 다른 문제들을 겪고 있다는 것을 알 수 있었습니다. 다른 사람들에게 손 내밀게 되었습니다. 사람들이 고맙다고 할 때 그런 인사가 매우 소중하게 여겨집니다. - 소아청소년 암을 치료한 24세의 남성[23]"

영화 속에서 타임머신을 타는 장면을 떠올리면서 완치 후로 시간 여행을 떠나봅시다. 지금의 괴로움이 훈장이 되어 있을 날로 미래 여행을 떠나봅시다.

---

23 다음 논문에서 인용한 환자의 인터뷰입니다.

- Tremolada, M., Bonichini, S., Basso, G., & Pillon, M. (2016). Post-traumatic stress symptoms and post-traumatic growth in 223 childhood cancer survivors : Predictive risk factors. *Frontiers in psychology*, 7.

다른 사람들과 비교하지 말자

암 투병하는 중에는 병원에서 다른 환자들과 대화할 기회가 종종 있을 것입니다. 특히 입원해서 항암 치료를 받고 있는 경우 같은 암을 앓거나 비슷한 치료를 받고 있는 환자나 가족과 이야기를 나눌 기회가 많을 것입니다. 이대 서로 도움이 되는 방향으로 대화를 나누고 서로 응원하는 것이 좋습니다. 대화할 때 '저도 같은 치료 받았는데 많이 아파요' 와 같은 정보는 크게 도움이 되지 않을 것입니다. 왜냐하면 암은 비록 진단명이 같다고 하더라고 적용되는 치료가 꼭 같다고 하기 어렵고 같은 치료를 받고 있다 하더라도 환자마다 반응이 크게 다른 질환이기 대문입니다.

또한 비교하지 마십시오. 키가 다르고 몸무게가 다르고 생김새가 다르듯이 처한 상황, 이를 해석하는 방법, 그리고 문제를 해결하는 방법도 저마다 다 다릅니다. 겉에서 보기엔 내 문제보다 심각하지 않게 보일 수도 있고, 나브다 상황이 나아보일 수도 있지만 사실일 수도 있고 아닐 수도 있습니다. 다른 사랄들을 여러분의 비교대상으로 만들지는 마십시오. 어떤 사람은 수술 후 회복도 빨랐는데 나는 그렇지 못하고 그래서 암에 걸린 것도 우울한 일인데 다른 사람보다도 못한 것 같아 억울한 기분마저 들 수 있습니다.

그 사람이 갖지 않은 것을 내가 가질 수 있듯이, 내가 가지지 못한 것을 그 사람이 가진 것으로 보는 것이 맞습니다. 남은 나랑 다른 것으로 보되, 비교나 부러움의 대상으로 만들지 마십시오. 비교의 순간부터 내 마음이 힘들어집니다. 우리는 좋건 싫건 끊임없이 주변 사람들에 대한 정보를 알게 됩니다. 그리고 나와 비교합니다. 특히 아시아 문화권의 사람들을 자신에 대해 평가할 때 다른 사람과 비교하는 경향이 매우 높다고 합니다.[24] 하지만, 이 비교가 도를 넘게 되면, 스스로를 괴롭게 만드는 족쇄가 됩니다. 내가 비교하는 것이 무엇이던 그 비교하는 부분에선 나보다 훨씬 좋은 조건에 있는 남이 많게 마련입니다. 평가의 기준이 항상 "내"가 아닌 "남"이면, 절대로 나는 만족하거나 행복할 수 없습니다. 더욱 비교한다고 해서 내 상황이 나아지거나 문제가 해결되는 것이 아닙니다. 내가 아닌 남의 상황은 그냥 사실로 받아들입시다. 나와 비교하지 말고 인정합시다. 그리고, 그 사람의 상황에서 배울 것만 취합시다.

☑ 금연을 위해 ABC기록과 장단점 써보기를 활용하자

암과 같이 심각한 질병으로 진단받으면 많은 경우 술이나 담배 등 건강에 해로운 많은 행동을 중단합니다. 그러나, 일부는 중단을 어려워 합니다. 여러 가지 노력에도 중단이 어렵다면, 흡연을 하는 이유와 환경에 대해 분석해 보는 것도 도움이 됩니다. 이 경우, 사용해 볼 만한 생각 바꾸기 2가지를 소개합니다.

1. ABC 기록지를 사용하기

첫 번째로 50페이지에서 소개한 ABC 기록지 작성하기를 응용해봅시다. ABC 기록지는 약 3일 정도 흡연을 할 때 마다 사용할 것을 권합니다. B의 공간에는 흡연 정도(예, 1개피)를 기록합니다. A에는 흡연을 한 상황(예, 직장에서 동료와 다툼이 있은 후 휴게실에서)에 대해서 기록하고, C에는 흡연 후 결과 (예, 기분이 좀 나아졌다)를 적으면 됩니다. 3일 정도 적으면, 어떤 상황에서 주로 흡연을 하며, 흡연의 효과가 무엇이기에 흡연을 멈출 수 없는지 파악이 가능할 수 있습니다. 그리고 이

---

24 자기 자신의 도덕적 상태와 웰빙을 평가하는 기준을 어디에 두는지에 대한 문화차이를 탐구한 연구들이 있습니다. 이 연구들은 그 결과 아시아 사람들이 자기 자신을 평가할 때 다른 사람의 관점과 시선에 의한 평가를 더 많이 반영하는 체면 문화(Face culture)를 가지고 있다고 합니다.

- Kim, Y. H., & Cohen, D. (2010). Information, perspective, and judgments about the self in face and dignity cultures. *Personality and Social Psychology Bulletin, 36*(4), 537-550.
- Kim, Y.-H., Chiu, C-y., Peng, S., Cai, H. & Tov, W. (2010). Explaining East-West differences in the likelihood of making favorable self-evaluations : The role of evaluation apprehension and directness of expression. *Journal of Cross-Cultural Psychology,* 41, 62-75.

자료를 통해 흡연을 하게 되는 상황에서 흡연 대신 할 수 있는 다른 행동이 없는지 고민해 보십시오. 대부분의 경우, 흡연은 스트레스를 해소하는 방법으로 사용됩니다. 여러분도 혹시 스트레스 때문에 흡연을 하고 있다면, 무작정 흡연을 줄이기는 어려울 것입니다. 흡연 대신 스트레스를 줄일 수 있는, 그 당시에 사용할 수 있는 대안을 생각해 보고 이를 실천해 보십시오. 처음부터 모든 상황에 대안을 사용하려 하지 말고, 반복해서 일어나는 동일한 사건(예, 동료와의 다툼)에 먼저 다른 대안을 사용하기 시작하십시오. 그리고 효과적인 방법을 찾으면, 다른 상황에도 새로 찾은 대안을 적용할 것을 권합니다.

2. 장단점 비교하기

두 번째로는 73페이지에서 소개한 장단점 비교해를 활용해 봅시다. 흡연에 대한 장단점 써보기를 해봅시다. 이때 반드시 단기적인 장단점과 장기적인 장단점을 구분해서 적어보십시오. 흡연을 하는 분들도 금연이 좋다는 것은 다 알고 있습니다. 하지만, 당장 흡연을 하면서 얻는 것들이 하지 않아서 얻는 것보다 더 크게 느껴지기 때문에 금연을 하기가 어려운 것입니다. 단기적 장단점과 장기적 장단점을 구분해서 적다보면, 왜 금연이 필요한가에 대한 생각이 좀 더 체계적으로 정리될 수 있습니다. 장단점 목록을 작성할 때 가족이나 주변의 도움을 얻기를 권합니다. 때로는 혼자서 생각하지 못했던 점들을 다른 사람들이 찾아내 주기도 하기 때문입니다. 다른 사람과 함께 작성할 때는 '서로의 의견에 대해서 비판이나 비난하지 않기'라는 규칙을 정하고 시작하십시오. 흡연에 대해서는 각자 강한 신념을 가지고 있기 때문에, 함께 목록을 작성하면 자신의 생각을 표현하는 것을 넘어서서 상대방에게 자신의 주장을 강요하게 되기 쉽고, 그러다 보면 싸움으로 번질 수 있습니다. 이 과정은 서로를 위해 정보를 공유하는 과정이어야 함을 기억하십시오.

06

행동을 바꾸는 길

사람들은 흔히 마음 혹은 생각을 바꿔야 기분이 좋아지고 행동이 변한다고 생각합니다. 그러나, 마음이나 생각을 바꾸는 것은 그리 쉽지가 않습니다. 더군다나 때로는 어떻게 해야 마음이 변하는지 알지 못하는 경우가 많습니다. 암과 싸워 이기려는 마음을 가지거나 암은 이길 수 있다고 생각하게 되면 행동이 변할 가능성이 높지만, 어떻게 해야 그런 마음이 생기는지, 뭘 하면 그런 생각으로 바뀌게 되는지 몰라서 막막한 경우가 많습니다.

이때 행동을 먼저 변화시키는 것도 효과적인 방법이 될 수 있습니다. 그러니까 기분이 좋아지면 운동도 나가고 몸에 좋은 음식도 찾아 먹는 것이 아니라, 먼저 운동을 하고 몸에 좋은 음식을 먹는 것으로 시작하면 기분도 좋아지고 생각이 바뀔 수 있다는 것입니다. 기분이 내키지 않는데 운동을 어떻게 할 수 있는지 되물을 수 있지만, 먼저 생각하지 말고 할 수 있는 작은 운동을 찾는 것으로 시작하길 권합니다. 이 방법을 써서 효과를 본 사람들이 많습니다. 여러분도 시도하길 권합니다.

행동이 우리의 감정에 어떤 영향을 주는지 한번 확인해 볼까요? 다음 활동들을 할 때 여러분의 기분이 어떤지 점수를 매겨 봅시다. 1장에서 기분 점수를 매길 때에는 기준을 정하고 따라야 한다고 강조한 것을 기억하시나요? 기준을 정하고 그 기준에 근거하여, 여러분이 어떤 행동을 할 때 어떤 기분이 되는지 확인해 봅시다.

매우 나쁨　　　　　　　　　　　　　　　　　　　　　　　　　매우 좋음

0　1　2　3　4　5　6　7　8　9　10

- TV 를 볼 때　　(　　)점
- 가족과 함께 식사할 때　　(　　)점
- 혼자 집에 있을 때　　(　　)점
- 병원에 갈 때　　(　　)점
- 친구들을 만날 때　　(　　)점

기분 평가 기준 정하기의 예시

0점　세상 모든 일이 다 잘 될 것 같은 상태.
예 - 오랫동안 원했던 일이 성취되었을 때, 완치 판결을 받았을 때

.

.

3점　기분이 좋은 상태.
예 - 좋아하는 친구와 맛난 것을 먹고 관심있는 주제에 대해 의견을 교환함
예 - 최근 진행한 검사에서 문제가 없다고 통보 받았을 대

.

5점　기분이 좋지도 않고 나쁘지도 않은 상태.
뭘 하고 싶지도 안하고 싶지도 않은 그런 상태.

.

7점　기분이 나쁜 상태.
예 - 최근 건강검진에서 재검을 받아야 한다고 통보 받았을 때
예 - 가족과 크게 말다툼을 하고 대화를 하지 않고 있음

.

.

10점　기분이 너무 나쁘고 뭘 해도 나아지지 않을 때.
예 - 세상이 다 가치 없다고 느껴지고 아무것도 하고 싶지 않을 때

모두 적어 넣었다면, 행동에 따라 점수가 차이가 있는지 비교해보세요. 일반적으로 사람들은 행동에 따라 다른 기분을 느낍니다. 여러분의 점수가 행동에 따라 차이가 없게 나왔다면, 2가지 가능성을 생각해 볼 수 있습니다. 하나는 실제로 여러분의 기분이 행동과 관계없을 가능성이고 두 번째는 실제로는 행동에 따라 여러분의 기분이 다른데, 여러분이 그 차이를 인지하지 못하고 있을 가능성입니다. 만약 여러분이 스스로에 대해 잘 모르겠다면, 1장에서 소개한 방법을 통해 기분을 측정하는 방법을 써 볼 것을 권합니다. 행동에 관심을 기울이면서, 자신의 기분 점수를 기록해 보십시오. 기록하는 과정에서 여러분의 기분 변화에 대해 파악할 수 있게 될 것입니다.

다음에서는 행동을 바꾸기 위한 여러 가지 원리와 방법을 소개합니다. 생각 바꾸기와 마찬가지로 읽으면서 마음에 드는 방법을 선택하고 실천해 보십시오. 생각 바꾸기 보다 행동 바꾸기 방법은 상당히 구체적이고 시작하기 쉽습니다. 생각 바꾸기가 어려워 실천을 못하고 있었다면 행동 바꾸기를 먼저 실천할 것을 권합니다.

1. 행동 바꾸기의 기본원리

☑ 목표를 정합시다

여러분은 행동을 바꾸기 위해 노력한 경험이 있을 것입니다. 어떤 행동은 변화가 되었고 어떤 행동은 변화가 없을 것입니다. 어떨 때 행동변화에 성공했고, 어떨 때 실패를 경험했나요? 행동변화에 성공한 사람들이 사용하는 전략에는 몇 가지 공통점이 있습니다. 이 전략이 무엇인지 파악하고 이를 사용해봅시다.

첫 번째 전략은 목표를 정하는 것입니다. 목표를 정할 때는 다음 두 가지를 기억해야 합니다.

하나, 목표는 달성할 수 있을 만큼 작아야 한다

둘, 목표는 뭘 해야 할지 알려줄 수 있을만큼 구체적이어야 한다

그렇다면 A와 B 중 어떤 쪽의 목표가 행동변화를 위해 더 적절한가요?

표 6-1 행동변화에 유리한 목표 설정하기

□ A	□ B
• 내일부터 운동하겠다	• 내일부터 적어도 주 2회 아침 7-8시 사이에 집 주변을 아내와 함께 산책하겠다
• 이제부터는 의사에게 주눅들지 않겠다	• 다음 진료/회진부터는 시간에 아무리 쫓겨도 적어도 궁금한 점을 2가지는 물어보겠다
• 다음부터는 애들에게 헛된 기대는 하지 않을 거야	• 애들이 해줬으면 하는 집안일을 적어놓고, 적어도 하루에 2개는 해달라고 부탁하겠다

A에 기술된 목표는 목표가 작지도 않고, 구체적이지도 않습니다. B의 목표가 더 적절합니다.

목표를 작게 정하게 되면, 목표가 너무 크거나 멀게 느껴지지 않아 실천의 가능성이 높아진다고 합니다. 여러분이 원하는 큰 목표는 분명히 있어야 합니다. 그러나 행동이 발생하게 하려면, 그 목표를 지금 달성 가능한 작은 목표로 잘라 시작하고, 해나가면서 점점 목표를 크게 바꾸어 가는 것이 효과적입니다.

목표가 구체적이면, 지금 당장 뭘 해야 할지가 분명해지기 때문에 행동이 발생할 확률이 커진다고 합니다. 당장 하기가 쉽지 않으면, 다음으로 미루게 되고, 그러면 그 행동을 할 확률은 점점 떨어집니다. 운동을 하겠다고 마음 먹고 나서, 다음날 무슨 운동을 해야 할지 몰라서 그만 둔 적이 있지 않습니까? 처음이 중요합니다. 처음에 성공하기 위해선 시작을 쉽게 만들어줘야 하며, 목표가 구체적이면 시작이 쉬워집니다.

☑ 환경을 바꿉시다

환경을 바꾼다는 것은

원하는 행동이 발생하기 쉽게,

원하지 않는 행동이 발생하기 어렵게 만든다는 뜻이다.

- 책 스위치 중에서 (칩히스, 댄 히스)[25]

행동을 변화시킬 때 사람들은 의지력을 언급합니다. 사람들은 습관이나 버릇과 같은 자기 행동을 스스로 바꾼 사람을 '의지가 강한 사람'이라고 합니다. 여러분은 의지력이 있는 사람입니까? 얼마나 의지력이 강한 사람입니까? 그런데, 혹시 여러분의 의지력이 상황에 따라 다르고, 행동에 따라 다르다고 생각해 본 적은 없습니까? 화를 너무 잘 내서 화를 내지 않기로 결심했다고 합시다. 컨디션이 좋은 날에는 결심대로 화를 참을 수 있지만, 스트레스가 많을 때에는 그 결심을 지키기 어렵다고 느끼지 않습니까? 또한, 어떤 행동은 결심을 지키기가 좀 수월하지만, 어떤 행동은 결심을 아무리 굳게 해도 지키는 것이 너무 어렵지 않습니까? 의지력은 성격 특성이 아니고, 행동에 따라 다르게 학습한 능력으로 보는 것이 더 적절합니다. 그래야 어떤 사람은 운동하는 것은 쉬운데 화 참는 것이 어렵고, 어떤 사람은 차갑거나 뜨거운 것은 다른 사람들보다 잘 참을 수 있는데 식습관을 바꾸기는 어려운 것이 설명이 됩니다. 의지력은 있거나 없는 것으로 보기 보다는, 행동에 따라 의지력 정도

---

25 칩 히스, 댄 히스(2010) **스위치 : 손쉽게 극적인 변화를 이끌어내는 행동설계의 힘** 파주 : 웅진지식하우스

가 다른 것으로 파악하는 것이 맞습니다. 그러니 이미 잘하고 있는 행동은 그대로 둡시다. 이미 여러분은 그 행동에 대해 의지력이 있습니다. 안되고 있는 행동에 집중합시다. 이제부터 그 행동에 대한 의지력을 기르도록 연습하십시오.

또한, 이 의지력은 환경의 영향을 받습니다. 아무리 결심을 굳게 해도, 비가 오거나 피트니스센터가 문을 닫았다면 밖에서 걷기 운동을 하기는 어렵습니다. 아무리 배우자에게 화를 내지 않기로 했어도 먹기 싫은 음식을 만들어 주면 짜증나는 소리를 하게 됩니다. 하찮아 보이는 작은 것들이 행동에 크게 영향을 줍니다.

행동을 변화시키려고 의지력에 기대기 전에 환경을 바꿀 필요가 있습니다. 원하는 행동이 나오게 환경을 먼저 바꿔주면, 훨씬 수월하게 행동을 변화시킬 수 있습니다. 운동을 하기로 결심했다면, 운동을 하기 쉽게 운동복, 장소, 종목 및 시간을 정해 놓읍시다. 집 근처에 있는 피트니스센터를 등록해 놓거나, 피트니스센터로 가는 시간과 방법을 생각해 놓으면 운동할 가능성이 커집니다. 피트니스센터에 가서 수업을 듣거나 PT선생과 약속을 해 놓는 것도 한 방법입니다. 먹기 싫은 음식을 보고 아내에게 짜증내기 전에, 먹고 싶은 음식을 적어 아내에게 주거나 아내에게 미리 식단을 알려 달라고 요청합시다. 혹은 식탁 옆에 먹기 싫은 음식을 받으면 짜증을 내기 전에 해야 할 일들을 적어 붙여 놓을 수도 있습니다.(예, 큰 숨을 5번 쉰다. 짜증 내기 전에 아내에게 감사하다고 얘기한다, 다음에는 먹고 싶은 음식을 해 달라고 요청한다)

단순해 보여 효과가 있을지 확신이 서지 않나요? 실천해 보십시오. 이 작은 변화는 여러분에게 기대 이상의 효과를 가져다줄 수 있습니다.

☑ 보상을 사용합시다

여러분이 하는 어떤 행동도 그 행동을 한 뒤 좋은 결과가 없다면 지속되지 않습니다. 진통제는 통증을 없애주기 때문에 지속적으로 복용하는 것이고, 건강식은 구토를 줄이고 소화를 잘 시켜주기 때문에 선택하는 것이고, 친절한 의사가 내 궁금증에 대답을 더 잘해주기 때문에 그 의사를 찾아가는 것입니다. 행동을 했는데도 좋은 결과가 없다면 행동은 지속되기 어렵습니다.

여러분은 이제까지 하지 않았던 혹은 하기 힘들었던 행동을 하려고 합니다. 그리고 그 행동을 유지하려면, 그 행동을 하고 나서 저절로 좋은 결과가 따라와야 합니다. 그런데, 안타깝게도 그런 행동 뒤에는 저절로 좋은 결과가 나오기 어렵습니다. 사실 좋은 결과가 없기 때문에 그 행동을 안하게 되는 것이기도 하니까요. 그러니, 이런 행동은 의도적으로 노력을 기울여야 하고, 의도적으로 그 행동을 하고 난 다음에 좋은 결과를 받을 수 있게 계획을 세워야 합니다. 예를 들어, 짜고 기름진 음식 대신 건강식을 선택해서 한 끼를 해결했다고 가정합시다. 짜고 기름진 음식은 맛이 있습니다. 따라서 이 음식은 먹자마자 저절로 좋은 결과가 따라옵니다. 그래서 멈추기가 어렵습니다. 건강식은 그 자체로 별로 맛이 없기 때문에, 먹고 나서 짜고 기름진 음식보다 더 좋은 결과를 체감하기 힘듭니다. 이 경우, 건강한 음식을 먹고 나서 자신의 선택에 대해 의도적으로 칭찬을 하거나 주변 사람들에게 이 선택에 대해 칭찬해달라고 요청하는 등, 의도적으로 먹어서 얻을 수 있는 즐거움보다 더 큰 좋은 결과를 만들어주어야 합니다. 또 다른 예로, 운동은 하는 것 자체가 힘들고 귀찮기 때문에 저절로 발생하기 어렵습니다. 따라서 운동을 지속하려면, 운동을 한 결과나 변화를 눈으로 확인할 수 있도록 기록을 해두거나(예, 속도를 기록해서 빨라진 것을 볼 수 있게 하기, 윗몸일으키키 개수를 세서 더 많이 할 수 있게 되는지 확인하기, 교정 운동에 참여한 후 사진을 찍어 나쁜 자세가 점차 달라지는 것을 눈으로 확인하기), 혹은 운동하는 노력에 대해 칭찬을 해주어야 합니다. 그래야 힘들어도 오래갈 수 있습니다.

누가 시키지 않아도 자발적으로 하고 있는 행동은 이미 습관이 되었기 때문에 시작하기 쉽고 앞으로도 지속될 것입니다. 지금 해야 하는데 하지 못하는 행동(예, 운동)은 시작이 너무 어렵고, 행동한 후에 즉각적으로 보상이 주어지지 않습니다. 이런 행동은 하는 즉시 여러 가지 방법을 동원해서 보상을 해 줘야 합니다. 반대로 지금 하지 말아야 하는데 하고 있는 행동(예, 짜고 기름진 음식)은 그 자체가 보상이 되는 행동으로 그 행동을 참았을 때 보상을 해 줄 수 있어야 합니다.

☑ 행동을 기록합시다

자신의 행동을 스스로 관찰하는 것만으로도 행동을 고칠 수 있습니다. 기록하는 것은 자신의 행동을 스스로 관찰하게 하므로, 행동을 바꾸고자 할 때 많은 경우 첫 번째로 권하는 것이 꼼꼼히 기록하는 것입니다. 체중 감소를 위해 식단 일기를 꼼꼼하게 작성하는 것만으로도 덜 먹는 효과가 있습니다. 치료받는 중에 보호자에게 짜증은 내는 경우가 너무 잦아 문제라면, 오늘 짜증낸 수를 한번 세어보십시오. 너무 자주라고 인식하게 된다면 저절로 줄어드는 효과도 있습니다.

기록은 어떤 행동이 기분을 바꾸는지 알아보는데 도움이 됩니다. 이에 대해서 다음의 사례를 봅시다.

> “40대 영희씨는 유방암을 진단받고 한 달 전 수술을 받았습니다. 영희씨는 요즘 하루하루가 우울합니다. 수술 이전에는 부부동반 모임을 통해 등산을 가거나 테니스를 치러 가기도 하고 취미로 화분도 가꾸는 평범한 주부였습니다. 그러나 수술 후에는 흥미를 잃어버렸고 집에 가만히 누워 있기만 했습니다. 자연스럽게 친구들과의 관계도 소원해졌고 가족과의 관계도 이전 같지 않았습니다. 암 재발에 대한 걱정, 무기력해진 자신의 모습 그리고 주변인들과의 관계에 대한 불안 때문에 영희씨는 아침까지 잘 수가 없습니다. 영희씨는 치료자를 찾아가 자신이 경험하는 우울감에 대해 호소하였습니다.”

치료자는 영희씨에게 하루 중 언제 가장 기분이 좋은지 질문했지만, 영희씨는 요즘 무엇을 하든지 기분이 나아지지 않는다고 대답했습니다. 치료자는 영희씨에게 '혹시 어떤 일을 할 때, 다른 일을 할 때보다 더 우울하거나 덜 우울한 적은 없었는지' 물어봤지만, 영희 씨는 잘 모르겠다는 대답을 합니다.

치료자는 영희씨에게 하루 일과와 일정을 적고, 그 때 기분을 1-10점 사이의 점수로 평가하라고 권했습니다. 이와 같은 기록지를 "행동 기록지"라 부릅니다.

표 6-2 영희씨의 행동 기록지

	한 일(장소)	기분	기분점수
목 오전 11시	누워 있음(침대 안)	짜증	0점
목 오후 1시	공원 산책(공원)	만족	5점
⋮	⋮	⋮	⋮
금 오전 11시	집 앞 걷기(아파트 앞)	만족	5점
금 오후 1시	독서(거실)	극복감	6점
⋮	⋮	⋮	⋮
토 오전 11시	친구와 점심 (친구집 앞 식당)	즐거움	6점
토 오후 1시	잡지 보기(침대 안)	기분 처짐	3점

영희씨는 치료자의 제안에 따라 행동 기록지에 어떤 행동을 할 때마다 그 행동과 시간, 장소 그리고 그 때의 감정상태를 메모했습니다. 감정은 0점(매우 나쁘다)에서 10점(매우 좋다)까지의 10점 척도로 점수를 매겨 기록했습니다.

영희씨의 행동 기록지를 보면 활동에 따라 감정이 다소 변한다는 것을 알 수 있습니다. 영희씨의 기분은 침대 안에 있을 때 가장 나빴고(0점), 잡지를 볼 때 조금 나아졌으며(3점), 공원 산책, 친구와 점심, 그리고 독서를 할 때 가장 괜찮았습니다(5-6점). 이런 자료를 기록하기 전에 영희씨는 무엇을 해도 기분이 달라지지 않는다고 답했지만, 행동 기록지를 보면 영희씨의 기분은 행동에 따라 달라진다는 것을 알 수 있습니다.

치료자는 이 정보를 이용해 영희씨에게 기분을 좋게 하는 행동을 좀 더 많이 계획해서 하라고 제안했습니다. 치료자는 점차적으로 이런 행동을 늘리면 영희씨의 기분이 점차적으로 좋아질 수 있을 것이라고 설명했습니다.

이제 여러분의 차례입니다. 부록 11. 행동기록지에 오늘 하루 동안의 행동과 그 때의 기분을 적어보세요. 각 활동을 할 때의 기분을 확인하면, 어떤 행동을 하느냐에 따라 기분은 달라질 수 있음을 알게 됩니다. 행동은 이처럼 기분을 조절하는 역할을 하기도 합니다.

행동과 감정을 함께 기록하다보면 다음 날은 기분 좋아지는 행동을 하기 위해 의식적으로 더 노력하게 될 것입니다. 단, 행동을 하고 나서 그 행동과 그 때의 기분을 즉시 기록하십시오! 기분은 그때 그때 매우 달라지므로 하루치를 혹은 일주일치를 몰아서 기록하는 것은 정확하지 않습니다.

☑ 행동을 바꾸는 방법을 고안합시다

새해에 세운 계획을 실천하고 있습니까?

여러 가지 조사에서 보면 사람들은 거의 매년 비슷한 신년 계획을 세운다고 합니다. 사람들이 가장 많이 세운 신년 계획에는 운동, 자기계발, 다이어트, 저축, 금연이 있습니다.[26] 이 이야기는 우리에게 두 가지 사실을 알려줍니다. 첫째, 행동변화가 필요한 이런 목표는 달성하기 어렵고 그래서 사람들이 매년 실패하고 매년 같은 계획을 세운다는 것입니다. 둘째, 대부분의 사람들이 사용하는 방법은 그게 뭐든 효과적이지 않다는 것을 보여줍니다. 결론은 뭔가 다른 방법이 필요하다는 것입니다.

한 기업의 연구에 따르면, 신년 계획 실행에 있어 가장 큰 걸림돌이 '의지부족' 이라고 답한 사람이 가장 많고 '게으름' 이라고 답한 사람이 두 번째로 많았다고 합니다.[27] 우리는 행동을 변화시키는 일이 '맘만 먹으면 되는 쉬운 일' 이라고 착각합니다. 그러나 새해 결심에 대한 조사와 행동변화와 관련된 많은 자료들은 행동을 변화시키려면 일종의 기술이 필요하다는 것을 보여줍니다. 또한 우리는 이런 일들은 혼자 해결해야 하고 할 수 있는 일이라는 오해도 하고 있습니다. 그러나 사실은 행동변화에는 의지력과 정신력 뿐만 아니라 계획도 필요하고, 노하우도 필요하고, 주변 사람이나 전문가의 도움 역시 필요합니다.

지금 여러분이 원하는 일을 하고 있다면 그대로 하십시오. 안타를 잘 치고 있는 야구 선수에게는 이래라 저래라하는 코칭을 하지 않습니다. 그냥 계속 쭉 이대로 잘 하라고 격려를 할 뿐이죠. 그러나 슬럼프를 겪고 있는 야구 선수에게는 야구 능력을 증진시키기위한 다양한 코칭을 제공합니다. 여러분이 지금 뭔가를 원하는데 하고 있지 못하다면, 바로 지금이 여러분에게 코칭이 필요한 시기입니다.

행동은 마음만으로 변화하기 어렵습니다. 여태까지 못하고 있다면 안하는 게 아니라 못하는 것으로 봐야 합니다. 못하는 행동을 개선하려고 잘 하는 사람에게 배우는 것은 당연한 일입니다. 행동변화에는 효과적인 기술이 필요합니다. 만일 여

---

26 최민영 (2019, JAN 04). 새해 결심 1순위, 다이어트보다 '건강 위한 운동'. 경향신문, http://news.khan.co.kr/kh_news/khan_art_view.html?art_id=201901041013001#csidx0e43666505e5027add7091faa5732fe

27 김민정 (2010, JAN 06). 작심삼일로 끝나는 신년 계획 1위, '운동'. 메디컬투데이, http://www.mdtoday.co.kr/mdtoday/index.html?no=112250

러분의 기술이 부족하다 생각한다면, 마음의 문을 열고 잘 하는 사람들에게 이를 배우는 것을 주저하지 맙시다.

작은 성공 만들기를 해봅시다

여러분의 결심이 작심삼일이 되는 것은 왜 일까요?

가능성 있는 한 가지 이유는 여러분의 목표가 너무 커서 그렇습니다. 짠 음식을 좋아하는 사람이 당장 내일부터 저염식단으로 살아가기는 거의 불가능합니다. 숨쉬기만 하던 사람이 일주일 내내 하루 1시간씩 운동을 하는 것은 엄청나게 어려운 일입니다. 매사에 짜증을 내던 사람이 하루아침에 상냥한 사람처럼 반응하기는 어렵습니다. 이것들을 며칠은 할 수 있지만, 계속하기는 어렵습니다. 며칠 하고 나면 힘이 빠져서 다시 하던 대로 돌아가기 마련입니다. 이것을 의지력이 약하다고 탓하진 마십시오. 사람의 뇌는 새로운 일을 하게 되면 엄청나게 활동적이 된다고 합니다. 며칠 동안은 뇌가 활동적일 수 있지만, 이런 과활동은 뇌를 지치게 합니다. 그래서 며칠 가지 못해 그만두게 되는 것입니다.

행동변화의 가장 기본적인 원칙 중 하나는 뇌가 힘들지 않게 작은 목표를 세우고 이를 지켜나가는 것입니다. 하루 종일 저염식단이 아니고, 일주일에 2일 한 끼만 저염식을 하는 것은 실천 가능성을 높여줍니다. 매일 운동은 못하더라도, 하루 10분씩 주 2회는 할 수 있을지도 모릅니다. 모든 사람에게 다 상냥할 수는 없어도 직장에서 특정 부하직원에게 화를 덜 내게 노력할 수 있습니다. 이런 작은 시작이 중요합니다. 작게 시작하면 뇌에 무리를 주지 않을 수 있어 좋고, 목표가 작으니 성공할 수 있어 스스로에게 보상이 될 수 있어 좋습니다. 작은 성공을 하게 되면, 그 행동을 할 가능성이 매우 높아지며, 반복된 행동으로 점점 더 그 행동을 잘할 수 있게 됩니다.

오늘 점심에 설렁탕에 소금을 평소보다 1/2만 넣어 먹었다고 합시다. 비록 첫 맛은 싱거웠겠지만, 계속 먹으면서 싱겁다는 생각이 덜 했을 수 있습니다. 그리고 다 먹고 나서는 소금량 줄이기 성공에 뿌듯할 것입니다. 30분 산책은 너무 길어 엄두가 안 날 수 있지만, 5분 선택은 시간이 길지 않아 가벼운 마음으로 부담 없이 진행할 수 있을 것입니다. 오늘 하루 특정 부하직원에게 화를 참고 넘어가면, 화를 내지 않고도 의견을 표현할 수 있었음에 스스로를 대견해 할 수 있습니다. 이런 성공과 성공했다는 느낌은 여러분이 이런 행동을 계속하는데 매우 중요합니다.

작은 성공이 중요한 이유는, 이런 작은 성공들이 모이면 스스로가 그 새로운 시도에 익숙해진다는 것입니다. 처음엔 저염식 식사가 매우 어려울 수 있지만, 회가 거듭할수록 입맛은 저염식에 익숙해질 것이고, 그럼 저염식 음식이 그리 나쁘지 않다고 생각이 변할 수 있습니다. 운이 좋다면, 저염식을 먹으면서 몸이 점점 덜 붓고 전처럼 갈증이 나지 않을 뿐 아니라, 의사에게서 수치가 낮아졌다는 칭찬을 들을 수 있습니다. 5분 산책을 지속하다 보면 5분 걷기가 점점 더 수월해 질 것이고, 점차 시간을 늘이거나 횟수를 늘이거나 혹은 좀 더 어려운 길을 선택하게 될 수 있습니다. 한 사람의 부하직원에게 화를 덜 내려고 노력하게 되면, 화를 참기가 점점 더 익숙해져 갈 것이며, 그럼 다른 사람들에게도 시도해 볼 마음이 생겨나게 될 수 있습니다. 부하직원은 여러분을 덜 무서워할 것이고, 어쩌면 전에 없이 주도적이게 되거나 능률이 좀 오를 수 있습니다. 혼나고 무시당하면서 잘하는 사람은 아무도 없습니다.

'천리길도 한 걸음부터'라는 말도 작은 성공이 큰 성공을 이룬다는 것을 보여줍니다. 작은 성공이 중요하다는 것을 기억하십시오. 작은 성공이 중요하다는 것을 기억하면 작은 성공 후 스스로에게 보상을 주는 일도 자연스럽게 느껴질 것입니다. 사람들은 작은 성공을 체험할 때 행동을 계속할 힘을 얻고, 행동 반복을 통해 그 행동에 익숙해집니다.

☑ 적어도 66일은 계속합시다

새로 시작한 행동을 노력하지 않고 저절로 쉽게 할 때까지 얼마나 오래 걸릴까요?

우리의 궁금증을 풀어주는 연구 결과가 있습니다. 런던 대학의 제인 워들교수는 새로운 습관을 만들고자 하는 경우에 보통은 최소한 66일이 지나야 생각이나 의지 없이 반사적으로 행동하는 것이 가능하다는 분석 결과를 논문으로 출판하였습니다. 물론 어떤 사람은 이보다 오래 걸릴 수 있고, 어떤 행동은 이보다 오래 걸릴 수 있습니다. 중요한 것은 습관이 될 때까지 적어도 66일이 걸린다는 것인데, 그 얘기는 동시에 우리는 적어도 66일 동안 그 행동을 하기 위해 의식적으로 노력해야 함을 시사합니다.[28]

우리는 맘만 먹으면 당장 내일이라도 행동을 변화시킬 것이라고 믿습니다. 이렇게 믿는 가장 큰 이유는 가끔 주변에서 갑자기 행동이 좋게 변한 사람을 본 적도 있고, 그리고 전에 여러분이 결심을 굳게 해 행동을 변화시켰던 경험이 있었기 때문일 것입니다. 그런데, 아직까지 우리는 사람의 행동을 그렇게 급격히 변화하게 만드는 방법에 대해 알지 못합니다. 운 좋게 갑자기 좋은 행동을 하게 되면 다행이지만, 그건 맘 먹는다고 다 시작되는 것도 아니고, 시작한다고 해서 오래 지속되는 것도 아닙니다. 한마디로 운이 좋으면 그런 경험을 할 수 있을지도 모릅니다. 그러나 우리는 그 방법을 모릅니다. 그래서 여기선 여러분에게 느리지만, 가장 정직한 방법을 알려드립니다. 행동변화를 원하신다면 적어도 66일 동안은 노력해야 합니다!

---

28 Clear, J. (2014). How long does it actually take to form a new habit?(Backed by Science). The Huffington Post, 10.

☑ 스스로에게 대는 핑계를 조심합시다

저염식을 하며 맛이 나지 않은 설렁탕을 먹다가 갑자기 왜 이렇게 어렵게 살아야 되는지 짜증난 적이 없나요? 오늘 하루 저염식을 먹는다고 내 건강이 좋아지지 않을 것이라고 스스로에게 저염식을 하지 않을 것을 정당화하지는 않나요? 저염식을 먹으면서 오는 스트레스가 실은 더 나쁘다는 생각으로 저염식을 중도에 그만둔 적은 없나요? 이렇게 행동변화를 꾀하지만 그 변화가 매우 어려울 때 스스로 그 행동을 그만 둘 이유를 마련하는 것을 자기 정당화라고 합니다. 하기 어려운 일에 핑계를 대어 그 일을 하지 않게 스스로에게 이유를 만들어 주는 것이지요. 모르긴 해도 거의 매일, 하기 싫은 일에 대해 이런 행동을 하고 있을 것입니다. 이것은 우리 모두에게 자연스러운 것입니다. 이 사고는 때로 우리가 너무 절망하거나 우울해하지 않도록 만들어 주기도 하므로, 반드시 부정적인 효과가 있는 것만은 아닙니다. 그러나 이런 행동을 너무 자주 하면 행동변화가 일어나기 어렵습니다. 힘들 때마다 자기 정당화를 하면서 그 힘든 행동을 피한다면 새로이 배워야 하는 행동에 대한 연습의 기회조차 가질 수 없겠죠. 자기 정당화를 너무 자주 하면, 행동이 변화되기 어렵다는 것을 알고 있어야 합니다. 여러분 스스로가 새로운 행동을 그만두고 싶어 할 때마다 자기합리화를 하고 있는 것은 아닌지 되집어 보는 기회를 가질 것을 권합니다. 그리고, 여러분께 알립니다. 행동변화를 목표로 할 때 어려운 행동의 가치를 깎아 내리는 이런 생각은 80-90%는 자기정당화일 가능성이 매우 높습니다.

2. 행동 바꾸기 전략

▶ 일과를 만들자

암 투병 중에 많은 환자들이 이렇게 이야기합니다. "암 치료 받느라 많은 치료비가 들어요. 지루하다고 이야기하기가 가족에게 미안하고 곤란한 기분마저 듭니다. 그런데 전처럼 활동할 수 없으니 우울합니다."

죄책감 또는 부적절감, 지루함은 모두 부정적 감정입니다. 부정적 감정을 느끼는 빈도가 높으면 우울, 불안을 경험하고 있는 것입니다. 지루할 때는 생각이 많아지고 걱정하기 쉽습니다. 그러나 바쁘게 움직이고 있을 때는 상대적으로 우울함에 빠질 위험이 적습니다. 바쁘면서 동시에 지루하기는 어렵기 때문에 일과를 만드는 것이 도움이 될 것입니다.

일과 만들기는 지루함을 없애고 활력을 높이는데 효과가 있습니다. '영화보기'를 예로 들어봅시다. 영화를 보는 것만이 목표로 삼지 말고 일과를 만들고 지켜내는 것까지를 목표로 삼아서 계획을 세우고 과제를 해냈다는 성취감을 느껴봅시다. 작은 성공들로 일상을 채워봅시다.

1)과 2) 중에 어떤 영화가 더 재미있을까요?

1) 할 일없이 지루한 날 '영화나 볼까' 하고 본 영화

2) 한 달에 한번 영화광고지를 모아오고 그 중에 골랐다가 개봉일에 찾아가서 본 영화

기대없이 봤는데 영화가 재밌었다면 더 재미있게 느낄 것이기 때문에 1번이라고 대답할 수 있겠지만, 아프고 외출하기에 다소 부담이 따르던 상황이었다면 계획을 세우고 지켰다는 성취감을 느낄 수 있는 2번이라고 대답할 것입니다.

초등학교 시절, 방학이 되면 엄마와 함께 일일계획표를 세우던 생각이 나십니까? 아주 어려서는 하루를 그저 3등분으로 나누어 매일 놀기만 하다가, 커 가면서 지키지도 못할 계획을 아침부터 밤까지 꼼꼼히 짰던 기억이 나는 분도 있을 것입니다. 계획표대로 살았던 것은 아니지만, 그래도 계획표는 종일이 내 것이었던 방학에 이정표가 되어 주었습니다. 위에서 언급한 종류의 문제들은 일일계획표처럼 일과를 만들어 지켜주면 쉽게 풀릴 가능성이 있습니다. 암에 걸리기 전에 하던 취미

생활을 지금은 할 수 없다면, 할 수 있는 일로 일과를 채우는 것은 또 하나의 과제일 것입니다. 큰 과제가 생겼으니 해결해봅시다.

불면으로 고생하고 있다면, 매일 매일 같은 순서로 잠잘 준비를 하고 같은 시간에 자고 일어나는 습관을 길러야 합니다. 운동 습관을 기르기 위해선, 같은 시간에 운동하는 버릇을 키워주는 것이 좋습니다. 명상이나 이완 연습도 하루 일과 중 언제 하는 것이 가장 적절한지 시간을 찾아 그 시간에 해주는 습관을 키우는 것이 중요합니다. 시간을 정하기 어렵다면 적어도 순서를 정하는 것이 좋습니다. 즉, 매일 밤 연속극이 끝나자 마자 잘 준비를 시작한다던지, 아침을 먹고 잠시 쉬고 나서 점심을 먹기 전에 산책을 나간다던지, 잠자기 바로 전에 명상이나 이완 연습을 하는 것이 그것입니다. 매일 같은 순서로 같은 행동을 해주는 것이 중요합니다.

명상이나 이완이 하기 어려운 행동이라면 처음에는 많이 하거나 오래하면 실패할 확률이 높습니다. 할 수 있을 만큼 최대한 작게 정하십시오. 단 1분이어도 좋습니다. 어떠한 일과도, 그리고, 1분이라는 작은 목표도 너무 하찮다고 생각하지 마십시오. 작은 하루가 모여서 한달이 되고 일년이 됩니다. 매일 같은 시간에 할 일을 만드십시오.

▶ 활동을 계획하자

기분 점수가 낮은 활동을 기분 점수가 높은 활동으로 대체하는 방법으로 우울함을 줄일 수 있습니다. 각각이 일어난 시간을 파악하여 계획적으로 기분을 좋게 하는 활동을 점차 늘리는 것이 중요합니다. 좋은 활동이 무엇인지 알았다면, 기분이 좋지 않아도 꼭 "좋은 활동"을 하기 위해 노력해야 합니다. 좋은 활동을 한 후에 기분이 좋아질 것이기 때문입니다. 이것을 행동 활성화(Behavioral Activation) 라고 합니다.

기분 전환에 도움이 되는 활동이 야외에서 해야 하는 것이라면 날씨가 좋지 않을 때 할 수 있는 대체활동을 계획해두어야 합니다. 활동을 하기 위한 단계적이고, 체계적인 계획을 세우는 것이 중요합니다! 일반적으로 많은 사람들이 유익한 활동을 하려는 의지는 있지만, 기분에 따라 행동하게 되는 경향이 있습니다. 기분에 따라서가 아닌 계획에 따라 행동을 하는 것이 중요합니다. 활동 계획하기(Behavior Planning)를 해 봅시다.

활동을 계획할 때는 최소한 다음 6가지를 정합니다.

1. 활동 종류(좋은 활동)
2. 활동 빈도
3. 활동 강도/지속 시간
4. 구체적 날짜/시간
5. 준비물
6. 만약의 경우에 대처 방법 또는 할 수 있는 다른 활동

영희씨의 사례를 통해 6가지를 정하는 과정을 배워봅시다.

1. 활동 종류 정하기

이제까지 기록에서 기분 전환에 가장 도움이 되면서, 실천하기가 용이한 활동을 결정합니다. 어떤 활동은 기분을 좋게 하지만 시작하기가 어려울 수 있고, 어떤 활동은 시작하기는 쉽지만 오래하기 어려울 수 있습니다. 처음에 계획하는 활동은 너무 어렵지 않으면서, 시작도 쉽고 오래하기도 그리 어렵지 않은 것으로 선택해야 합니다.

영희씨의 행동기록지를 보면서 어떤 행동이 언제 하기 적당한지 따져봅시다.

표 6-3 영희씨의 1일 행동기록지

시간	행동	기분점수 (0-10)
오전 8시	• 잠을 제대로 못 잠 • 침대에 계속 누워있었음 • 매우 피로하고 우울	1점
오전 9시	• 아침밥 차려 줌 • 짜증이 났음	3점
오후 2시	• 공원에서 산책함 • 기분이 약간 좋았음	6점
오후 5시	• TV보며 소파에 늘어져 있었음 • 지루하고 무기력함	2점
오후 9시	• 향초를 켬 • 조금 편안해지는 느낌이 들었음	5점

이 행동기록지를 살펴보면 영희씨의 기분이 행동에 따라 다르다는 것을 알 수 있습니다. 영희씨의 경우 오후에 산책을 했을 때, 그리고 자기 전에 향초를 켰을 때 기분이 좋아졌습니다. 반대로 아침에 일어나 침대에 계속 누워있을 때, 그리고 오후에 TV를 볼 때는 우울과 무기력을 느꼈습니다.

기분 점수를 그래프로 옮겨보면 조금 더 확연히 알 수 있습니다. 공원에서 산책하는 것과 향초를 키는 것은 영희씨의 기분을 좋게 만드는 행동입니다. 영희씨는 이렇게 기분을 낫게 하는 행동을 늘려 행동 활성화를 실천하기로 했습니다.

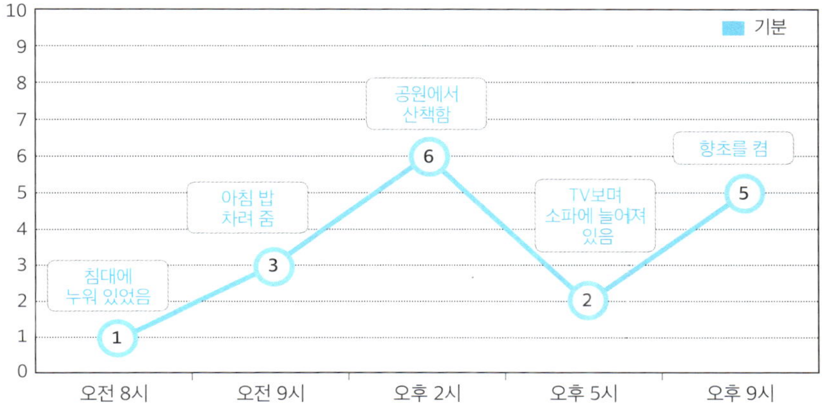

그림 6-1 영희씨의 활동에 따른 기분 변화

좋은 행동이 무엇인지 찾은 영희씨는 이제 나머지 5가지를 정하기로 했습니다.

만약 기분관찰을 해봤지만 영희씨의 사례에서처럼 기분 변화가 뚜렷하지 않았다면 다음 페이지에 '활동에 따른 기분 변화가 없다면?'에서 그 이유를 찾아봅시다.

활동에 따른 기분 변화가 없다면?

기분을 관찰해 봤지만 하루 동안 기분 변화가 없었다면, 다음 4개의 보기 중 기분 변화가 없었던 이유라고 생각되는 것에 체크해봅시다.

1. 하루 동안 한 활동들이 모두 비슷했다 □
2. 기분 변화에 민감하지 못했다 □
3. 하루 동안 즐거운 활동을 하지 않아 전반적으로 기분이 저조했다 □
4. 안 좋은 일이 있어서 하루 종일 기분이 나빴다 □

1번에 체크했다면 [1], 2번에 체크했다면 [2]. 3번은 [3], 4번은 [4]와 같이 해보시기를 권장합니다.

[1] 다양한 활동하기를 시도합시다

자신이 하는 활동이 단조로워 기분 변화가 나타나지 않을 수 있습니다.
기분 변화를 위해 더 다양한 활동을 하도록 노력해봅시다. 기분이 좋아질 수 있습니다.

[2] 기분 기록하기를 빼먹지 맙시다

앞으로는 하루 동안의 활동과 그에 따른 기분을 기록해봅시다.
하루 일과를 기록하면, 보다 쉽게 기분 변화를 확인할 수 있습니다.

[3] 활동 계획하기를 통해 시간을 정해서 즐거운 활동을 합시다

여러분의 기분을 긍정적으로 변화시키는 즐거운 활동이 있을 것입니다.
즐거운 활동을 찾아 하는 것을 의무라고 여깁시다.
시간을 내어 즐거운 활동을 한 후 기분 변화를 관찰해봅시다.

[4] 평소의 나의 기분은 어떻게 변화하고 있었는지 관찰해봅시다

좋지 않은 일로 하루 종일 기분이 나빴다면, 정상 컨디션일 때에는 활동에 따라 기분이 어떻게 변하는지 관찰해봅시다. 부록 11. 1일 행동 기록지를 내일부터 작성해 봅시다. 행동기록지 페이지를 접어 잘 보이는 곳에 둡시다.

2. 빈도 결정하기

특정 활동의 빈도를 결정할 때는 작은 일부터 시작해서 일의 강도를 서서히 증가시키는 것이 중요합니다. 만약 산책을 전혀 하지 않았었다면 갑자기 산책을 하는 것은 쉬운 일이 아닙니다. 이전에 좋아했던 행동도 오랫동안 하지 않으면 다시 실행하는 것이 어렵게 느껴질 수 있습니다. 그러므로 성취에 자신감을 가질 수 있을 정도의 작은 빈도부터 시작해보는 것이 가장 좋습니다. 영희씨의 사례를 통해 성취에 자신감을 가질 수 있을 정도가 얼마나인지 결정하는 방법을 배워봅시다.

영희씨는 다음과 같은 표를 활용하여 좋은 활동이 주로 일어나는 시간대를 표시했습니다. 그 결과는 다음과 같았습니다.

표 6-4 영희씨의 좋은 활동 일어나는 시간 체크해보기

- '좋은 활동'이 일어나는 시간은 주로 언제 입니까? '좋은 활동'이 주로 일어나는 시간대를 적어 주세요.
  - ▸ 좋은 활동 (산책) 이 일어나는 시간

일	월	화	수	목	금	토
☐ 오전 _ 시	☐ 오전 _ 시	☐ 오전 _ 시	☑ 오전 11시	☐ 오전 _ 시	☐ 오전 _ 시	☐ 오전 _ 시
☐ 오후 _ 시	☐ 오후 _ 시	☐ 오후 _ 시	☐ 오후 _ 시	☐ 오후 _ 시	☐ 오후 _ 시	☐ 오후 _ 시
☑ 저녁 9시	☐ 저녁 _ 시	☐ 저녁 _ 시	☐ 저녁 _ 시	☐ 저녁 _ 시	☑ 저녁 10시	☐ 저녁 _ 시

영희씨는 주 3회 (☑ 일요일 저녁9시, ☑ 수요일 오전11시, ☑ 금요일 저녁10시) 좋은 활동(산책)을 하고 있습니다. 그럼 몇 번으로 늘릴 수 있을까요? 영희씨는 주 3회 활동으로 피곤하거나 몸에 무리가 없음을 확인했고, 자신의 스케줄을 확인하면서 화요일과 토요일 오후에 추가적으로 활동이 가능하다고 판단했습니다. 따라서, 영희씨는 산책하는 날을 일주일 중 3일에서 5일로 늘이기로 결정했습니다. 그리고 다음 문장의 빈칸을 채웠습니다. 영희씨는 해 보면서 너무 힘들거나 무리가 되면 주 4회로 줄이기로 합니다.

• '좋은 활동'을 현재 일주일 동안 (3)번 하고 있습니다.
• 몇 번으로 늘일 수 있을까요? (5)번

그림 6-2 영희씨의 빈도 결정하기

3. 활동 강도/지속 시간 결정하기

활동 빈도를 결정했다면, 이번에는 활동 강도와 지속 시간을 결정해야 합니다. 산책을 몇 분 동안 할 것인지 구체적인 활동 계획을 세우는 것입니다.

영희씨는 좋은 활동을 시작하면 주로 얼마 동안 지속하는지 생각하고 다음 문장의 빈칸을 채웠습니다.

• 다음 문장의 빈 칸을 채워보세요
"나는 현재 [좋은 활동: (산책)]을 20(분) / 시간 지속하고 있다"

그림 6-3 영희씨의 강도/지속 시간 결정하기(전)

영희씨는 "산책-좋은 활동"을 20분간 지속하고 있었습니다. 그렇다면 이제 "좋은 활동"을 하는 시간을 점차 늘려봅시다. 얼마나 늘릴 수 있을까요?

좋은 활동을 시작하는 초반에는 평소에 하는 시간만큼 혹은 그것보다 더 적게 계획을 세우고 실천하다가 익숙해지면 조금씩 그리고 천천히 산책 20분에서 25분, 25분에서 30분과 같이 시간을 늘여가는 것이 좋습니다. 영희씨는 이 점을 고려해서 다음 문장의 빈칸을 이렇게 채웠습니다.

- 다음 문장의 빈 칸을 채워보세요

"나는 [10] 분 / 시 간 더 할 수 있다"

"나는 앞으로 산책할 때 [30] 분 / 시 간 하겠다"

그림 6-4 영희씨의 강도/지속 시간 절정하기(후)

영희씨는 앞으로는 한번에 30분 산책하기로 결정했습니다.

4. 구체적 날짜/시간 결정하기

이 다음에는 좋은 활동을 할 구체적인 날짜와 시간을 결정합니다. 날짜와 시간을 결정할 때는 실제로 할 수 있는 가능성이 높은 시간으로 결정해야 합니다. 예를 들어, 영희씨의 경우, 일요일과 금요일 저녁, 그리고 수요일 오전은 산책을 하고 있습니다. 추가적으로 산책을 할 수 있는 시간은 병원에 가는 수요일 오후와 가족과 외출하는 주말 오전은 피합니다. 영희씨는 화요일과 토요일 오후에는 상대적으로 시간이 많다고 생각했고, 다음 표에 이를 표시합니다.

표 6-5 영희씨의 구체적 날짜/시간 결정하기

- 나는 앞으로 좋은 활동 (산책)을 5번을 이렇게 하겠다

일	월	화	수	목	금	토
☐ 오전 _ 시	☐ 오전 _ 시	☐ 오전 _ 시	☑ 오전 11시	☐ 오전 _ 시	☐ 오전 _ 시	☐ 오전 _ 시
☐ 오후 _ 시	☐ 오후 _ 시	☑ 오후 5시	☐ 오후 _ 시	☐ 오후 _ 시	☐ 오후 _ 시	☑ 오후 5시
☑ 저녁 9시	☐ 저녁 _ 시	☐ 저녁 _ 시	☐ 저녁 _ 시	☐ 저녁 _ 시	☑ 저녁 10시	☐ 저녁 _ 시

5. 준비물 결정하기

날짜와 시간을 정했다면 활동에 필요한 물건들을 미리 준비해 두어야 합니다. 준비물이 있으면, 계획한 활동을 실천하기가 더욱 쉬워집니다. 예를 들어, 산책을 계획한다면, 적당한 복장, 모자나 신발 등 산책에 필요한 물품을 잘 보이는 곳에 미리 챙겨두어야 하며, 산책 코스를 미리 결정해 두는 것이 좋습니다.

영희씨는 준비물을 다음과 같이 적었습니다.

표 6-6 영희씨의 좋은 활동 준비물

(산책) 준비물

준비물	보관 장소
옷 (무게가 가볍고 따뜻한 겉옷, 편한 바지)	방 문에서 가장 가까운 옷장 첫째 칸 *2벌로 정하고 주말에는 빨래를 해둔다
모자 (햇볕을 가리고 추위를 막아주는 기능을 하는 모자)	옷과 함께 항상 둔다
발이 편한 운동화	현관 신발장 동일한 위치

6. 만약의 경우에 대처 방법 또는 할 수 있는 다른 활동

계획한 일을 그대로 실천할 수 있는 날도 있지만, 어떤 경우에는 생각지도 못한 일 때문에 계획한 일을 실천할 수 없기도 합니다. 모든 변수를 다 고려해 미리 준비할 수 없지만, 예상되는 몇 가지에 대해선 미리 준비할 수 있습니다. 만약을 대비해 두면, 계획한 활동의 실천이 용이해 집니다. 예를 들어, 산책을 계획했으나, 비나 눈이 와서 날씨가 좋지 않다면 실천이 어려울 것입니다. 이때 나쁜 날씨에는 백화점이나 걸을 수 있는 실내 쇼핑몰에 가서 걷기로 미리 정해 놓을 수도 있습니다. 이런 대안은 미리 생각해 놓지 않으면 정작 필요한 때 생각이 나지 않을 수 있습니다.

영희씨는 다음과 같이 대처법을 적어두었습니다.

표 6-7 영희씨의 만약의 경우 대처 방법

한다면	대처하기
날씨가 궂으면	백화점이나 걸을 수 있는 실내 쇼핑몰에 가서 걷기
컨디션이 많이 안좋다면	1. 산책대신 다른 좋은 활동하기 (예-어깨 운동과 어깨 이완훈련, 명상하기) 2. 꼭 필요한 외출할 때 컨디션에 따라 5분 산책 시도하기
진짜 피치못할 상황 때문에 산책하기를 못했다면	스케줄을 보면서 산책을 할 수 있는 다른 시간을 찾아서 시도하기

영희씨의 예시에 사용된 행동 기록지와 활동 계획에 사용한 질문들은 부록 11.과 12. 에 있습니다.

활동을 바꾸자

변화를 주는 또 하나의 방법은 활동을 바꿔보는 일입니다. 좋아하는 반찬이라도 계속 그것만 먹으면 지겹듯이, 좋은 활동이라도 활동을 바꾸는 것이 필요할 수 있습니다.

산책이 지겹다면, 높지 않은 곳으로 산행을 가십시오. 요가를 하거나 수영을 할 수도 있고, 자전거를 시도해 보는 것도 좋습니다. 숫자를 세는 것으로 화를 참고 있다면, 주먹도 쥐어 보고 노래도 불러보고, 큰 숨을 쉬는 것도 방법입니다. 단, 두 가지를 명심합시다. 첫째, 할 수 있고 관심이 있는 행동을 골라야 효과가 있을 수 있습니다. 활동을 바꾸고자 할 때, 지금 하고 있는 것보다 너무 힘들거나 너무 다르면 힘 들수 있습니다. 효과가 있을지 잘 모르겠다면, 여러 가지를 다 해보고 그리고 그 후에 선택하십시오. 때로 경험이 제일 큰 정보를 제공해 줍니다. 둘째, 여러 가지 행동을 섞어서 하기로 계획하는 것을 고려합시다. 한 가지 행동을 계속하기 보다는 여러 행동을 섞어서 하는 것이 싫증도 덜 나게 만들고, 덜 지치게도 만듭니다. 예를 들어 매일 같은 운동을 하기 보다는 여러 개를 섞어서 다르게 진행해 봅시다. 또는 다양한 방법으로 화를 참아보고 섞어서도 사용해 보면서 효과적인 방법도 찾고, 찾아가는 과정에서 나를 알아가는 시간을 가집시다. 나 자신에 대해서 알고 있는 것이 매우 적다는 생각을 하게 될 수 있습니다.

규칙적으로 운동하자

여러분은 운동이 건강과 젊음 유지에 상당히 도움이 된다는 얘기를 이미 많이 들으셨을 것입니다. 흥미롭게도 운동은 사람들의 기분을 전환시켜주는데도 매우 효과적입니다. 특히나 마음이 우울하거나 불안한 사람들의 경우, 운동 후에 우울이나 불안이 줄어든다고 합니다. 그런데 우울하고 불안한 사람들은 그 감정 때문에 움직이기 싫어한다는 사실을 생각하면 이 결과는 흥미롭습니다. 운동은 하는 것 자체로 힘도 들고 땀도 나서 불쾌하고 여러 가지 준비를 해야 해서 귀찮습니다. 그리고 운동을 통해 얻고자 하는 효과인 체중 감량이나 체형 변화는 상당히 많은 시간과 노력 후에 발생합니다. 그래서 운동은 어렵습니다.

암환자라면 체력이 떨어지기 때문에 운동하기가 더 힘든 일로 느껴질 것입니다. 이전에 잘 되던 동작이 어려워지거나 이전에 하던 운동 시간만큼 채우기 어렵다고 느끼면 운동할 마음이 사라지기도 합니다. 그러나 여러 연구들은 암 치료 중 꾸준한 운동은 우울, 불안, 통증, 피로를 줄이는 데 효과적이고 면역기능에도 영향을 미친다고 보고합니다. 이에 따라 최근 여러 나라의 암 관련 기관에서는 암환자에게 적절한 운동을 독려하고 운동방법을 안내하고자 노력하고 있습니다.[29]

최근 연구들은 체중 감량을 위해 운동을 선택하면 실패하기 쉽다고 합니다.[30] 운동은 운동 직후 기분을 좋게 만들어 주기 때문에, 운동의 목표는 기분 상승이 되어야 한다고 합니다. 혹시 뛸 때는 어렵지만 뛰고 났더니 상쾌하더라는 말을 들어보신 적이 있습니까? 등산할 때는 너무 힘들었는데, 다녀오고 나니 기분이 개운했던 경험이 있습니까? 산책하고 났더니 스트레스가 풀렸다고 느낀 적은 없습니까? 운동하면 기분이 좋아지는 효과(mood-enhancement effect)는 중강도의 운동을 했을 때 보통 5분 안에 나타난다고 스포츠 심리학을 연구해온 보스턴 대학교의 오토교수는 이야기합니다.[31] 이처럼 운동과 기분과의 관계는 매우 밀접하다고 합니다. 기분이 좋아지려면 운동을 하십시오.

꼭 힘들고 땀나고 어려운 운동이 아니어도 좋습니다. 주변에서 혹은 매체를 통해 우리는 신체적 건강을 유지하기 위해선 주 몇 회 혹은 몇 분 이상 어떤 강도 이상의 운동을 해야 한다고 들었습니다. 안타깝게도 정신적 건강을 위해선 뭘 얼마나 오래, 그리고 얼마나 심하게 해야 하는지에 대한 정보는 아직 많지 않습니다.

---

29 다음과 같은 홈페이지를 통하여 운동에 대한 정보, 운동법에 대한 리플렛, 동영상을 제공하고 있습니다
- 호주 (Cancer Council WA) https://www.cancerwa.asn.au/resources/publications/patients/ (Practical and support information - Exercise for people living with cancer)
- 한국 (연세암병원) http://blog.iseverance.com/cancerinform/category/운동/운동%20동영상
- 미국 (NCCN) https://www.nccn.org/patients/resources/life_with_cancer/exercise.aspx

30 Otto, M. & Smith, J. (2011) Exercise for Mood and Anxiety: Proven Strategies for Overcoming Depression and Enhancing Well-Being (chapter 3). New York, NY: Oxford University Press
마이클 오토. (2014) **심리학자, 운동을 말하다: 스트레스와 우울증으로부터 탈출하는 운동치료법**. 인천 : 초록물고기.

31 Weir, K. (2011, DEC). The exercise effect, *Monitor on Psychology,* 42(11), 48. Retrieved from https://www.apa.org/monitor/2011/12/exercise

권고되는 바가 무엇이든, 현재 여러분이 할 수 있을 만큼 하십시오. 자신의 수준에 맞는 운동을 선택하고, 그것을 꾸준히 계속하는 것이 필요합니다. 요사이 요가나 필라테스와 같은 스트레칭 운동이 유행입니다. 스트레칭은 특히 중년층 이상에 좋다고 합니다. 요가는 정신적인 문제를 완화하는데도 효과적이라는 결과가 있습니다. 그런데, 요가나 필라테스는 고강도의 움직임이 될 가능성이 높고 생각보다 다칠 위험도 많습니다. 이 두 가지는 전문가의 도움을 얻어 천천히 시작하실 것을 권합니다. 그게 아니라면, 간단하게 집에서 스트레칭을 할 수 있는 방법이 많습니다.

암환자에 대한 운동 가이드라인은 암종에 따라 피해야하는 운동이나 적당한 움직임 속도에 대한 안내를 하고 있습니다. 운동에 대한 정보를 수집하고 꼭 습관으로 만드십시오.

동선을 바꾸자

활동을 바꾸고 운동량을 늘리는 가장 쉬운 방법은 동선을 바꾸는 것입니다. 평소 걷기 운동을 실천하고 있다면 가보지 않은 길로 가보세요. 시도해보지 않았던 언덕길 오르기를 해보세요. 새로운 풍경을 발견하면 목표한 운동 시간을 채우기도 쉬울 것입니다.

산책로도 바꿔보세요. 월, 수, 금요일은 근처 초등학교 운동장으로, 화, 목, 토요일은 집 근처의 공원으로, 요일별로 다른 곳으로 산책을 나가보세요. 산책로 뿐만 아니라 세탁소에서 옷을 찾아오는 길, 동네 슈퍼에 다녀오는 길을 바꿔보세요. 다니지 않던 길로 다니면서 새로 핀 꽃에게 시선을 주고 못 만나던 이웃과 눈을 맞춰보세요.

생활 속 활동량을 늘리는 방법을 더 개발해보세요. 예를 들어 사무실로 올라가는 엘리베이터대신 계단을 사용해보세요. 작은 움직임을 늘리면 활력도 높아집니다.

▶ 공간을 바꾸자

사이가 매우 좋지 않은 부부들을 치료할 때, 가장 권하는 방법 중의 하나는 가구 배치를 바꾸거나, 가보지 않은 장소에서 데이트를 하거나, 새로운 곳으로 여행을 가는 등 이전과 다른 공간을 찾아보라고 하는 것입니다. 이에는 두 가지 이유가 있습니다. 먼저 오래된 공간은 이미 그 공간과 결부된 여러 가지 행동과 정서들이 배어 있습니다. 예를 들어, 사이가 좋지 않은 부부들은 과거에 이미 거실에서 많이 싸운 경험도 있고, 침실에서 마음에 상처를 준 말들을 한 적이 있을 것입니다. 관계를 개선하려고 해도, 거실 소파만 보면 싸운 기억이 나고, 침실에선 과거 사건이 생각나 우울한 기분이 든다면, 개선하려는 행동이 발생하기는 매우 어렵게 됩니다. 장소를, 공간을 바꿔 보는 것은 이미 여러분도 한 번쯤은 해 본 경험이 있을 것입니다. 공부 결심을 하고 공부방을 모조리 다 치우고 가구를 이리 저리 옮겼던 적은 없는지요? 집에서는 도저히 공부가 되지 않아, 독서실을 이용했거나, 근처 카페로 자리를 옮겨 효과를 봤던 적은 없었는지요?

새 술은 새 부대에 담는다는 속담이 있습니다. 때로는 새로운 공간에서 새롭게 시작하는 것이 새 행동을 더 할 수 있게 만들어 주기도 합니다. 새로운 시작을 원한다면, 공간배치를 달리해 보십시오. 이사를 가거나 여행을 갈 수는 없지만, 식탁의 위치를 옮겨 볼 수도 있고, 그림이나 그릇 등 소품을 바꿔볼 수도 있습니다. 다른 곳으로 산책을 다녀올 수도 있고, 같은 동선이지만 작은 골목길을 바꿔볼 수 있습니다. 변화는 새로움을 가져다 주고 새로움은 우리가 어떤 행동을 지속하게 하는데 매우 중요한 요소입니다.

▶ 목표 달성을 축하하자

목표를 달성하기위해 나만의 놀이를 해보는 것도 좋습니다. 놀이에는 규칙이 필요합니다. 운동을 할 때마다 한 장씩 사진을 남긴다는 규칙을 세워봅시다. 점점 나아지는 몸의 자세와 표정을 사진으로 보게 되는 것도 기분 좋은 일이 될 것입니다. 치료를 잘 마치고 나갈 때마다 병원 복도에 있는 거울에 비친 모습을 사진을 한 장씩 남겨봅시다. 사진이 몇 장 이상 모인다면 스스로에게 상을 주기로 규칙을 세워봅시다. 잠자기 전 이완훈련을 하자는 목표를 정했다면 침대 옆에 탁상달력을 마련하고 이완훈련을 할 때마다 스티커를 붙여주세요. 마음에 드는 스티커를 고르는 재미가 생길지도 모릅니다. 한달 달력에 스티커가 모두 붙여지면 나에게 줄 상을 정해 두세요.

다음 표에서 나만의 목표와 규칙을 정하는 예시를 봅시다.

표 6-8 목표 달성 축하하기 실천의 예

목표달성을 축하합니다!

- 목표: 매일매일 침대에서 이완훈련하자
- 목표 달성을 위해서 할 일 : 침대 옆에 탁상 달력을 두고 이완훈련을 할 때마다 스티커를 붙인다

목표달성	보상행동	함께 하기
31일 모두 완수	하루 나들이 가기	함께 가기
28일 완수	모자 사기	계절에 맞는 모자 파는 곳을 찾아주기 계절 모자 파는 곳에 데려다주기
25일 완수	수면양말 사기	수면 양말 예쁜 것으로 함께 골라주기

부록 13. '목표달성을 축하합니다'에 있는 표를 복사해 잘 보이는 곳에 붙여 두세요. 가족도 함께 지키는데 도움이 됩니다.

▶ 주의를 분산시키는 방법을 사용하자

통증 속에 있을 때 통증을 극복하는 방법 중 하나는 관심을 분산시키는 일입니다. 즉 통증을 일으키는 부위나 절차에 집중하지 말고, 즐거웠던 생각, 재미났던 드라마, 게임, 좋은 추억 혹은 끝나고 난 뒤 할 일 등을 생각하십시오. 분산법(distraction method)이라고 불리는 이 방법은 실제 통증을 덜 느끼게 하는데 도움이 된다고 합니다. 통증이 수반되는 절차가 있으면 음악을 들고 가거나 뭔가 몰입할 수 있는 것을 가져가는 것도 한 방법이고, 주변 사람과 얘기를 하면서 주의를 분산시키는 것도 좋은 방법이 될 수 있습니다. 아십니까? 통증은 심리적인 사건입니다. 통증은 우리를 위험으로 보호해 주는 긍정적인 역할을 하지만, 동시에 통증으로 인해 어려움을 경험하기도 합니다. 분산법과 같은 방법이 효과적인 이유도 바로 이 때문입니다. 각자에게 가장 효과적인 분산법을 찾아내십시오.

몸이 아플 때에는 생각을 줄이고 다른 일에 몰두하는 것이 더 좋습니다. 그게 TV건 책이건 음악이건 오락이건 생각할 시간을 줄이고 뭔가 몰두할 것을 찾으십시오. 물론 몸이 너무 아프면, 이런 몰두 거리가 귀찮아 질 수 있습니다. 몸이 그리 아프지 않을 때 정신적인 에너지가 들지 않는, 몸이 아플 때 여러분을 좀 편하게 해 줄 일거리를 찾으십시오. 그리고 몸이 아플 때 생각하지 말고 그 일거리를 하십시오. 그리고 나중에 몸이 좀 나아지면 그때 생각하십시오 그때 해도 늦지 않습니다.

▶ 주의를 전환하는 상상을 하자

즐거운 상상으로 주의를 전환하는 방법은 통증을 느낄 때나 잠이 오지 않을 때 효과적입니다. 즐거운 상상으로 주의 전환하기가 어떻게 진행되는지 살펴봅시다. 침대에 누워 안정감을 주는 즐거운 상황을 상상해보세요. 좋아하는 곳으로 산책을 나갔다든지, 마사지를 받고 있다든지 하는 좋을 일을 상상합니다. 즐거운 장면 상상하기를 할 때는 눈을 감고 2분 동안 선택한 장면을 최대한 자세하고 생생하게 떠올려봅니다. 즐거운 상상노트를 만들어 필요할 때마다 참고하면 좋습니다. 즐거운 상상으로 주의 전환하기는 매일 잠들기 전 한번씩 연습하면 좋습니다. 또한 원치 않는 생각이나 걱정이 떠오를 때마다 사용할 수 있습니다. 단, 성적인 장면이나 너무 활동적인 장면을 상상하는 것은 각성 수준을 높일 수 있으므로 피하는 것이 좋습니다.

즐거운 장면 상상하기를 연습해봅시다.

여러분의 즐거운 장면은 무엇일까요? 다음 3단계를 통해 즐거운 장면을 자세하게 상상해봅시다.

1단계 : 다음 중 편안한 기분을 느끼게 하는 기분 좋은 상황을 골라보세요

표 6-9 즐거운 장면 상상하기

□ 여행	□ 화끈거리다
□ 신혼여행	□ 찌르는 듯이 아프다
□ 반신욕	□ 묵직하게 누르는 듯 하다
□ 찜질	□ 전기가 흐르는 듯 하다
□ 소풍	□ 무디다
□ 엄마 품에 안기기	□ 무감각하다
□ 친구 만나기	
□ 휴식	
□ 산책	

2단계 : 찾은 즐거운 상상을 최대한 생생하게 떠올려 보겠습니다

즐거운 상상을 떠올리며 다음의 질문에 답해봅시다. 최대한 지금 현재 경험하고 있는 것처럼 떠올리는 것이 도움이 됩니다. 생생하게 상상하기 위하여 다음 5가지 질문에 하나하나 답해봅시다.

질문1. 주변에 무엇이 보이나요? (편안한 기분을 느끼게 하는 기분 좋은 상황을 골라보세요.)

표 6-10 즐거운 장면 상상하기

□ 산	□ 집안
□ 바다	□ 물
□ 강	□ 침대
□ 나무	□ 차 / 커피
□ 꽃	□ 노을
□ 잔디 (풀)	□ 빗방울
□ 친구	□ 자동차
□ 가족	□ 기타 :

질문2. 어떤 기분이 드나요?

표 6-11 즐거운 장면 상상하기

□ 즐겁다	□ 감사하다
□ 편안하다	□ 안정감이 든다
□ 행복하다	□ 개운하다
□ 기쁘다	□ 안락하다
□ 나른하다	□ 든든하다
□ 졸리다	□ 상쾌하다
	□ 기타 :

질문 3. 주변의 분위기는 어떤가요?

표 6-12 즐거운 장면 상상하기

□ 밝다	□ 흥겹다
□ 어둡다	□ 차분하다
□ 싱그럽다	□ 화사하다
□ 평화롭다	□ 포근하다
□ 조용하다	□ 상쾌하다
□ 화기애애하다	□ 맑다
□ 재미있다	□ 기타 :

질문 4. 어떤 소리나 목소리가 들리나요?

표 6-13 즐거운 장면 상상하기

□ 새소리	□ 뭔가 만드는 소리
□ 바람소리	□ 친구의 목소리
□ 빗방울 소리	□ 가족의 목소리
□ 물소리	□ 아이의 목소리
□ 파도소리	□ 다른 사람들 소리
□ 악기 소리	□ 기타 :

질문 5. 몸에는 어떤 감각이 느껴지나요? 느껴지는 향기가 있나요?

표 6-14 즐거운 장면 상상하기

□ 시원함	□ 꽃 향기
□ 따뜻함	□ 풀 향기
□ 상쾌함	□ 바다 향기
□ 근육이 풀림	□ 아로마 향기
□ 뜨거움	□ 아기 냄새
□ 차가움	□ 음식 냄새
	□ 기타 :

3단계 : 위에서 선택한 것을 즐거운 상상 노트에 옮겨 적어보세요

상상 노트를 침대 곁에 붙여두고, 편안한 장면을 머릿속에 생생하게 그려봅시다. 처음에는 집중이 어려울 수 있지만 매일 꾸준히 연습할수록 좋아질 것입니다.

걱정 시간을 정해보자

시도 때도 없이 걱정이 너무 많아 힘드신가요? 걱정이 많으면 마음도 불편하지만 해야할 일에도 지장을 받게 되고 수면도 어려워 지는 등 다른 일에 큰 영향을 줍니다. 그렇다고 걱정을 해서 문제가 해결되는 것도 아닙니다. 하지만 걱정을 하고 싶지 않다고 해서 걱정이 사라지는 것도 아닙니다. 걱정을 없앨 수는 없지만 덜하게 만드는 방법 중 하나는 하루 중 걱정을 할 시간을 미리 정하고 그때만 걱정하게 규칙을 정하는 것입니다. 예를 들어, 하루에 10분씩 3번 걱정하는 시간을 만들고 그 시간이 아닌 때에 걱정이 시작되면 '지금은 걱정 시간이 아니야. 지금은 하던 일을 하고, 정해 놓은 걱정 시간에 걱정하자' 라고 되 뇌이세요. 처음에는 어색할 수 있지만, 몇 번만 해보면 익숙해 집니다. 그리고 정작 걱정 시간이 되면 걱정이 생각나지 않을 수도 있습니다. 여기서 중요한 것은 걱정 시간을 정하고 그 시간 동안만 걱정하는 것입니다. 걱정을 하지 말라고 억누르는 것이 아니므로 앞서 소개한 "반동효과 (보라색 곰 생각이 나시나요?)"를 피할 수 있고, 걱정하는 시간을 정해 놓음으로써 과도하게 걱정하는 것을 막을 수 있습니다. 모두에게 다 효과적일 수는 없지만, 이 방법으로 불필요한 걱정을 줄일 사람들은 많습니다. 실천을 통해 이 방법이 자신에게 맞는지 확인해 보십시오.

지금부터 아래 4단계를 거치면서 여러분 만의 걱정 시간을 만들어 봅시다.

1단계 : 몇 시부터 몇 시까지가 좋을까요? 구체적인 시작 시간과 끝나는 시간을 적으세요.

걱정 시간의 길이는 10분정도가 적당합니다. 걱정 시간의 횟수는 1-5회 정도가 적당합니다. 만일 걱정을 많이 하는 분이라면 하루 5회 정도로 걱정 시간을 잡으세요.

나의 걱정 시간은?

☐ 오전:

1회 걱정 시간: (　　)시 (　　)분 부터 (　　)시 (　　)분까지

2회 걱정 시간: (　　)시 (　　)분 부터 (　　)시 (　　)분까지

☐ 오후

3회 걱정 시간: (　　)시 (　　)분 부터 (　　)시 (　　)분까지

4회 걱정 시간: (　　)시 (　　)분 부터 (　　)시 (　　)분까지

5회 걱정 시간: (　　)시 (　　)분 부터 (　　)시 (　　)분까지

그림 6-5 걱정 시간 정하기(1단계)

2단계 : 걱정은 어디에서 할까요? 장소를 선택해봅시다. (주의! 잠을 자는 침대는 안됩니다)

표 6-15 걱정 시간 정하기(2단계)

□ 안방	□ 베란다
□ 서재	□ 다용도실
□ 거실	□ 사무실
□ 부엌	□ 기타 :
□ 화장실	

3단계 : 준비물을 미리 준비해봅시다. 걱정 시간에 사용할 아래의 물건을 정하세요.

표 6-16 걱정 시간 정하기(3단계)

걱정 시간 준비물		
 노트	 펜	 타이머

4단계 : 위의 계획대로 걱정 시간을 이용해봅시다.

계획대로 걱정 시간을 가지면서, 시간을 옮길 필요가 있는지, 걱정 시간의 길이는 적당한지, 걱정 시간의 횟수는 적절한지 등에 대해 평가해 보세요. 걱정 시간을 사용하는 것이 점점 익숙해지고 효과가 있게 되면, 걱정 시간을 점차로 줄이세요. 하루에 1회도 좋고 이틀에 1회도 좋습니다. 걱정 시간을 아예 없앨 필요는 없지만, 너무 자주 갖는 것도 추천하지 않습니다.

▶ 잠자기 좋은 환경을 만들자

잘못된 행동은 수면을 방해합니다. 행동을 바꿈으로써 수면 문제를 개선할 수 있습니다. 좋은 수면을 위해 지켜야 할 생활방식을 '수면위생'이라고 합니다. 수면위생에는 수면일과 만들기와 수면습관 바꾸기가 있고, 수면습관 바꾸기는 생활습관 바꾸기와 수면환경 개선하기로 나누어 이해하면 쉽습니다.

수면위생
잠을 잘 자기 위해 지켜야하는 생활 방식

- **수면 일과 만들기**
- **수면 습관 만들기**
  - 생활습관 바꾸기
    - 카페인 조절
    - 알코올 조절
    - 금연
    - 식이요법
    - 운동
  - 수면환경 개선하기
    - 빛 차단
    - 소음 차단
    - 온도 조절

그림 6-6 수면위생

1. 수면일과 만들기

먼저, 수면일과란 잠자기 15-30분전에 하는 일련의 활동들을 말합니다. 잠을 잘 자는 사람들은 자기 전에 항상 하는 일이 정해져 있다고 합니다. 잠들기 전 규칙적인 일과는 자연스럽게 졸음이 오도록 도와줍니다. 수면 일과를 만들기 위해서는 첫째, 취침시간을 정해야 합니다. 둘째, 매일 자기 전 15~30분 정도 순서대로 할 수 있는 활동들을 정해야 합니다. 아주 사소한 활동, 전혀 특별할 것이 없는 일상적인 활동들, 잠옷 갈아입기, 양치하기, 책 읽기, 간단한 목 스트레칭하기, 침실에 들어 둘 가습기에 물 채우기 등이 좋습니다. 명상, 음악듣기, 일기쓰기와 같이 편안한 활동을 포함해도 좋습니다. 단, TV나 핸드폰 등 전자기기는 수면주기에 영향을 주므로 사용하지 않아야 하고, 전화 통화나 자극적인 게임과 영화도 피하십시오. 수면 일과는 30분 내에 마치도록 해야 합니다. 예를 들어 취침시간을 오후 11시로 정했다면, 10시 반쯤 수면 일과를 시작합니다.

나의 수면 일과는?

오후 10시반에 잠옷으로 갈아입습니다.

▶ 오후 10시 35분쯤, 양치를 시작합니다.

▶ 오후 10시 40분쯤 되어 양치를 마친 후 간단한 요가 동작을 합니다.

▶ 15분간의 스트레칭을 끝낸 후 오후 10시 55분 경에는 내일 할 일을 체크합니다.

▶ 오후 11시에 되면 잠자리에 듭니다.

그림 6-7 수면일과 예시

2. 수면 습관 만들기

다음으로 '수면습관'이란 좋은 수면을 위해 유지해야 할 생활습관과 잠자리 환경을 말합니다.

생활습관으로는 카페인 조절, 알코올 조절, 금연, 식이요법, 운동이 있습니다. 수면환경으로는 빛 차단, 소음 차단, 온도 조절이 있습니다.

생활습관을 바꾸고 수면환경을 개선하기 위해서 알아야 할 정보와 할 일이 아래 표에 정리되어 있습니다. 지금 수면 문제를 겪고 있다면 할 일 목록에서 해야 할 일에 체크 ✓ 하고 계획을 세워 실천합시다. 이 실천 계획을 지키는데 6장에서 이미 배운 행동 바꾸기 전략들과 8장에서 배울 선택 잘하기 전략을 적극 활용합시다.

표 6-17 수면 습관 만들기를 위한 올바른 수면 지식과 행동 목표들

	올바른 정보	행동 목표
카페인 조절	• 카페인은 수면의 적이다 • 카페인이 들은 음료는 커피, 콜라, 홍차, 녹차, 일부 건강기능성 음료 등이다 • 초콜릿에도 카페인이 들어있다	→ □ 카페인이 들어간 음료는 하루 (　) 잔으로 제한한다 → □ 카페인이 들어간 음료는 (　)시 전에만 마신다 → □ 음료를 마시기 전 카페인이 들어간 음료인지 확인한다
알코올 조절	• 술은 수면의 후반기에서 자주 잠을 깨도록 만든다	→ □ 술을 마시지 않는다 (또는 최소한 '(　)잔 이상 마시지 않는다'라고 한계를 정하고 지킨다)
금연	• 담배의 주성분인 니코틴은 숙면을 유도하는 신경 물질에 영향을 주어 수면을 방해한다 • 잠자는 중에는 땀흘림, 심호흡, 소변, 대변 보기 등의 니코틴을 체외로 배출하는 행동이 적거나 없기 때문에 잠들기 전 흡연은 수면을 더 방해한다	→ □ 금연한다 혹은 최소한 오후 7시 이후에는 담배를 피우지 않는다
식이요법	• 취침시간 전에는 많이 먹거나 마시지 말아야한다 • 잠들기 전에 수분을 많이 섭취하면 이뇨작용이 일어나 숙면에 방해가 된다 • 바나나는 잠자는데 필요한 아미노산, 트립토판, 마그네슘이 포함되어 있다	→ □ 야간에 간식을 삼간다 → □ 야간에 음료 섭취, 수박과 같은 수분 많은 과일의 섭취를 많이 하지 않도록 주의한다 → □ 야간에 간식이 꼭 필요할 경우에는 바나나와 같이 수면에 방해되지 않는 음식을 골라 적당량 섭취한다 → □ 식사 시간이 늦다면 적어도 취침 시간 3시간 전에 식사를 마친다
운동	• 일과 중 적절한 운동량이 있어야 숙면을 취할 수 있다 • 그러나 잠들기 직전에 운동하면 근육이 긴장되고, 각성상태가 되기 때문에 잠에 방해가 된다 • 운동은 취침시간 6시간 전에 마무리하는 것이 좋다	→ □ 운동 일정을 마무리할 시간이 취침 시간 6시간 전이 되도록 조정한다 → □ 수면에 도움이 되는 가벼운 스트레칭을 한다

빛 차단	• 밝은 빛은 수면을 방해한다 • 수면을 유도하는 멜라토닌호르몬은 어두울 때 분비된다 • 밤 중에 일어날 일이 생기더라도 밝은 빛에 노출되지 않도록 해야한다 • 밤 중에 일어나더라도 시계를 보지 않는 것이 좋다 • 아침에 기상한 후에는 30분 이내에 햇빛에 노출되는 것이 수면과 건강관리에 좋습니다	→ □ 커튼이나 블라인드를 및 차단에 용이한 것으로 교체한다 → □ 전자기기를 취침시간 2시간 전에는 사용하지 않는다 → □ 취침공간이 빛을 차단하기 어려운 곳이라면 눈가리개를 사용한다 → □ 입원치료 시 필요하다면 사용할 눈가리개를 준비한다
소음 차단	• 소음은 수면에 방해가 될 수 있다	→ □ 수면 문제 관리에 대해 가족과 대화하고 취침시간에 TV시청, 라디오 청취, 음악 재생 등을 피해 소음이 최소화되도록 협조를 구한다 → □ 취침공간이 소음 차단에 불리하다면 귀마개를 구비한다 → □ 입원치료 시 필요하다면 사용할 귀마개를 구비한다
온도 조절	• 잠들기위해서는 체온이 0.5˚C에서 1˚C 가량 떨어져야 한다 • 온도가 너무 높으면 체내의 온도조절 중추가 발동해 각성상태가 유지되기 때문에 잠을 이루기 어려워진다 • 열대야일 때는 잠들기 전 미지근한 물로 샤워해서 0.5˚C에서 1˚C가량 체온을 떨어뜨리면 잠드는데 도움이 된다 • 적절한 온도는 사람마다 다르나, 보통 12 ˚C 미만, 24 ˚C 이상의 온도는 수면을 방해할 수 있다[32] • 암 치료로 인해 온도 조절에 어려움을 겪는 신체 증상을 경험할 수도 있으므로, 춥거나 덥지 않도록 조정한다 • 습도 40~60%가 수면에 유리하다 • 환기 상태도 수면에 중요하다	→ □ 온도계와 습도계를 사서 체크한다 → □ 수면 중 냉방을 사용하고자 할 때에는 자신의 수면 적정온도보다 에어컨 온도를 2-3˚ 가량 높이 설정하고 잠든다 → □ 가족에게 취침 온도에 대한 정보를 전달하고 취침 온도 조절에 대해 협조를 구한다

32 수면 연구가 존스홉킨스 대학교 신경학과 레이첼 살라스 박사의 인터뷰와 연구를 참고했습니다.
https://www.hopkinsmedicine.org/health/awareness/sleep.html
• Collop, N. A., Salas, R. E., Delayo, M., & Gamaldo, C. (2008). Normal sleep and circadian processes. *Critical care clinics, 24*(3), 449-460.

잠자리 규칙을 지키자

수면에 문제가 없다면 그게 뭐든 지금 그대로 하는 행동을 계속하면 됩니다. 그러나 수면에 문제가 있다면 좋은 수면을 위해 잠자리 규칙은 4가지를 지킬 것을 권합니다.

첫째, 침대에서 잠만 자기

둘째, 15분-30분 규칙

셋째, 같은 시간에 기상하기

넷째, 낮잠 자지 않기. 정말로 졸리는 경우에만 10-15분 안으로 자기

이 규칙을 수민씨의 사례를 통해 살펴봅시다.

> 수민 씨는 평소에 수면시간이 불규칙한 52세 암환자입니다. 수민 씨는 병원 입원 중, 모든 활동을 침대에서 했습니다. 퇴원 이후 집에서도 모든 활동을 그대로 침대에서 하고 있습니다. 어젯밤 수민 씨는 침대에 12시에 누웠지만 잠이 오지 않았습니다. 수민 씨는 뒤척이다 오전 5시에 겨우 잠들었습니다. 결국 오전 10시까지 늦잠을 자 지각을 하고 말았습니다. 5시간 밖에 자지 못한 수민 씨는 너무 피곤한 나머지 점심 시간에 점심을 먹지 않고 책상에 엎드려 1시간 동안 낮잠을 잤습니다. 주중에 모자란 잠을 보충하기 위해 수민 씨는 주말만 되면 하루종일 자곤 합니다.

수민씨는 4가지 규칙을 모두 어기고 있습니다. 첫째, 불면증을 겪고 있는 사람은 침대에서 잠만 자야 합니다. 즉, 침대에서 다른 활동은 하지 말아야 합니다. 침대가 잠을 자는 공간이라는 것에 익숙해지려면, 다른 행동은 하지 말아야 합니다. 침대에서 잠만 자기 위해서는, 쉬고 싶을 땐 침대 대신 의자나 소파 등을 이용하세요. 또, 침대 위에서 잠과 관련되지 않은 물건들은 모두 침실에서 치우는 것이 좋습니다.

둘째, 15분-30분 규칙이란 15분이 지나도 잠이 안 오면 침대에서 나오고 30분 동안 일어나 있는 것을 말합니다. 일어나 있는 30분 동안 TV, 핸드폰과 같은 전자기기는 사용하지 말고, 통화나 게임, 영화 시청은 하지 마세요. 또, 침대 위에서 하는 활동은 하지 않습니다. 또한, 30분이 되기 전까지는 졸려도 절대 침대에 눕지 않습니다.

셋째, 수민씨는 매일 같은 시간에 일어나는 편이 아닙니다. 평일에는 일찍 일어나야 하는데 종종 늦잠을 자고 주말에는 늦게까지 푹 잡니다. 그러나 불규칙한 기상시간은 수면주기를 방해합니다. 불면증이 있다면 주말에 잠을 몰아서 자려하지 말고, 평일과 같은 시간에 일어나는 것이 좋습니다.

넷째, 잠이 부족하다는 생각 때문에 틈틈히 낮잠을 자게 되는 경우가 있습니다. 낮잠은 밤에 잠이 잘 오지 않게 하므로 금지사항입니다. 낮에 많이 졸립다면 10분에서 15분 사이로만 낮잠을 주무십시오. 잠이 오면 일어나서 잠이 깨게 다른 일을 하도록 합시다. 산책, 스트레칭을 하며 잠을 깨우는 것이 좋습니다.

잠자리규칙을 지키는 것은 어렵고 꼭 이렇게까지 해야하나 하는 생각을 하게 되기도 합니다. 그러나 건강관리에서 규칙적인 생활은 매우 중요하고 규칙적인 생활을 하기 위해서는 숙면을 취하는 것이 매우 중요합니다. 앞으로의 건강관리를 위해서 수민씨의 사례를 통해 배운 잠자리 규칙을 꼭 지키도록 합시다.

▶ 잠들기 어렵다면 취침시간을 당기기를 실천하자

잠들기 어려운 수면 문제를 가진 사람들에게 취침시간 당기기가 효과적이라는 연구결과가 있습니다. 재훈씨의 사례를 통해 취침시간 당기기를 배워봅시다.

> “재훈씨는 매일 오전 8시까지 출근합니다. 그리고 수술 전 규칙적인 수면을 했습니다. 그러나 수술 후에는 잠드는 것이 너무 어렵습니다. 두세 시간 정도는 늘 뒤척이다가 잠에 듭니다.”

취침시간 당기기는 다음 3단계를 거쳐 적용됩니다.

1단계 : 목표 취침시간 정하기

2단계 : 새로운 취침시간 정하기

3단계 : 취침시간 점차 앞당기기

이 단계를 그림으로 그려보면 다음과 같습니다. 취침시간 앞당기기는 바로 잠들 수 있는 적절한 시간을 먼저 찾고, 그 시간을 앞당기는 방법입니다. 잠에 빠지기 어려울 때 실천해보기를 권장합니다.

재훈씨의 사례를 통해 자세히 알아봅시다.

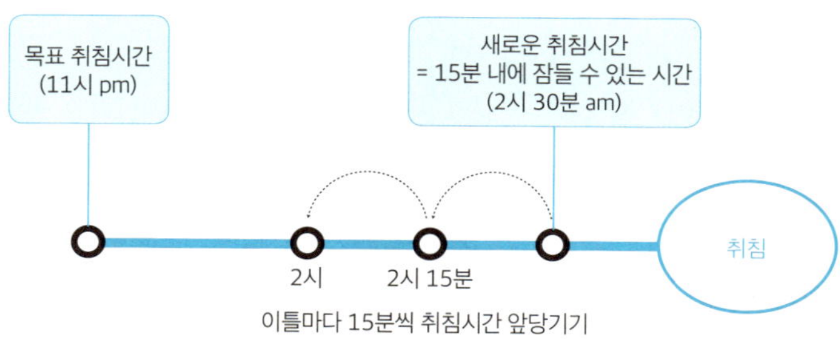

그림 6-8 재훈씨의 취침시간 당기기

1단계 : 목표 취침시간 정하기

제훈씨와 함께 1단계, 목표 취침시간 정하기를 해보겠습니다. '목표 취침시간'은 제훈씨가 최종적으로 잠자리에 드는 시간입니다. '목표 취침시간'을 정하려면 먼저 기상시간과 수면시간을 정해야 합니다. 기상시간과 수면시간을 정할 때는 평소에 보통 몇 시에 일어나는지 살펴봐야합니다. 제훈씨의 경우 수술 전에는 늘 오전 7시에 일어났고, 8시간 정도는 자야 개운함을 느끼고 피곤이 풀렸다고 느낍니다. 그렇다면 8시간을 자고 오전 7시에 일어나기 위해서는 밤 11시에 잠들어야 합니다. 따라서 목표 취침시간은 '11시' 로 정합니다.

2단계 : 새로운 취침시간 정하기

이제 2단계로 제훈씨가 바로 잠들 수 있는 '새로운 취침시간'을 찾아보겠습니다. 지난 일주일 동안의 수면 일지를 보고 제훈씨가 실제로 잠이 든 시간을 찾아보겠습니다. 지난 일주일 동안 제훈씨가 대략 오후 11시에 잠자리에 들고 오전 2시에 실제로 잠들어 7시에 기상하며, 평균 수면시간이 5시간이라고 가정해 봅시다. 제훈씨의 새로운 취침시간을 찾기 위해 실제 잠드는 시간인 오전 2시에 잠자리에 들도록 하고, 이 때 15분 내에 바로 잠드는지 테스트를 합니다. 만일 새로운 취침시간에 잠자리에 들었으나 15분 내에 잠들지 못한다면, 다음날은 취침 시작 시간을 30분 더 미루어야 합니다.

수면시간을 조정할 때, 기상시간은 변경하지 않아야 합니다. 새벽 2시에 잠자리에 들면 잠이 너무 부족하지 않을까 우려할 수 있지만, 어차피 일찍 잠자리에 들어도 뒤척이는 시간이 많기 때문에 수면 효율이 낮을 뿐 아니라, 뒤척이는 시간이 많으면 많을수록 잠자기가 어려워 질 수 있습니다. 점차적으로 수면효율을 높이기 위한 것이니 염려하지 말고 실천해 보십시오.

잠들기 어려워 하는 사람들은 잠이 오면 잠을 자야 한다고 생각합니다. 그래서 억지로 정한 시간까지 깨어 있게 하는 이 방법을 꺼려할 수도 있습니다. 규칙적으로 잠을 잘 수 있는 분들에게는 맞는 말입니다. 그러나 잠이 너무 불규칙해 수면 문제가 있는 분들은 "잠이 올 때"가 매일 다릅니다. 이렇게 불규칙한 취침 시간을 가졌다면 "잠이 올 때"가 언제인지도 모르고, 그 때가 매일매일 달라서 필요한 수면시간을 충족하기 어렵습니다. 수면이 불규칙한 분들에게는 수면을 규칙적으로 만드는 것이 중요하고, 그렇게 하기 위해서 초반에 잠이 와도 정하진 시간까지 잠을 자지 않는 것은 필요한 과정입니다.

제훈씨는 하루 동안 다른 활동을 하다가 오전 2시에 잠자리에 들기로 했습니다. 자기 전 수면 위생을 잘 지키고, 잠자리에 들기 30분 전인 오전 1시 30분부터는 수면 일과를 하기로 했습니다. 실천해본 결과, 2시에 누웠는데도 바로 잠들지 못하고 2시 30분까지 뒤척였습니다. 제훈씨는 15분내에 잠들지 못했는데, 이는 오전 2시가 적절한 취침시간이 아님을 알려줍니다. 다음 날 제훈씨는 취침시간을 30분 미루어 오전 2시 30분에 잠자리에 들었고, 누운 지 5분만에 잠이 들었습니다. 이 경우, 제훈씨의 새로운 취침시간은 오전 2시30분이 됩니다. 이 새로운 취침 시간으로부터 시작해서 15분씩 앞당기는 연습을 하는 것이 앞으로의 계획이 됩니다.

3단계 : 취침시간 점차 앞당기기

이제 점차적으로 취침시간을 앞당기는 계획을 실천할 단계입니다. 눕자마자 15분 내에 잠들 수 있는 '새로운 취침시간' 에서부터 시작하여, 이틀 연속 성공하면, 15분씩 더 일찍 잠자리에 들고, 목표 취침 시간에 도달할 때까지 이 패턴을 반복합니다.

제훈씨의 경우, 2시 30분에서 잠들기 시작해 3일 연속으로 잠들 수 있었습니다. 4일째 되는 날 제훈씨는 15분 앞당겨 2시 15분에 잠자리에 들었습니다. 피곤하고 졸리기는 했으나, 제훈씨는 잠자리에 드는 시간을 지켰고, 3일 연속 15분 안에 잠들면, 다음 날 취침시간을 15분 앞당겼습니다. 그리고 취침시간이 목표 취침시간인 11시가 될 때까지 계속 취침시간 당기기를 하였습니다.

밤에 자꾸 깬다면 수면 제한하기를 실천하자

취침시간 당기기가 잠이 들기 어려운 유형에게 도움이 된다면 '수면 제한하기'

는 특히 중간에 자주 깨는 유형에게 효과적인 방법입니다.

> 지현씨는 최근 난소암 수술을 받은 20대입니다. 수술 후 피곤함을 호소하고 있습니다. 지현씨의 수면 상태를 살펴보면 중간에 자주 깨고 침대에 누워만 있는 시간이 많습니다. 어제 밤에도 12시에 자서 오전 7시에 일어났는데 실제 잔 시간은 겨우 4시간 50분에 불과합니다. 한 번 깨면 한 시간 이상 잠이 오지 않아 TV를 보기도 하고 이유 없이 화장실도 다녀옵니다.

수면 효율을 높이기 위해서는 취침시간을 앞당기거나 늦추고 기상 시간을 늦추거나 앞당길 수도 있습니다. 흔히 취침시간이나 기상 시간을 바꾸는 것에 대해 잠을 더 못 자게 될까 봐 걱정하는 경우가 많지만 수면 효율을 높여가는 방법이기 때문에 걱정을 덜어내고 실천해보도록 합시다.

수면 제한하기는 다음과 같은 단계로 이루어져 있습니다.

1단계 : 목표 취침시간 정하기

2단계 : 새로운 취침시간 정하기

3단계 : 수면시간 늘리거나 줄이기

지현씨의 예를 이용해 각 단계에 대해 설명하겠습니다.

1단계 : 목표 취침시간 정하기

먼저 목표 취침시간을 정합니다. 지현씨는 아침에 7시에는 일어나야하고 7시간 정도 자야 피로가 풀리는 것 같습니다. 그렇다면 지현씨의 목표 취침시간은 밤 12시입니다.

2단계 : 새로운 취침시간 정하기

이제 새로운 수면 시간을 정해보겠습니다. 일주일동안의 수면일지를 가지고 수면 시간을 정하게 됩니다. 먼저, 지현씨가 기록한 수면일지를 바탕으로 실제 수면

시간과 수면 효율을 계산합니다. 그리고 기상시간을 기준으로 평균 실제 수면 시간만큼만 자도록 새로운 취침시간을 정합니다.

지현씨의 현재 수면-수면 효율이 낮음

침대에 누워있는 시간: 8시간

실제 수면 시간: 4시간 30분

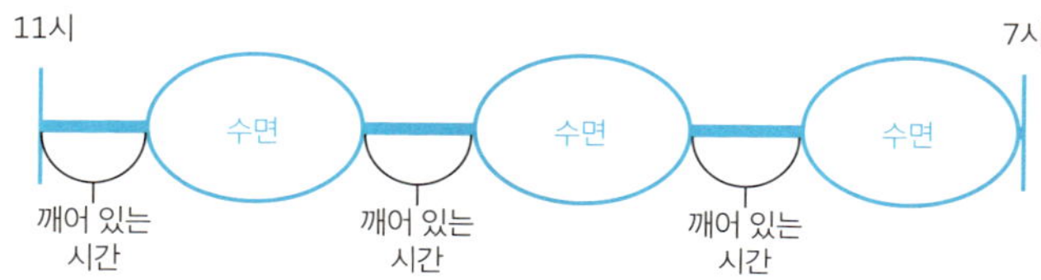

좋은 수면-수면 효율이 높고 취침 시간이 적당함

침대에 누워있는 시간: 8시간

실제 수면 시간: 8시간

그림 6-9 지현씨의 현재 수면과 좋은 수면

지현씨의 경우 평균 실제 수면 시간이 4시간이므로, 4시간만큼만 자도록 새로운 취침시간을 정합니다. 그렇다면 7시에 일어나기 위해서 3시에 잠자리에 들어야 합니다. 하지만, 수면 시간은 적어도 4시간 30분 이상으로 하는 것이 불면치료의 원칙입니다. 따라서 지현씨의 새로운 취침시간은 기상시간인 7시에서 4시간 30분

전인 오전 2시 30분이 될 것입니다.

일주일 동안 새로운 취침시간에 잠자리에 들고 정해진 기상시간에 일어나는 연습을 해봅니다. 지현씨의 경우 일주일동안 오전 2시까지는 평소 하던 대로의 저녁 시간 활동을 하도록 합니다.

수면 제한하기 적용 전 - 수면 효율이 낮음

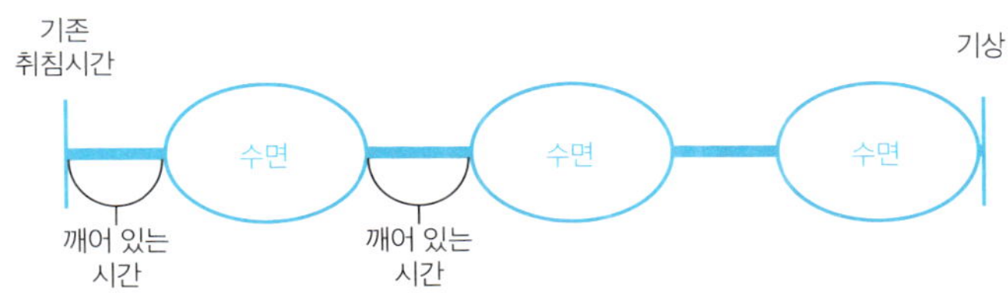

수면 제한하기 적용 중 - 수면 효율이 높아짐

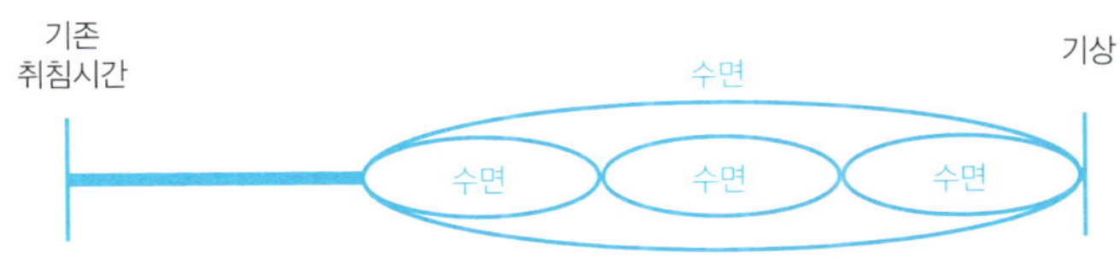

그림 6-10 지현씨의 수면 제한하기 적용 전 후의 수면 양상

새로운 취침시간에 잠들기까지 수면 위생을 어기는 다음의 활동을 하지 않도록 주의합니다.

- 전자기기 사용 (TV 시청, 핸드폰 사용) 금지
- 취침을 늦추는 활동 (통화, 게임, 영화 시청) 금지
- 침대 위에서 활동 금지

3단계 : 수면 시간 늘리거나 줄이기

수면 제한하기는 중간에 깨어 있는 시간이 줄어들면(수면효율증가) 침대에 누워있는 시간을 늘리고, 중간에 깨어 있는 시간이 많으면(수면효율감소) 누워있는 시간을 제한하는 방법입니다.

수면효율이 올랐다는 것은 침대에서 뒤척이며 깨어 있는 시간이 줄었다는 뜻입니다. 일주일동안 새로운 취침시간에 잠들어서 중간에 깨어있는 시간이 줄어들어 수면 효율이 증가했다면, 그 때 침대에 있는 시간을 15분씩 늘여가는 것입니다.

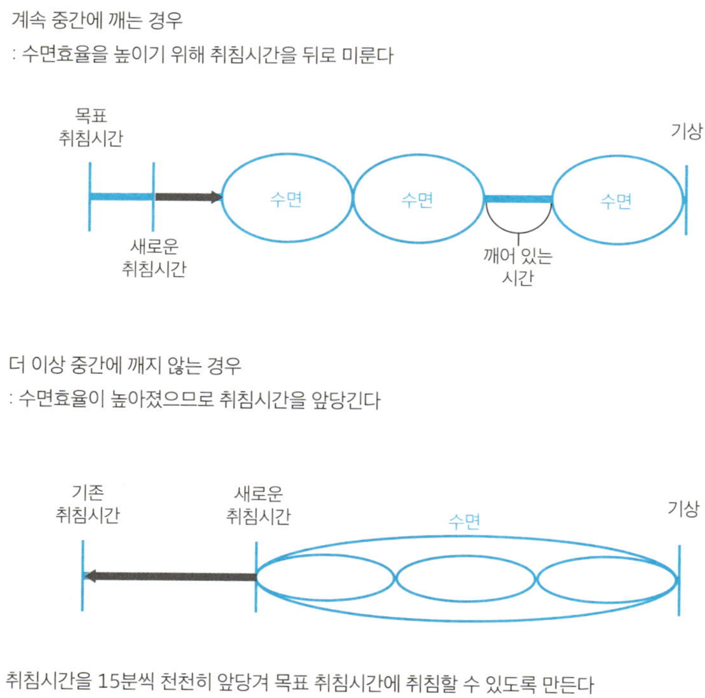

그림 6-11 지현씨의 수면 제한하기 3단계

지현씨는 새로운 취침시간인 오전 2시에 잠들어 일주일동안의 평균 수면 효율이 85%에 달했습니다.

평균 수면효율이 85% 미만인 경우, 침대에 누워있는 시간을 15분 줄여야 합니다. 잠을 못 자고 있는데 취침시간을 줄이면 다음 날 힘들지 않을까 걱정하겠지만 조금 힘들더라도 규칙적인 생활로 돌아가는 것이 좋습니다. 수면 제한하기는 수면일지만 꼼꼼히 기록한다면 혼자서도 할 수 있습니다. 건강이나 삶의 행복도 연구할수록 나아질 수 있습니다. 연구자가 된 마음으로 수면 일기를 기록해보세요.

식습관을 고치기 어렵다면 반복노출 원리를 적용해보자

많은 암환자분들은 암투병의 어려움 중의 하나가 이전까지 하고 있었던 여러가지 생활습관을 바꾸는 것이라고 합니다. 특히, 식사조절은 매우 힘들다고 하는데, 장기적으로 건강식을 위주로 식사를 하되, 양도 줄여야 하고, 간도 약하게 먹어야 하고, 좋아하는 음식도 줄여야 하기 때문에 힘든 것일 겁니다. 건강을 위해서 꼭 해야하는 일이라 하고는 있지만 즐겁거나 하고 싶은 일은 아닐 수도 있습니다. 그리고 식사조절에는 끝나는 시점이 없습니다. 건강식을 하면서 자신이 좋아하지만 피해야하는 음식에 대해 스스로를 통제하는 것이 유일한 방법입니다. 하지만 음식 습관들이기와 관련된 몇 가지 사실을 알면 조절이 더 쉽게 느껴질 수도 있습니다. 장기적인 식사조절을 위해 다음을 기억할 것을 권합니다.

음식 선호도에 대한 연구들은 공통적으로 음식에 대한 선호도는 습관에 의해서 생겨난 것으로, 반복적인 노출을 통해 바뀔 수 있음을 강조합니다. 즉, 지금 여러분이 좋아하는 음식도 반복해서 먹으면서 좋아진 것이며, 좋아하지 않은 음식도 그 음식에 대한 경험이 없기 때문이라는 것입니다. 혹시 동남아 과일 중 두리안이라는 과일을 아시나요? 처음 접하는 사람들은 그 과일에서 나는 냄새를 싫어할 뿐 아니라 심지어는 역겹다고 표현하기도 합니다. 그런데 재미있는 사실은, 이 과일을 좋아하는 사람들 중 일부도 처음에는 이 과일에 대해 비슷한 경험을 했다고 합니다. 다른 점은 후자의 사람들은 이 과일을 다시 먹을 기회가 생겨 먹는 경험을 했고, 반복된 경험으로 이 과일을 좋아하게 되었다는 것입니다. 비슷한 예로 베트남 국수에 넣는 고수라는 풀이나 향신료를 들 수 있습니다. 담배나 커피와 같은 기호 식품에 대해서도 처음 먹었을 때는 좋지 않았는데, 반복해서 경험하다보니 좋아하게 되었다는 사례를 어렵지 않게 찾을 수 있습니다. 우리나라 사람들이 좋아하는 깻잎은 처음 접하는 외국인에게는 너무 강한 맛이라 좋아하기 힘들다고 합니다. 그런데 깻잎을 반복해서 먹었던 외국인 중 일부는 깻잎에 대한 예찬을 하기도 합니다. 그저 우리는 싫어하는 음식을 거부할 뿐 억지로 먹으면서 좋아하려고 애쓰지 않는다는 차이가 있을 뿐 입니다.

이 모든 예들은 음식의 선호도는 습관을 통해 생겨남을 보여줍니다. 물론 개인마다 차이가 있고, 음식 종류에 따라 좀 다르기는 하지만, 반복적인 섭취의 힘은 대단합니다. 이제 여러분은 건강을 이유로 새로운 식습관을 만들어야 하는 입장에 있습니다. 반복해서 노출하면 좋아진다는 사실을 근거로, 반드시 먹어야 하는 건강식에 대한 선호도를 증가하도록 노력하세요. 그런데, 반복노출이 중요하다고 해서 처음부터 싫은 것을 억지로 그것도 많이 먹기를 권하지 않습니다. 그렇게 하면 오히려 역효과가 나기 쉽습니다. 제일 좋은 방법은 천천히 조금씩 노출하는 것입니다. 처음에는 그 음식을 옆에 두고 보거나 냄새 맡기만 하세요. 그러다가 괜찮아지면, 아주 조금 맛만 보세요. 그 식재료를 여러분이 좋아하는 향신료랑 섞어 요리해도 좋고, 좋아하는 방식으로 조리해도 좋습니다. 그게 무엇이던 천천히 너무 힘들지 않게 조금씩 시작하는 것이 중요합니다. 먹어야 할 건강식이 많다고 한꺼번에 너무 많이 시작하지 말고, 먹지 말아야 한다고 여러분이 선호하는 음식을 금지하지는 마십시오. 여러분의 음식 선호도가 오랜 기간에 걸쳐 생겨났듯이, 새로운 음식에 대한 선호도 증가에도 시간이 걸리며, 여러분이 금지한다고 해서 좋아하는 음식이 좋아하지 않게 되는 것은 아닙니다.

☑ 복약관리가 어렵다면 일주일치 약을 정리하는 시간을 만들자

복약은 암 진단 후 중요한 일과로 자리했을 것입니다. 조사에 의하면 복약에 대해 철저하게 지키는 사람은 50%에 불과하다고 합니다. 특히, 약물에 부작용이 있는 경우, 복약관리는 더 어려워 집니다. 만일 부작용으로 인해 복약을 꺼린다면 먼저 주치의와 상의하십시오. 그리 심각하지 않은 부작용도 복약을 꺼리게 만들 수 있고, 불규칙적인 복약은 치료에 좋지 않은 영향을 줄 수 있습니다. 약물에 대해 숨김없이 주치의에게 보고하고 해결책을 찾을 것을 권합니다.

만일 복약관리가 어려운 것이 단순히 약물복용과 관련된 것이라면, 지금부터 소개하는 몇 가지 방법을 적용해 보십시오. 여기서 제시하는 방법은 어디까지나 아이디어이고, 이를 변경하거나 혹은 비슷하게 바꿔 여러분에게 갖는 방법을 찾을 것을 권합니다. 다음이 그 방법들의 예시입니다. 그대로 따라하거나 응용할 만한 방법이 있는지 읽으면서 체크하고 해봅시다.

표 6-18 효과적인 복약관리를 위하여 할 수 있는 일들

- □ 요일 표시 약통을 사고, 그 통에 매일 복용할 약을 넣어놓고 복용한다
- □ 마약성 진통 패치와 같이 크기가 크거나, 습기를 흡수하여 변형되기 쉬운 형질의 약을 복용하는 경우, 또는 개인의 취향에 따라 약을 담고 있는 포장을 그대로 보관해야 한다면 지퍼백을 사용한다
- □ 요일 표시 약통에 넣고 남은 약은 요일 표시 약통 근처의 장소에 보관한다
- □ 요일 표시 약통은 접근 가능한 장소에 둔다 (식탁 옆, 냉장고 옆 등)
- □ 특정 약물과 관련해 유의사항(예, 약물 이름, 통증이 심했을 때 추가로 먹는 약, 다음 약물 처방 날짜 등)을 한꺼번에 적어 냉장고에 붙여 둔다
- □ 약물복용 시 발생하는 예상치 못한 부작용이 있다면, 기록해 두고(예, 냉장고에 붙인 유의사항 종이) 이를 주치의에게 가져간다
- □ 처방대로 약물을 복용하며, 마음대로 복용 양과 시기를 조절하지 않는다
- □ 매일 해야 하는 일의 목록을 만들때 약물복용을 포함하고, 취침 전에 이를 확인한다
- □ 약물복용 초반에는 핸드폰에 복용 시간을 알람으로 설정하여 잊지 않게 한다

07

몸을 편안하게 하는 길

이번 장에서는 이완에 대해서 배워봅시다. 배우기 전에 긴장과 이완에 대하여 생각해봅시다. 주사를 맞거나 통증이 수반되는 검사를 할 때, 여러분은 '힘 빼세요'라는 말을 많이 들었을 것입니다. 당연합니다. 스트레스 상황에서 우리의 몸은 긴장상태가 됩니다. 근육이 경직되고 호흡이 빨라지고, 땀이 나며 숨이 가빠지는 등의 증상이 나타납니다. 의료진의 힘 빼라는 지시에 따라 몸에 힘을 빼면서 자신도 모르게 몸에 힘을 많이 주고 있었음을 깨달았을 것입니다. 어떤 경우에는 긴장을 풀라고 하는데 긴장이 풀리지 않고 계속 어떻게 해야 힘을 빼는지를 알 수 없어서 당황한 경험이 있는 분도 있을 것입니다.

이번에는 여러분이 아이들에게 주사 맞을 때 힘을 빼는 방법을 가르치고 있다고 생각해봅시다. 어떻게 필요한 상황에서 긴장 풀기를 연습시킬 수 있을까요? 아마도 힘빼기 시범을 보여주면서, 여러분처럼 해보라고 할 것입니다. 긴장을 쉽게 풀지 못하고 몸에서 힘빼기를 하지 못하는 아이에게는 어떻게 가르쳐야 할까요?

이 장에서 배울 이완훈련은 몸의 긴장상태가 무엇인지 우고, 필요할 때 긴장에서 벗어나는 방법을 가르쳐주는 훈련입니다. 많은 치료자와 연구자들은 이 이완훈

련이 암 투병 중의 우울/불안, 수면 문제, 통증에 효과가 있다고 합니다.[33]

여러분이 특히 만성적인 긴장, 장기적인 스트레스를 유발하는 상황에 놓여있다면 이완훈련은 큰 도움이 될 것입니다. 이완하는 다양한 방법이 있지만, 그 중에서 가장 손쉽게 사용할 수 있는 몇 가지 방법을 소개합니다.

1. 몸을 편안하게 하기의 기본원리

☑ 스트레스받았을 때의 변화에 주의를 기울입시다

스트레스를 받았을 때나 불안에 시달릴 때, 우리 몸이 어떻게 반응하는지 관찰해 본 적 있으십니까? 만약 관찰해본 적이 없다면 한 번쯤은 기분 변화에 따라 몸이 어떻게 달라지는지 관찰해보십시오.

> “설희씨는 사람들 앞에 서서 이야기하는 것을 무서워합니다. 사람들 앞에서 발표를 하는 장면을 생각만 해도 식은 땀이 나는 정도입니다. 한달 전에 설희씨는 어쩔 수 없이 직장에서 중요한 발표를 맡게 되었고, 그 때부터 매우 열심히 발표를 준비해 왔습니다. 오늘이 발표일이고, 설희씨는 상사를 포함한 직원 30명 앞에서 곧 발표를 시작합니다. 내용은 다 외울 정도로 잘 알고 있지만, 막상 발표가 시작되니 아무것도 생각나지 않고 눈앞이 깜깜합니다.”

여러분이 설희씨라고 생각해보세요. 해야 하는 발표를 앞두고 단상에 올라갔다고 상상해봅시다.

불안하면 우리의 몸은 긴장합니다. 동공은 커지며, 얼굴에는 주름이 잡힙니다.

---

33 Carlson, L. E., & Bultz, B. D. (2008). Mind-body interventions in oncology. *Current treatment options in oncology, 9*(2-3), 127-134.

목이 뻣뻣해지고, 어깨에도 힘이 잔뜩 들어가고, 팔이 긴장하고, 손에 힘이 꼭 쥐어집니다. 심장이 두근거리고, 다리 근육이 경직되고 뱃속 근육도 수축됩니다. 긴장되고 스트레스를 받는 상황이 반복되면 만성적으로 몸이 뻣뻣하여 늘 긴장상태를 유지하게 됩니다. 이런 긴장은 궤양, 불면, 고혈압, 소화불량과 관계가 깊습니다. 더구나 작은 스트레스에도 몸을 긴장하는 악순환이 됩니다.

긴장했을 때와 이완했을 때의 차이를 파악합시다

이완하다(relax)는 라틴어 relaxare에서 파생되었는데, 이 라틴어는 '느슨하게 하다'라는 의미로, 긴장과 반대되는 상태를 표현합니다.[34] 그러므로 이완훈련(relaxation training)이란 스트레스로 인해 긴장상태일 때 긴장을 풀어주는 훈련을 말합니다.

2차 세계대전 중에 미국 해병들이 신경쇠약이라고 불리는 증상으로 괴로움을 겪었다고 합니다. 그들은 19~22세의 젊은 청년들로 비교적 신체가 건강했습니다. 이들이 큰 긴장을 경험하며 괴로워하자 당시 미군은 지휘관급 5명을 시카고 대학교 실험생리학 실험실에 파견하여 과학적인 이완훈련을 배우고 군인들에게 가르쳤습니다. 이후로 여러 연구를 통해 이완훈련이 우울 및 불안의 감소에 효과적이라는 것이 입증되었습니다.[35] 또한 많은 연구들이 꾸준한 이완훈련이 암환자의 우울, 불

---

34 어원사전 Online Etymology Dictionary https://www.etymonline.com/search?q=relax

35 • Jorm, A. F., Morgan, A. J., & Hetrick, S. E. (2008). Relaxation for depression. *The Cochrane Database of Systematic Reviews,* 4, 1.
• Newman, M. G., Lafreniere, L. S., & Jacobson, N. C. (2018). Relaxation-induced anxiety : Effects of peak and trajectories of change on treatment outcome for generalized anxiety disorder. *Psychotherapy Research, 28*(4), 616-629.

안, 수면 문제 및 통증을 다스리는데 큰 역할을 한다고 보고하고 있습니다.[36] 이 모든 정보는 불안하고 스트레스받을 때 이완훈련을 배워 사용해볼 가치가 있다는 것을 알려줍니다.

우리의 호흡이나 근육의 움직임을 눈 앞의 화면에서 보고 있다고 상상해보세요. 긴장했을 때와 이완했을 때 우리의 몸이 어떻게 되는지 배워봅시다.

☑ 몸을 이용해 마음을 다스리는 방법을 배웁시다

이완훈련은 앞서 설명했던 인지행동치료모델에서 행동을 바꾸는 방법 중 하나

---

36 암 투병 중 이완훈련의 긍정적인 효과에 대하여 최근 논문들을 참고할 수 있습니다

1) 우울/불안 또는 삶의 질
- Carlson, L. E., & Bultz, B. D. (2008). Mind-body interventions in oncology. *Current treatment options in oncology, 9*(2-3), 127-134.

2) 암환자의 수면 문제
- Garland, S. N., Johnson, J. A., Savard, J., Gehrman, P., Perlis, M., Carlson, L., & Campbell, T. (2014). Sleeping well with cancer: a systematic review of cognitive behavioral therapy for insomnia in cancer patients. *Neuropsychiatric disease and treatment, 10*, 1113.
- Woodward, S. C. (2011). Cognitive-behavioral therapy for insomnia in patients with cancer. *Clinical journal of oncology nursing, 15*(4).

3) 암환자의 통증과 이완
- Zgâia, A., Pop, F., -Cadariu, P. A., Vlad, C., Rogobete, A., Lisencu, C., . . . Irimie, A. (2016). The Impact of Relaxation Technique And Pre-operative Psychological Counsellinh on Pain, Analgesic Consumption And Psychological Symptoms on Patients Scheduled for Breast Cancer Surgery - A Randomized Clinical Study. *Journal of Evidence - Based Psychotherapies, 16*(2), 205-220.
- Parás-Bravo, P., Alonso-Blanco, C., Paz-Zulueta, M., Palacios-Ceña, D., Sarabia-Cobo, C. M., Herrero-Montes, M., ... & Fernández-de-las-Peñas, C. (2018). Does Jacobson's relaxation technique reduce consumption of psychotropic and analgesic drugs in cancer patients? A multicenter pre-post intervention study. *BMC complementary and alternative medicine, 18*(1), 139.

4) 암환자의 피로
- Hilfiker, R., Meichtry, A., Eicher, M., Balfe, L. N., Knols, R. H., Verra, M. L., & Taeymans, J. (2018). Exercise and other non-pharmaceutical interventions for cancer-related fatigue in patients during or after cancer treatment: a systematic review incorporating an indirect-comparisons meta-analysis. *Br J Sports Med, 52*(10), 651-658.

로, 몸을 이완시켜 우울, 불안과 같은 심리적인 증상을 다스리는 방법입니다. 이완 상태를 체험할 수 있는 방법은 오래전부터 이어져 오던 명상으로부터 비교적 최근에 개발된 점진적 근육이완까지 다양합니다. 이 책에서는 가장 익히기 쉬운 점진적 근육 이완과 상상 이완을 소개하겠습니다.

점진적 근육 이완은 근육을 수축시켰다가 이완시키는 것 입니다. '점진적'이라고 이름 붙여진 데에는 세 가지 이유가 있습니다. 첫번째는 한번에 한 가지의 근육에만 집중하기 때문입니다. 예를 들어 오른쪽 팔을 이완시킬 때, 모든 근육을 한 번에 이완시키기 보다는 관련된 세 종류의 근육인 전완근, 상완이두근, 삼완삼두근을 하나씩 점차적으로 확대시키면서 긴장을 풉니다. 두번째는 신체 주요 근육의 긴장 이완법을 하나씩 습득해간다는 의미입니다. 세번째는 매일 연습을 반복함으로써 조금씩 나아진다는 의미입니다.

점진적 근육 이완은 단지 근육을 사용하는 방법임에도 불구하고, 여러 연구에서 우울, 불안, 수면 문제, 통증, 스트레스 감소에 효과가 있다고 보고됩니다.[37] 이 훈련은 우리 몸이 이완되어 따뜻해지는 좋은 기분을 느끼는 동시에 강한 스트레스를 느낄 수 없다는 단순한 원리에 근거를 두고 있습니다. 점진적 근육 이완을 하면서 숨을 들이쉬고 내쉴 때의 가슴과 배 근육의 감각, 이완할 때 근육에서 느껴지는 따뜻한 감각 등 몸의 작은 반응에 주의를 기울여 보십시오. 몸의 작은 반응에 집중하여 이완감을 체험할 때 마음의 긴장도 사라져 편안한 상태가 될 것입니다. 단, 무리하게 따라 하기보다 자신의 건강상태를 고려하여 적절히 조절하며 하는 것이 좋습니다.

---

37 Kapogiannis, A., Tsoli, S., & Chrousos, G. (2018). Investigating the effects of the progressive muscle relaxation-guided imagery combination on patients with cancer receiving chemotherapy treatment: A systematic review of randomized controlled trials. Explore (New York, N.Y.), 14(2), 137-143. doi:http://dx.doi.org/10.1016/j.explore.2017.10.008

상상 이완훈련이란 마음 속에 동물이나 사물, 또는 자연물의 이미지를 떠올리면서 하는 이완훈련입니다. 아플 때 마음 속으로 이미지를 떠올리면 이완하기가 더 쉬워진다고 합니다.[38] 또한, 즐겁고 편안한 상상하기는 스트레스가 되는 생각으로부터 주의를 전환하는 한 가지 방법이 될 수 있습니다. 상상 이완훈련을 할 때 시각, 청각, 후각, 미각, 촉각 등의 감각을 생각해보십시오. 도움이 된다면, 여러분이 좋아하는 향기를 상상하실 수도 있고, 시원한 아이스크림이 목으로 넘어가는 것을 상상할 수도 있습니다.

☑ 하루 일정한 시간을 정해 이완훈련을 합시다

이완법을 배우는 목적 중 하나는 투병 중 만성화된 몸의 긴장을 완화시키는 것입니다. 꾸준한 훈련을 해야 이완하는 습관이 만들어지고 이완상태가 익숙해지게 됩니다. 그런데 긴장한 몸을 이완시키는 훈련은 시간이 오래 걸립니다. 꾸준히 연습해야 합니다. 연습을 꾸준히 하려면 일련의 순서와 자세를 기억하고 훈련하는 시간과 장소를 정해두는 것이 좋습니다.

이완훈련의 순서는 크게 정해져 있지 않지만, 개인마다 훈련하기 편안한 순서가 있을 것입니다. 몸을 편안하게 하기 전략에서 몇 가지 순서와 훈련법을 제시할 것입니다. 한 가지씩 사용해보고 자신이 가장 꾸준히, 오래 실천할 수 있는 방법을 선택하십시오.

---

38 Zahourek R P 1997 Relaxation and imagery: tools for therapeutic communication and intervention. *Alternative Health Practitioner 3*(2) : 89-109

이완훈련 연습하기

· 장 소 : 조용하고 편한 장소
· 시 간 : 하루 중 아무 때나 여유 있게 이완을 연습할 수 있는 시간
· 준비물 : 베개, 이완훈련 음악이나 영상, 음악과 영상의 재생장치

시간과 장소를 정할 때의 주의사항을 확인했다면 다음 빈칸을 채워봅시다.

나는

매일 ___ 시에 ______ 을 입고

____

______________________ 방법으로 이완훈련을 하겠다

서명

간편한 이완훈련은 필요할 때 바로 할 수 있게 기억합시다

점진적 근육 이완의 간단한 버전은 동작이 크지 않고 간단하므로 익혀두면 어디서나 할 수 있습니다. 다음 이완 절차를 따라 해보세요. 그리고 이완하는 신체 영역을 기억해 두세요. 꼭 순서대로 할 필요는 없습니다. 얼굴부터 시작하여 상체에서 하체까지 내려가면서 이완한다고 생각하면 기억하는 것이 좀 쉬울 수 있습니다. 이 목록을 모두 다 할 필요도 없고, 또 원하는 부위를 추가해도 좋습니다. 중요한 것은 신체가 이완되기 충분한 시간 동안 신체의 다양한 부위를 이완시키는 것입니다. 너무 서두르지 말고 천천히 하세요. 내 몸의 각 부위가 수축했다 이완하는 것을 느

끼세요. 때로는 편안한 음악을 틀어놓고 해도 좋습니다.

간편한 이완훈련

- ✓ 눈을 감고 깊은 숨을 쉬세요. 하나, 둘, 셋.
- ✓ 입을 모아 앞으로 쭉 내밀어 보세요. 이완하세요.
- ✓ 입을 크게 벌려보세요. 이완하세요.
- ✓ 어깨를 귀까지 당겨 올려 보세요. 이완하세요.
- ✓ 화난 것처럼 얼굴을 가운데로 힘껏 쥐어짜 보세요. 이완하세요.
- ✓ 놀란 것처럼 얼굴을 넓게 펴 보세요. 이완하세요.
- ✓ 주먹을 꽉 쥔 다음, 팔에 힘을 5초간 주세요. 이완하세요.
- ✓ 가슴과 배를 조여보세요. 이완하세요.
- ✓ 발가락을 꽉 구부려 보세요. 이완하세요.
- ✓ 발등을 앞으로 굽혀 보세요. 이완하세요.
- ✓ 발등을 다리와 평행하게 뻗어보세요. 이완하세요

☑ 이완이 필요한 순간이 언제인지 파악합시다

여러분은 언제 이완법을 사용하고 싶나요? 사람들마다 긴장하거나 스트레스를 받는 순간이 다 다릅니다. 하지만 암 환자의 경우, 공통적으로 긴장이 필요한 시간이 있습니다. 다음 질문을 통해 여러분에게 이완이 필요한 순간을 찾아봅시다

언제 가장 불안하고 스트레스를 받나요?

□ 검사 결과를 들을 때	□ 항암치료를 받으려고 기다릴 때
□ 항암 치료를 받을 때	□ 상사와 단둘이 있을 때
□ 직장에서 일을 할 때	□ 가족에게 부담이 된다고 느낄 때
□ 싫어하는 사람과 만났을 때	□ 기타 :

그림 7-1 스트레스받는 상황 파악하기

여러분은 어떤 상황이 가장 불안하고 긴장이 되나요? 가장 긴장이 되는 순간부터 차례대로 순서를 적어도 좋습니다. 긴장 상황을 순서대로 정리하다 보면 자신에게 가장 이완이 필요한 순간이 언제인지 파악할 수 있습니다. 그러나, 이완 연습이 되어 있지 않으면, 긴장 상황에서 바로 이완을 하기 어렵습니다. 불안한 상황에서는 이완훈련이 익숙하지 않다면 어떻게 하는지가 잘 떠오르지 않을 것이기 때문입니다. 따라서 가장 불안한 상황에 이완법을 잘 활용하려면, 불안하지 않은 평소에 이완훈련을 연습해 놓는 것이 중요합니다. 매일 잠들기 전이나 혹은 일정한 시간에 이완 연습을 하세요. 하루에 5분씩만 연습해도 며칠이면 전체 이완 과정에 익숙해질 수 있습니다. 연습을 통해 몸에 익숙해지고 나면, 여러분이 긴장한 상태에서도 이완법이 떠오르고 이를 실천할 수 있게 될 것입니다.

☑ 항암치료 직전에 오는 불안 극복을 위하여 이완훈련 합시다

예기불안(anticipatory anxiety, 豫期不安)이란, 어떤 공포스러운 상황이 올 것을 미리 알고 그 상황이 오기 전에 느끼는 불안을 얘기합니다. 항암치료 예기불안은, 항암치료가 힘들고 괴로운 것을 알기에 항암치료가 있기 전에 불안이 심해지는 것을 말합니다. 예기불안이 심한 경우엔 치료를 미루거나, 구토 등 신체적 증상으로 인해, 혹은 두려움이 너무 심해서 치료받는 것 자체가 불가능할 수 있습니다.[39]

예기불안은 체계적 둔감화라는 방법을 이용하여 극복할 수 있습니다. 공포스러

---

39 • Fletcher, C., Wilson, C., Hutchinson, A. D., & Grunfeld, E. A. (2018). The relationship between anticipated response and subsequent experience of cancer treatment-related side effects : A meta-analysis comparing effects before and after treatment exposure. *Cancer treatment reviews, 68,* 86-93.
• Grassi, L., Berardi, M. A., Ruffilli, F., Meggiolaro, E., Andritsch, E., Sirgo, A., ... & Nanni, M. G. (2015). Role of psychosocial variables on chemotherapy-induced nausea and vomiting and health-related quality of life among cancer patients: a European study. *Psychotherapy and psychosomatics, 84*(6), 339-347.

운 상황에 대처하고 심각한 수준의 공포를 느끼지 않도록 하기 위해서 체계적 둔감화(systematic desensitization)라는 방법을 사용합니다. 체계적 둔감화란 불안을 느끼는 상황에 점진적으로 노출됨으로써 불안을 줄여나가는 방법입니다. 체계적 둔감화에 이완훈련을 적용할 수 있습니다.[40] 항암치료에 어려움을 겪고 있는 민주씨의 사례를 봅시다.

> "민주씨는 유방암 수술 후 항암치료를 받고 있습니다. 하지만 항암치료를 받을 때마다 구역질이 나고 종종 구토를 하기도 하며 심하게 어지러웠습니다. 그래서 요새는 치료를 받으러 병원에 가는 날이면 아침에 침대에서 일어나기가 너무 힘들고 치료에 대한 생각만으로도 구역질이 납니다. 억지로 몸을 이끌고 병원에 도착하지만 병원 간판을 보자마자 몸이 떨리고 심장이 빠르게 뛰는 등 신체에 변화가 생깁니다. 치료실에 들어서면 갑자기 구토증세가 나타나고 긴장상태로 몸이 너무 뻣뻣하여서 주사를 맞기 힘듭니다."

체계적 둔감화는 다음 3가지 단계로 진행됩니다.

1단계 : 불안 상황에 대한 위계 설정하기

2단계 : 가장 낮은 불안 상황을 떠올리며 이완하기

3단계 : 그 다음 위계에 있는 불안 상황 떠올리며 이완하기

민주씨의 사례를 통해 1-2-3단계를 진행하는 방식을 구체적으로 배워봅시다.

1단계 : 불안 상황에 대한 위계 설정하기

민주씨는 항암치료를 받을 시간이 다가올 수록, 병원에 다와 갈수록 가슴이 더 두근거리고 힘들어집니다. 불안 상황에 대한 위계 설정을 위하여 민주씨는 항암치

---

40 Pang, Y., & Tang, L. (2017). Anticipatory nausea and vomiting in cancer patients with chemotherapy: A review. *Chinese Mental Health Journal, 31*(7), 505-510.

료를 받으러 가는 과정을 순서대로 적고, 가장 덜 무서운 상황(1)부터 가장 무서운 상황(6)까지 숫자로 차례로 순서를 매겨보았습니다.

표 7-1 민주씨의 불안한 상황 위계 설정하기

	상상할 때의 공포 점수 (0~100)	공포 점수 순위 (가장 덜 무서운 상황:1 ~ 가장 무서운 상황:5)
1. 일어나서 준비를 하고 집을 나선다.	30	2
2. 버스를 타고 병원에 간다.	20	1
3. 병원 간판이 보인다	80	3
4. 항암치료실에 도착해 접수를 한다	90	4
5. 자리를 배정받았다	95	5
6. 제조된 항암제가 도착했다	99	6

2단계 : 가장 낮은 불안 상황을 떠올리며 이완하기

순위를 설정한 표를 보면서 다음으로 민주씨는 가장 낮은 수준의 불안을 일으키는 상황인 '버스를 타고 병원에 가는 상황'을 상상했습니다. 상상하는 중에 민주씨의 불안은 0부터 10중 7이었습니다. 민주씨는 평소 들으며 이완훈련하는 오디오를 틀었습니다. 오디오에서 나오는 목소리를 따라 이완훈련을 하는 내내 버스를 타고 병원에 가고 있다고 상상했습니다. 병원에 가고 있다고 상상하니 싫고 울렁거리는 기분이 들었지만 이완훈련을 계속 했습니다. 이완훈련이 끝나고 민주씨는 자신의 기분 변화를 확인했습니다. 7에서 5정도로 불안이 줄어든 것 같습니다.

3단계 : 그 다음 위계에 있는 불안 상황 떠올리며 이완하기

그다음 날 민주씨는 '일어나서 준비를 하고 집을 나선다'를 상상하며 이완훈련을 합니다. 전날과 동일하게 불안점수가 떨어졌습니다. 다음 항암치료를 받기까지 열흘간의 시간이 있습니다. 민주씨는 각 단계에서 불안점수가 모두 감소할 때까지 상상과 이완훈련을 계속 시도했습니다.

항암치료를 받으러 가는 날 민주씨는 병원으로 출발하면서 이완훈련하듯 자기 몸을 관찰하면서 긴장을 풀어내자고 다짐합니다. 버스에서 내려 병원 간판 앞에 서서 가슴이 뛰는 것을 느끼자 '이완훈련을 어떻게 시작하더라?'라고 자기 스스로에게 질문을 던집니다. 접수를 하고 자리에서 대기하는 중에 이완훈련을 반복합니다. 병원 생각만 해도 구토가 났지만, 자리에서 대기할 때까지 구토하지 않았습니다.

항암치료 전에 심각한 불안과 구토 증상을 보이는 환자와 체계적 둔감화 및 이완훈련을 연습했을 때 환자의 어려움이 감소했다는 보고들이 있습니다.[41] 큰 불안을 느끼고 있다면 이와 같은 이완연습을 할 수 있음을 기억하십시오.

41 Lotfi-Jam K, Carey M, Jefford M, Schofield P, Charleson C,Aranda S (2008) Nonpharmacologic strategies for managing common chemotherapy adverse effects: a systematic review. J Clin Oncol 26:5618-5629

2. 몸을 편안하게 하기 전략

OO처럼 해보자

편안한 음악을 틀고 다음 글을 읽으며 이완해보세요. 상상이완을 해도 좋고 근육이완을 해도 좋습니다. 파트너가 있다면 한 사람은 눈을 감고 이완하고 다른 한 사람은 이 글을 읽어주어도 좋고, 녹음이나 영상을 틀고 같이 해도 좋습니다. 빈칸에는 5장 생각 바꾸는 길에서 소개한 '긍정적인 자기 대화를 하자'부분에서 활용한 긍정적인 말 중 가장 나에게 와닿는 말을 넣으면 좋습니다. 어떤 말이 좋을 지 결정이 어렵다면 '나는 편안해졌다'는 말로 대신합시다. 다음 글은 부록 17. 에 제시되어 있습니다. 부록 17. 를 잘라 잘 보이는 벽에 붙이고 수시로 연습하세요.

세상에서 가장 편안한 사람처럼 숨 쉬어 보겠습니다.

공기가 배에 가득 차도록 마시고, 끝까지 내뱉겠습니다.

공기가 몸 속으로 들어가는 것을 상상해 보세요. 코 앞에 있던 공기가 코를 통과하고 가슴을 지나 배 속으로 들어갑니다. 배 속이 공기로 가득 찼습니다.

이제 숨을 내뱉겠습니다. 배 속에서 출발한 공기가 가슴을 지나고 코와 입을 통과해 나옵니다. 세 번 반복하겠습니다. 숨을 쉴 때마다 점점 편안해지는 것을 느끼세요.

마지막으로 한번 더 깊은 숨을 쉬고, 내뱉으세요.

근육이 이완되고, 심장과 호흡이 느려지는 것을 느끼세요.

이제 "____________________"라고 속으로 말해 보세요.

다음은 화가 난 사람처럼 주먹을 힘주어 쥐어 보겠습니다.

주먹을 꽉 쥐세요. 이어서 팔에도 힘을 주세요.

손과 팔 근육의 팽팽한 긴장을 느껴 보세요. 그대로 계속 5초간 힘을 주세요.

하나, 둘, 셋, 넷, 다섯.

이제 주먹을 서서히 풀면서 손과 팔의 근육에서 힘을 풉니다. 힘을 풀면서 긴장이 빠져나가는 것을 5초간 느껴보세요.

하나, 둘, 셋, 넷, 다섯.

전보다 팔이 조금 편안해졌습니다.

다시 주먹을 꽉 쥐어보세요. 팔의 근육을 꽉 조여보세요.

하나, 둘, 셋, 넷, 다섯.

다시 힘을 풀고 손 끝에서 따뜻한 기운이 번져나가는 것을 느껴보세요.

하나, 둘, 셋, 넷, 다섯.

이제 "________________________"라고 속으로 말해 보세요.

이번에는 긴장한 사람처럼 해보겠습니다.

긴장감을 어깨, 목, 등으로 표현해 볼 겁니다.

어깨가 귀에 닿을 만큼 최대한 당겨 올려 보세요. 어깨, 목, 등까지 근육이 바짝 조여지게 하세요. 그대로 5초간 긴장을 유지하세요.

하나, 둘, 셋, 넷, 다섯.

자, 이제 숨을 내쉬고 어깨를 뚝 떨어뜨립니다. 어깨와 목, 등을 이제 완전히 이완하세요. 5초 동안 어깨 위의 무거운 짐을 내려놓은 기분을 상상하며 이완합시다.

하나, 둘, 셋, 넷, 다섯.

다시 한 번 어깨를 끌어 올려 보세요. 어깨가 더 올라가지 않을 만큼 어깨와 주변 근육을 완전히 쥐어 짜세요. 이번엔 5초 동안 어깨를 천천히 내리세요.

하나, 둘, 셋, 넷, 다섯.

어깨가 가벼워지는 것을 느끼세요.

이제 "________________________"라고 속으로 말해 보세요.

다시 한번 화가 난 사람처럼 해보겠습니다.

대신에 이번에는 주먹이 아니라 얼굴로 화를 표현하겠습니다.

화가 났을 때처럼 눈썹을 힘껏 가운데로 모아 표정을 찌푸려 보세요. 이마에는 깊은 주름을 만들고, 눈은 꽉 감아서 최대한 얼굴 가운데로 모이도록 해 보세요.

얼굴을 쥐어짜듯이 힘을 주세요. 얼굴 전체에 강한 긴장이 느껴지나요? 그 상태로 5초간 있겠습니다.

하나, 둘, 셋, 넷, 다섯.

이제 힘을 빼고 얼굴의 긴장을 모두 없애 보세요.

얼굴, 그리고 이마, 양 눈썹 사이, 눈꺼풀을 모든 근육을 이완하면서, 긴장했을 때와의 차이를 5초간 느껴 보세요.

하나, 둘, 셋, 넷, 다섯.

한번 더 해보겠습니다. 긴장하세요.

하나, 둘, 셋, 넷, 다섯.

이제 모든 긴장을 얼굴에서 없애고 편안한 얼굴을 만드세요.

하나, 둘, 셋, 넷, 다섯.

이제 "______________________"라고 속으로 말해 보세요.

이번에는 놀란 사람처럼 해보겠습니다.

눈동자가 최대한 위를 보도록 치켜 올려 뜨고, 눈썹을 있는 힘껏 들어 올려 보세요.

머리 근육에도 힘을 주어 긴장하도록 해 보세요. 눈 아래쪽에 긴장이 느껴집니다.

그 상태로 5초간 있겠습니다.

하나, 둘, 셋, 넷, 다섯.

이제 힘을 빼고 눈 주변의 긴장을 모두 없애 보세요.

다음으로는 최대한 아래를 처다보세요. 눈꺼풀이 살짝 감기며 눈 위쪽이 팽팽해지도록 하세요. 눈동자를 눈의 가장 왼쪽으로 보내세요. 이제 오른쪽을 보세요. 눈동자를 옮길 때마다 반대편에 긴장이 흐르는 것을 느껴보세요.

이제 눈을 편안하게 뜨고 모든 긴장을 얼굴에서 없애보세요.

하나, 둘, 셋, 넷, 다섯.

이제 "______________________"라고 속으로 말해 보세요.

다음은 삐친 아이처럼 해보겠습니다.

입과 턱을 사용할 것입니다.

입을 가운데로 동그랗게 모아서 쭈욱 늘려 보세요. 입 주변에 강한 긴장이 느껴집니다.

할 수 있는 한 최대한으로 입을 내밀어 보세요. 그 상태로 5초간 있겠습니다.

하나, 둘, 셋, 넷, 다섯.

자, 이제 일시에 입에 힘을 푸세요.

입 주변이 편안하게 이완되었습니다.

이제 입을 최대한 크게 벌려 보세요. 아래턱과 목에 긴장이 느껴지나요? 그대로 계세요. 자, 이제 입술을 닫으세요. 긴장되어 있던 입과 턱이 편안하게 풀린 것을 느껴 보세요.

하나, 둘, 셋, 넷, 다섯.

이제 "______________________"라고 속으로 말해 보세요.

지금부터는 식스팩을 자랑하는 근육맨처럼 해볼 겁니다.

가슴과 배입니다.

숨을 깊이 들이쉬세요. 그 상태로 배의 근육을 위로 바짝 당겨 올려 보세요. 가슴과 배를 최대한 조여 보세요. 그 상태로 5초간 있겠습니다.

하나, 둘, 셋, 넷, 다섯.

이제 이완하세요. 이제 평상시처럼 숨을 쉬세요. 모든 근육을 이완하세요. 깊고 이완된 숨을 느껴 보시고 그 느낌이 얼마나 부드럽고 평온한지 느껴 보세요.

다시 한번 같은 방법으로 최대한 복근을 긴장시켜 보세요.

누군가 내 배와 허리를 조이고 있다고 생각해보세요.

하나, 둘, 셋, 넷, 다섯.

자 힘을 푸세요. 몸 가운데에서 전체로 에너지가 퍼져나가는 것을 느껴보세요. 배에서부터 따뜻한 기운이 번져나가는 것을 감지하면서 5초간 있겠습니다.

하나, 둘, 셋, 넷, 다섯.

이제 "______________________"라고 속으로 말해 보세요.

이제 물장구치기를 처음 배우는 아이처럼 해보겠습니다.

다리와 발을 사용해야 합니다.

발가락을 주먹 쥐듯 최대한 구부려 보세요. 발바닥의 아치에도 힘을 주어 둥그렇게 만들어보세요. 그 상태로 5초간 있겠습니다.

하나, 둘, 셋, 넷, 다섯.

이제 발가락에서 힘을 모두 빼고 아치에서도 힘을 뺍니다.

발이 시원하고 이완된 기분을 5초간 느껴봅시다.

하나, 둘, 셋, 넷, 다섯.

다리를 곧게 들어 올린 후에, 발가락이 무릎을 향하도록 발등을 앞으로 굽히세요.

종아리 뒤편에 강한 긴장을 느껴보세요. 그 상태로 5초간 있겠습니다.

하나, 둘, 셋, 넷, 다섯.

이제 발가락이 바닥을 보도록 발등을 다리와 평행하게 세우세요. 발을 바짝 긴장시켜 보세요. 그 상태로 5초간 있겠습니다.

하나, 둘, 셋, 넷, 다섯.

이제 이완하세요. 몸의 모든 긴장이 당신의 다리를 지나 발가락 끝을 통해서 빠져나가는 것을 그려보세요.

하나, 둘, 셋, 넷, 다섯.

이제 "________________________"라고 속으로 말해 보세요.

깊게 천천히 숨을 내쉽니다. 완전히 이완되었습니다.

긴장한 몸의 부분이 없는지 살펴봅시다.

이마, 미간, 눈 주변, 코 끝, 윗 입술, 아랫입술, 턱, 목, 어깨, 위팔, 아래팔, 주먹, 윗배, 아랫배, 옆구리, 다리, 무릎 뒤, 종아리, 발목, 발바닥, 발끝

긴장이 모두 사라졌는지 살핍시다.

오늘도 이완훈련을 완료했습니다.

자연을 느끼자

다음을 조그맣게 읽어 보세요.
누군가 나에게 동화를 들려주는 것처럼 상상해보세요.
천천히 음미하면서 따라해보세요.
다음 글은 부록 18. 에 제시되어 있습니다.
부록 18. 를 잘라 잘 보이는 벽에 붙이고 수시로 연습하세요

오늘은 햇살이 따뜻한 한가로운 어느 여름날입니다.

당신은 시원한 옷을 입고 바닷가를 걷고 있습니다.

멀리서 갈매기가 끼룩끼룩 우는 소리가 들립니다.

울창한 나무 사이로 하얀 모래사장이 보입니다.
나무들을 지나 해변에 도착했습니다.

신발을 벗고 맨발로 모래사장을 걸어봅니다.
따뜻한 모래의 감촉이 느껴집니다.
그대로 해안가로 가까이 다가가 봅니다.
바닷물이 반짝반짝 빛나고 있습니다.

예쁘게 반짝이는 바닷물을 보면서
모래 위에서 발가락을 오므리고 펴보세요.
발가락 사이로 하얗고 깨끗한 모래가 잡혔다가 빠져나가는 것을 상상해보세요.
발을 들어 올려 발가락 사이사이에 힘을 줘 활짝 벌려보세요.
다시 오므리기를 반복해보세요.
차갑고 시원한 바닷물이 밀려와 당신의 발을 간지럽히듯 적시곤 다시 밀려갑니다. 시원한 바닷물과 부드러운 모래의 감촉을 느껴보세요.
발끝으로 긴장이 빠져나간 듯 편안해집니다.

이제 주위를 둘러봅니다.
빛나는 파란 바다가 펼쳐져 있고, 그 위에는 빛나는 해와 하늘에 떠다니는 하얀 구름이 있습니다.
하늘 높이 보세요. 고개를 뒤로 젖혀보세요.
날씨는 춥지도 덥지도 않은 딱 적당한 온도입니다.
기분 좋게 불어오는 바람을 느껴보세요.
고개를 젖힌 채로 숨을 크게 쉬어 보세요. 숨 쉬며 바다 내음을 맡아보겠습니다.

바다 내음을 한껏 맡고, 당신의 얼굴을 스치는 따뜻한 바람을 느껴 보세요.
냄새 맡듯이 숨을 크게 들이쉬고 내쉬면서 고개를 하늘 높이 젖혀봅시다.
한번, 두번, 세번.

정말 멋진 해변입니다.
마치 천국에 온 듯한 기분이 듭니다.
부드러운 파도가 밀려와 부서지는 소리가 납니다.
음악같은 그 소리에 맞춰 숨을 쉬어 봅니다.
파도가 해변으로 밀려 들어올 때, 숨을 들이마셔 보세요. 바다와 물의 에너지를 마십니다. 이제 파도가 다시 바다로 빠져나갈 때, 숨도 내뱉으세요.
파도를 상상하며 크게 세 번 숨 쉬겠습니다
하나 가고, 옵니다
둘 가고, 옵니다
셋 가고, 옵니다

이제 모래사장으로 돌아옵니다.
따뜻한 모래 위에 누웠습니다. 기분이 참 좋습니다.
몸통에 힘을 꽉 준 채로 모래를 팔과 다리로 밀어내보세요.
마치 모래섬을 만들어 찜질할 자리를 만들 것처럼
팔과 다리를 양옆으로 움직여봅니다.
모래도 제법 무겁습니다. 몸통에 힘을 꽉 주고 밀어보세요.
팔을 펼치고 다리를 벌려서 모래를 밉니다.
하나, 둘, 셋, 넷, 다섯.

이제 따뜻한 모래에 깊숙이 몸을 맡기세요.
깊게 숨을 한번 들이쉬세요.
마음 깊이 자리했던 당신의 걱정과 근심을 모두 뱉어냅니다.
어깨를 귀 쪽으로 끌어올렸다가 다시 편안하게 만듭니다.
천천히 반복해보겠습니다.
하나. 둘. 셋. 넷. 다섯.

몸은 이완되고 당신의 마음은 평화롭습니다.
눈부신 햇볕이 당신의 몸 위로, 머리부터 발끝까지 비추며 부드럽게 감쌉니다.
귓가에 파도의 소리는 계속됩니다.
파도가 연주하는 음악 소리와 리듬에 집중해봅니다.
반복되는 그 소리는 당신을 점점 더 편안하게 합니다.

자, 이제 모래에서 일어날 준비가 되면 기지개를 켜고 일어납니다.
온몸에 반짝이는 하얀 모래를 털어냅니다.
다시 따뜻한 모래를 밟으며, 푸르른 나무들을 지나 돌아옵니다.

이완순서를 미리 정하고 외우자

이완할 신체부위를 미리 정하고, 이 부위를 외워두면 보다 쉽게 이완훈련을 할 수 있습니다. 예를 들어, 미리 '레몬' → '거북이' → '코끼리' → '갯벌' → '껌'의 이완순서를 정하고 기억해 두었다가, 필요할 때에 바로 이용하는 것입니다. 이완이 필요한 시기는 스트레스가 높은 모호한 상황입니다. 이런 상황에서 이완을 하는 것은 좋지만 이완 순서가 생각나지 않을 수 있습니다. 평소에 순서를 잘 기억해두었다가 하게 되면 필요한 시점에 이완훈련을 잘 활용할 수 있습니다.

이완 시에는 1부터 10까지 적당한 속도로 숫자를 속으로 세면서 하십시오. 1부터 10까지 셀 때는 큰 숨을 들이쉬고 10부터 1까지 셀 때는 큰 숨을 내쉰다는 생각으로 하면 이완하는데 더 도움이 됩니다.

이완은 앉은 자세에서 해도 되고 누운 자세에서 해도 됩니다. 아무 도구도 필요하지 않으므로 침대 위에서 깊게 잠들기 위해 이 이완훈련을 사용해도 좋습니다.

통증을 느끼는 부분이 있다면 그 부위는 뛰어 넘거나 고통을 느끼지 않을 만큼만 합니다.

첫 번째, 레몬즙을 만들어 봅시다.

이렇게 레몬즙을 만들어봅시다.

주먹에 둥그런 레몬을 쥐었다고 상상합니다.

그 레몬을 즙이 만들어질 것처럼 쥐어짭니다.

주먹에 힘을 단단히 주세요.

이어서 아래 팔과 위팔에도 힘을 주어 근육을 단단하게 하세요.

팔꿈치가 쫙 펴지고 어깨 부근까지 긴장하세요.

더 힘을 준다는 생각으로 1부터 10까지 버티겠습니다.

1	2	3	4	5	6	7	8	9	10

이제 한껏 주었던 힘을 풀어보겠습니다.

10부터 1까지 거꾸로 세면서 힘과 긴장을 완전히 풀어봅니다.

숫자에 맞춰 점차적으로 주먹에 힘을 뺍니다.

오므라들어 있던 주먹을 조금씩 펴세요.

10	9	8	7	6	5	4	3	2	1

주먹을 서서히 풀면

아래 팔, 이어서 위 팔 (치환 가능)의 긴장도 빠져나가는 것이 느껴질 겁니다.

1에서는 완전히 긴장이 풀렸습니다.

자기 자신이 긴장했을 때와 이완했을 때 어떤 모습을 하고 있는지 잘 알고 있다면,

긴장했을 때 조금 더 쉽게 긴장을 풀 수 있을 겁니다.

긴장이 풀린 주먹과 팔의 모습은 어떠한가요?

혹시 손가락이 쫙 펼쳐져 있습니까? 이완했을 때의 손가락은 조금 구부러져 있습니다.

혹시 팔꿈치는 어떠한가요? 이완했을 때 팔꿈치 역시 아주 조금 구부러져 있습니다.

두번째, '거북이'가 되어 봅시다.

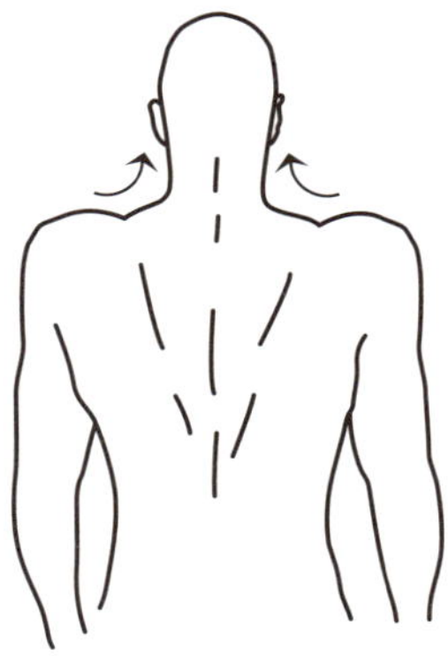

이렇게 거북이가 되어 봅시다.

거북이가 겁을 먹었을 때를 상상해봅시다.

거북이는 겁을 먹으면 목을 등껍데기 안으로 집어넣습니다.

그와 같이 해보겠습니다.

목과 뒷목에 이어져 있는 근육에 잔뜩 힘을 주고

어깨를 귀에 닿을 것처럼 끌어당깁니다.

더 끌어당긴다는 생각으로 10까지 버티겠습니다.

1	2	3	4	5	6	7	8	9	10

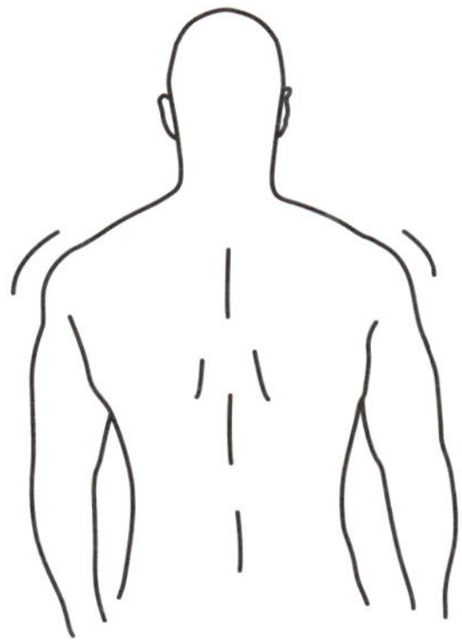

이제 한껏 주었던 힘을 풀어보겠습니다.

10부터 1까지 거꾸로 세면서 힘과 긴장을 완전히 풀어봅니다.

숫자에 맞춰 점차적으로 어깨를 내려놓습니다.

10	9	8	7	6	5	4	3	2	1

어깨를 편안하게 내려놓으면

주름잡혀 있던 뒷 목과 목 아래 근육들도 편안해질 겁니다.

1에서는 완전히 긴장이 풀렸습니다.

완전히 이완된 것을 확인해봅시다.

목과 어깨에서 긴장이 완전히 빠져나간 것을 어떻게 확인할 수 있을까요?

긴장이 풀린 후 어깨 모양은 앞으로 살짝 둥그스름하게 굽은 모양입니다.

숨이 편안하게 쉬어지고 목 뒤와 등 뒤까지가 부드럽습니다.

세번째, '코끼리'가 배 위로 올라옵니다.

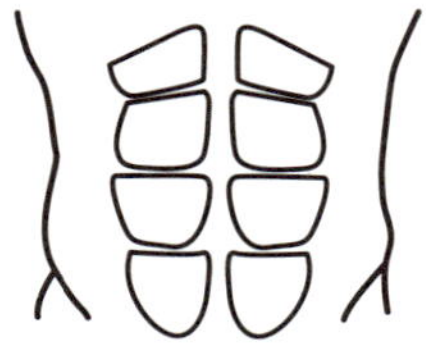

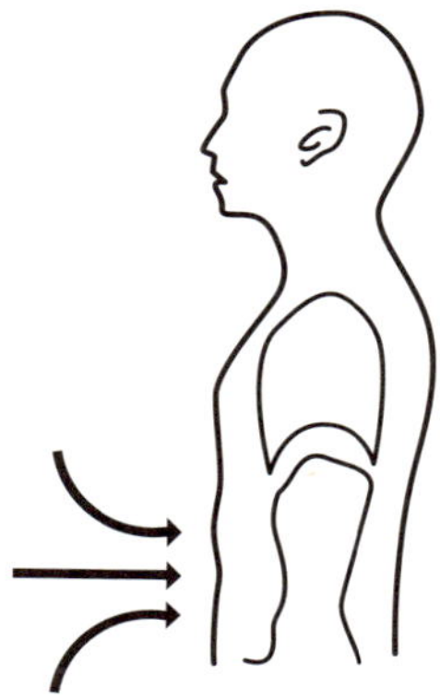

푸르고 부드러운 잔디밭에 누웠습니다.
햇볕이 다사롭습니다.
기분이 좋습니다.
저기 멀리 만화 속에 나오는 귀여운 동물들이 놀고 있습니다.
귀여운 아기 코끼리가 통통 뛰어 다가옵니다.
앗. 아기코끼리가 배 위로 지나갈 것 같습니다.
배에 힘을 꽉 주세요.
숨을 들이마셔서 배를 평평하고 단단하게 만드세요.
배에 있는 근육들이 꽉 조여지는 것을 상상하세요.
가능하다면 숨을 참아봅시다. 배에 손을 올리고 살짝 누르며 해도 좋습니다.

1	2	3	4	5	6	7	8	9	10

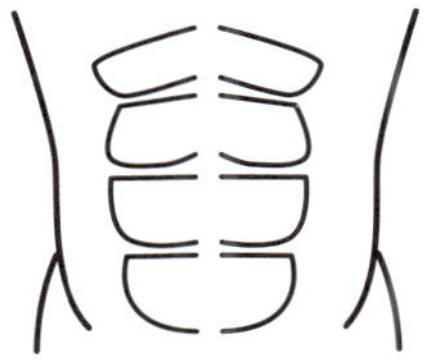

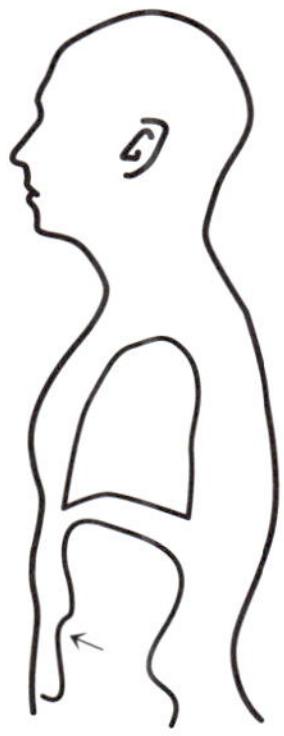

아기 코끼리가 무사히 지나갔습니다. 주변에서 듣기 좋은 새 소리가 들려옵니다.

한껏 주었던 힘을 풀어보겠습니다.

숨을 부드럽게 쉬어봅시다. 배가 오르락 내리락 하는 것을 느껴보세요.

10	9	8	7	6	5	4	3	2	1

꽉 죄었던 배의 근육을 풀어보세요.

배를 묶고 있던 두꺼운 허리띠를 풀러 놓았다고 생각해도 좋습니다.

1에서는 완전히 긴장이 풀렸습니다.

앉은 자세에서 이완하고 있다면 부풀었던 가슴이 살짝 아래로 내려와 편안하게 앉아 있는 것을 느낄 수 있을 겁니다.

누운 자세에서 이완하고 있다면 잠자리에 더 깊숙이 누운 기분이 들 겁니다.

누운 자세가 편안한지 점검합시다.

네번째, '갯벌'에서 걸어봅시다.

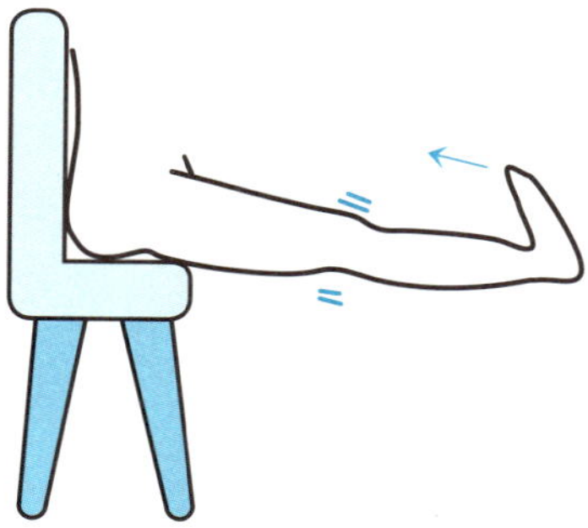

이번에는 갯벌에 왔습니다.

아주 깨끗한 청정 바닷가입니다.

부드러운 진흙이 발끝에 느껴집니다.

발을 부드럽고 깨끗한 진흙 안으로 쑥 집어넣어 보겠습니다.

묵직한 다리를 들어 올려 보세요.

무릎 뒤에 긴장을 느껴보세요.

다리를 쫙 펴고 발끝을 얼굴 쪽으로 잡아당깁니다.

발가락 사이사이까지 힘을 주고 긴장합니다.

발끝을 얼굴 쪽으로 더 끌어당긴다는 생각으로 10까지 버티겠습니다.

1	2	3	4	5	6	7	8	9	10

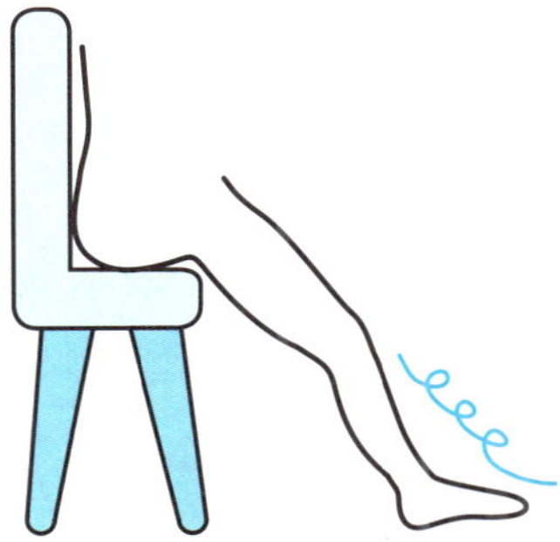

이제 한껏 주었던 힘을 풀어 보겠습니다.

무거운 진흙이 바닷물에 스르르 녹듯이 씻겨 내려갔다고 상상해도 좋습니다.

다리를 부드럽게 내려놓습니다.

숫자를 셀 때마다 모든 긴장이 발 끝으로 쓸려 내려갑니다.

모든 긴장이 발끝으로 빠져나갑니다.

10	9	8	7	6	5	4	3	2	1

1에서는 완전히 긴장이 풀렸습니다.

앉은 자세에서 하고 있다면 발이 편안하게 바닥에 닿은 것을 확인합니다.

발의 아치 부분까지 긴장이 풀렸는지 확인합시다.

발가락 사이에서도 긴장이 더 느껴지지 않도록 이완되었는지 확인합시다.

발목이 느슨하고 무릎 뒤가 적당히 구부러져 편안한 자세인지 확인합시다.

누운 자세에서 하고 있다면

양 발이 V자 모습을 하고 있을 것입니다.

발꿈치, 발등, 종아리, 무릎, 허벅지 위, 허벅지 아래 모두 긴장한 부분이 없는지 확인합시다.

다섯번째, 큰 '껌'을 씹어봅시다

이번에는 껌을 질겅질겅 씹어볼 겁니다.

큰 껌을 씹고 있다고 상상하겠습니다.

얼굴에는 약 최소 40개에서 많게는 80여개의 근육[42]이 있다고 합니다.

생각하기보다 많은 숫자 아닙니까?

어디에 근육이 있는지 찾아보겠다는 생각으로 움직일 수 있는 모든 얼굴 근육을 움직여 봅시다.

그중에서도 입과 턱 근처를 빼먹지 맙시다.

입을 아 벌렸다가 우 하고 오므립니다.

입 한쪽을 볼 근육을 사용해서 귀 뒤로 잡아당겨 봅시다. 반대편도 해봅시다.

눈과 눈 사이도 움직입시다.

이마도 올리고 내려놓고 해봅시다.

눈도 깜박여 봅시다.

양 눈 옆에 웃음 지을 때 움직이는 근육도 움직여봅시다.

---

42 Anatomy Learning Resources of Duke University Medical School (2004-2013). **Summary Tables of Skull, Scalp, and Facial Anatomy.** https://web.duke.edu/anatomy/Lab17/Lab17_table.html

10을 셀 때까지 부지런히 질겅질겅 얼굴 근육을 사용해 큰 껌을 씹겠습니다.

1	2	3	4	5	6	7	8	9	10

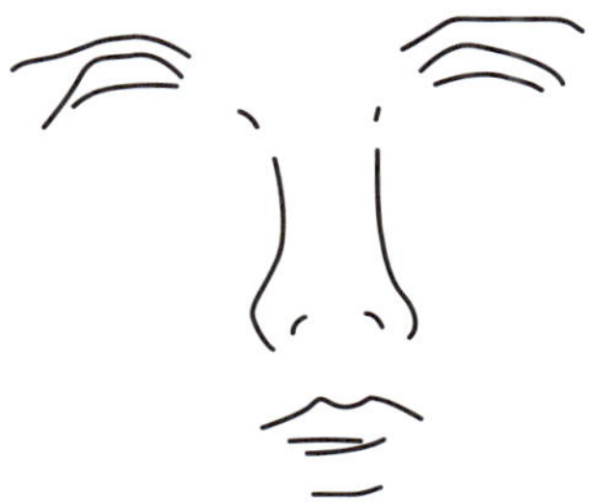

이제 얼굴의 모든 근육을 편안하게 만듭니다.

10부터 1까지 세는 동안 얼굴에서 긴장이 모두 사라지도록 합니다.

10	9	8	7	6	5	4	3	2	1

움직였던 곳들을 하나하나 떠올려봅시다.

그리고 그곳에 긴장이 없는지 확인합시다.

입과 턱에서 긴장이 빠져나가면 입은 살짝 벌어집니다.

눈꺼풀을 편안하게 하고 눈을 감아도 좋습니다.

양 미간과 눈과 눈썹 사이까지 구석구석 긴장된 곳이 없도록 이완해봅시다.

숨을 한번 깊고 편안하게 쉬겠습니다.

잘하셨습니다.

☑ 이완훈련 전후에 기분을 평가하자

이완훈련 전후에 같이 기분을 평가하고 이를 잘 보이는 곳에 적어 둡시다. 전후로 평가를 하고 점수를 비교하면, 이완훈련이 얼마나 도움이 되었는지 알 수 있습니다. 하루 연습으로는 기분에 변화가 없을 수 있지만, 연습이 반복되면 이완훈련 전후의 기분변화가 나타날 수 있습니다. 시간을 내어 다음 1 ,2, 3, 4, 5를 해봅시다.

1. 이완훈련 전 기분을 체크합니다

기분이 좋을수록 숫자가 낮아지고,

기분이 좋을수록 숫자가 높아집니다

그림 7-2 기분 평정 척도 (visual analog scale)

2. 앞서 소개된 간편한 이완훈련(172페이지) 또는 'OO처럼 해보자'를 하고 이 페이지로 다시 돌아옵니다

3. 이완훈련 하고 난 후의 기분을 체크합니다

기분이 좋을수록 숫자가 낮아지고,

기분이 좋을수록 숫자가 높아집니다

매우 나쁨 매우 좋음

0 1 2 3 4 5 6 7 8 9 10

4. 기분 점수 차이 구해보기

A	B
이완훈련 전 기분 점수 (　　)점	이완훈련 후 기분 점수 (　　)점
▶ 이완훈련 하고 난 후 기분 점수의 변화 = B - A= - / + (　　)점	

5. 기분 점수 차이에 따라 이완훈련 계획 수정하기

훈련 전후로 기분이 좋아졌다면 이완훈련이 기분전환에 도움이 되었다고 볼 수 있습니다. 지금과 같은 이완훈련을 하루 1번 이상 반드시 합시다. 가능하다면 2~3번 하기를 권장합니다.

훈련 전후로 기분 점수의 차이가 없다면, 이완훈련이 기분 변화에 큰 도움을 주지 못한 것입니다. 훈련을 지속하면서 기분변화를 관찰해도 좋고, 현재 시도하고 있는 방법 외에 앞에서 제시한 다른 이완훈련을 시도해보고 지금보다 만족감이 드는 이완방법이 무엇인지 찾아볼 것을 권합니다. 이완훈련의 목적은 긴장 감소와 편안함을 느끼는 것이므로 통증을 느끼는 부위의 근육 이완을 무리해서 하지 마십시오. 더 천천히 진행하고 더 많이 연습할 것을 권합니다. 꾸준히 연습해야 기분이 바뀔 수 있다는 것을 꼭 기억하고 포기하지 맙시다.

08

선택을 잘하게 만드는 길

우리는 매 순간 선택을 합니다. 아침에 알람이 울렸을 때 일어날 것인가부터 시작해서 뭘 먹을지, 어디로 갈지, 언제 잘지를 선택합니다. 어떤 선택은 배고픈 시간에 좋아하는 음식을 고르는 것처럼 내가 원하고 결과가 분명한 가 하면, 어떤 선택은 평일 날 직장에 출근하는 것처럼 원하지 않지만 명확합니다. 그러나 어떤 선택은 내가 원하는 것이 뭔지도 모르겠고, 어떤 선택이 좋은지도 모르겠고, 어떤 선택을 해야 결과가 좋은지 모르는 매우 어렵고 힘들고 확실하지 않습니다.

그래도 우리는 선택을 해야 합니다. 그리고 선택을 통해서 배우고, 그 선택에 익숙해지고 자신감을 갖게 되기도 합니다. 이미 여러분은 암과 관련해서는 무수히 많은 선택을 했을 겁니다. 어떤 암 치료를 선택할 것인가, 얼마나 의사 말을 잘 따를 것인가, 몸에 좋다는 것 중 어떤 것은 하고 어떤 것은 하지 않을 것인가 등 선택할 것이 많았을 것입니다. 그 결과로 지금은 이전보다는 훨씬 더 수월하게 선택을 할 수 있게 되었을 것이고, 그 경험을 통해 다른 사람의 선택도 도와주고 있을지도 모릅니다. 그런데, 알다시피 경험이 많다고 해서 선택을 더 잘하게 되는 것도 아닙니다. 왜냐면 선택을 해야 하는 상황이 매번 완전히 똑같지 않기 때문입니다. 예를 들어, 알람이 울렸을 때 일어나야 할 지 아닐 지의 결정도 그전 날 뭘 했는지, 오늘 뭘 해야 하는지, 어디에 있는지, 몸 상태가 어떤지 등에 따라 달라지게 됩니다. 하물며 내가 잘 알지도 못하는 상황이라면 선택하기는 더 어려울 겁니다.

다행히도, 이 어렵고 복잡한 선택을 도와주는 방법이 있습니다. 어떤 선택도 잣대가 있으면 수월할 뿐 아니라, 선택하는데 시간도 적게 걸리고, 그 과정에서 배우는 것들에 대한 정리도 쉽게 할 수 있습니다. 정리가 쉬워지면 다음번 선택이 보다 용이해지겠고, 그에 따른 스트레스도 덜 받을 수 있을 것입니다.

이제 여러분에게 그 방법을 소개하려 합니다. 이 방법은 "문제해결방법"의 하나로, 여러 종류의 문제를 해결할 때 어떤 선택을 할 것인지를 결정하는데 효과적이라고 연구를 통해 검증된 것입니다.[43] 물론 이 방법이 모두에게 다 100% 효과적일 수는 없고, 각자 자신의 상황에 맞는 선택이 무엇인지에 대해 끊임없이 생각하고 꾸준히 다양하게 시도해야 합니다. 사람과 상황 그리고 시점에 따라 여러 가지로 고려해야 할 사항은 많습니다. 여기서 소개하는 "문제해결방법"은 원칙을 알려주기 때문에 다양한 문제 해결 상황에서 선택 하는데 도움을 줄 수 있습니다. 다음이 구체적인 절차입니다. 문제 해결방법을 잘 배워서 각자가 처한 상황에서 현명한 선택을 할 수 있게 적용해 봅시다.

문제 해결은 총 5단계로 나누어집니다.

그림 8-1 문제 해결하기 5단계

---

43 Bright IDEA 라고 불리는 이 방법은 미국암협회에서 권고되는 방법이며, 아동을 의해 개발되었으나, 성인에게도 적용되고 있다.
- https://rtips.cancer.gov/rtips/programDetails.do?programId=546012

1단계 파악하기 : 당면한 문제와 관련된 모든 세부사항을 가능한 한 구체적으로 적는다

2단계 대안찾기 : 가능한 한 많은 해결책을 찾아 적는다

3단계 선택하기 : 2단계에서 가장 그럴듯한 해결책을 한 가지 선택한다

4단계 실천하기 : 3단계에서 선택한 해결책을 실행할 방법을 생각해 낸 후 이를 실천에 옮긴다

5단계 평가하기 : 3-4단계를 반복해서 가장 효과적인 방법을 찾는다

1. 선택 잘하기의 기본원리

문제 해결 5단계를 적용합시다

문제 해결이란 살면서 당면하는 어려운 상황에서 이를 극복하기 위해 선택을 하는 것을 말합니다. 선택에 따라 어려움이 사라지기도 하고, 혹은 더 큰 어려움이 오기도 합니다. 이 장에서 소개하는 문제 해결은 당면한 문제를 적절하게 해결해 어려움이 사라지는 것을 말합니다. 다음에선 문제 해결의 5단계를 단계별로 소개합니다. 자신이 가진 문제를 염두에 두고 5단계를 따라가며 그 방법을 배워봅시다.

1단계 파악하기 : 당면한 문제와 관련된 모든 세부사항을 가능한 한 구체적으로 적으세요

문제 해결을 위해선 문제에 대한 정확한 파악이 가장 중요합니다. 문제를 정확하게 파악하기 위해선 그 문제와 관련된 모든 사항을 구체적으로 적는 것이 도움이 됩니다. 복잡한 문제일수록 관련된 세부사항이 많기 때문에, 기록하지 않으면 해결책을 찾을 때 이 모든 세부사항을 고려할 수 없습니다. 문제마다 필요한 세부사항이 좀 다르겠지만 관련된 사람, 상황, 시기, 장소, 이유 등을 따져 꼼꼼하게 파악하

길 권합니다. 문제가 명확히 파악될 때까지 문제에 대해 적으십시오. 동일 내용이 반복되어도, 내용이 상충되어도 일단은 적으십시오. 그리고 다 적은 후에 문제에 대해 종합 정리하십시오. 문제에 대해 파악되었다 생각될 때까지 정리를 반복하십시오.

2단계 대안찾기 : 가능한 한 많은 해결책을 찾아 적으세요

문제를 파악한 후에는 그에 대한 해결책을 적습니다. 현실성이 있거나 없거나, 비논리적이거나, 비도덕적이라도 상관없습니다. 머릿속에 떠오르는 해결책은 모두 적습니다. 많이 적을수록 좋습니다. 단, 일단 적어놓은 해결책에 대해 비판이나 판단은 하지 않습니다. 이 작업의 목적은 내가 할 수 있는 모든 방법을 다 고안해 보는 것입니다. 필요하면 주변에 물어보고 그들의 해결책도 적읍시다.

3단계 선택하기 : 가장 그럴듯한 해결책을 선택하세요

이제 생각해 놓은 해결책을 살펴볼 시간입니다. 하나하나를 살펴보면서 현실성, 논리성, 도덕성 등에 대해 따져가며 평가합니다. 어느 것 하나라도 기준을 충족하지 못하면 그 해결책은 지웁니다. 중요한 것은 내가 할 수 있는 가장 효과적일 것 같은 방법을 찾는 일입니다. 이런 방법으로 목록의 제일 처음 항목부터 하나하나 평가를 하고 버릴 것인가 혹은 시도해 볼 것인가를 결정합니다. 약 3-4개의 방법을 새롭게 시도해볼 만한 해결책으로 체크해 놓으십시오. 혹시 이 과정에서 해결책이 하나도 남지 않았다면, 목록에 있는 방법 중 수정해서 사용할 방법이 있는지 고려해 보십시오. 만일 이것도 안 된다면, 다시 2단계로 돌아가되 이번에는 다른 사람에게 해결책에 대해 물어보십시오. 이 과정에서 새로운 해결책이 나오거나 이전에 생각했던 해결책을 수정 보완할 수도 있습니다.

4단계 실천하기 : 선택한 해결책을 실행할 방법을 생각해 낸 후 이를 실천에 옮기세요

이제 3단계에서 남긴 해결책을 하나씩 실행해 봅니다. 실행에는 순서가 없습니다. 가장 맘에 들고 가장 그럴듯한 것부터 시작하십시오. 그리고 그 방법이 현실적으로 적용이 가능한지, 실행에 문제가 없는지, 효과적인지를 직접 경험하십시오. 3단계에서 고른 모든 방법에 대해 이 과정을 반복하십시오. 직접 실행하다 보면 그 방법을 채택해도 되는지, 수정을 해야 되는 것은 아닌지 혹은 다른 방법을 택해야 하는지에 대한 결론을 얻을 수 있을 것입니다. 어떤 방법은 시작도 하기 전에 실행에서 막힐 수 있고, 어떤 방법은 다 해보고 나서야 효과가 없음을 깨닫게 됩니다. 어떤 방법은 효과성을 예측하는 게 가능하지만, 어떤 방법은 해보지 않고서는 모를 수도 있고, 어떤 방법은 예상외로 효과적일 수 있습니다. 반드시 직접 경험해 보고 결정하길 권합니다.

5단계 평가하기 : 3-4단계를 반복해서 가장 효과적인 방법을 찾으세요

4단계에서 여러 가지 방법을 다 적용해 보고 수정 단계를 거치면서, 가장 효과적이라고 판단되는 방법을 최후의 방법으로 선택하십시오. 다른 사람에게 맞는 방법이 나에겐 맞지 않을 수 있고, 나에게 최선이 다른 사람들에게는 적용되지 않을 수 있습니다. 중요한 것은 실행해 보고 나에게 가장 효과적인 나만의 방법을 찾는 것입니다.

지은씨가 문제를 해결하는 과정을 통해 문제 해결의 1-5단계를 배워봅시다.

> “지은씨는 유방암을 진단받아 병원에 다니고 있습니다. 지은씨의 요즘 고민은 진료할 때 원하는 정보를 얻지 못한다는 것입니다. 주치의에게 더 아프다고 호소했으나, 무성의한 답변을 받았고, 이 때문에 화도 나고, 더 질문해도 답을 얻을 것 같지 않아 질문하기도 싫어집니다.”

1단계 : 파악하기

문제를 파악하려면 언제, 누구와, 어떤 일이, 결과가 무엇인지 따져보는 것이 좋습니다. 최소한 다음에 나열된 문제 파악을 위한 4가지 질문에는 답을 해야 합니다.

'파악하기'를 위한 질문

· 언제 발생하는가?
· 누구와 관련되어 있는가?
· 어떤 일이 일어나는가?
· 결과가 무엇인가?

지은씨는 문제 파악을 위한 질문에 다음과 같이 답했습니다.

표 8-1 지은씨의 '파악하기를 위한 질문'에 답하기

- 언제 발생하는가? 진료
- 누구와 관련되어 있는가? 주치의
- 어떤 일이 일어나는가? 무성의한 대답을 함
- 결과가 무엇인가? 소홀히 대해져 화가 남/ 질문하기가 꺼려짐

2단계 : 대안 찾기

대안찾기에서는 떠오르는 대안을 모두 적습니다. 첫 번째 단계에서 문제를 구체적으로 파악할수록 대안을 적는 것도 쉬워집니다.

지은씨는 다음과 같은 대안을 떠올렸습니다.

표 8-2 지은씨의 대안 찾기

(1) 주치의를 바꾼다.
(2) 주치의에게 화를 낸다.
(3) 친구에게 하소연을 한다.
(4) 질문을 적어 가서 진료 때 묻는다.
(5) 인터넷에서 답을 찾고, 주치의에게 확인한다.
(6) 주치의가 답해줄 때까지 끝까지 물어본다.

3단계 : 선택하기

가장 좋은 대안을 선택하기위해 장단점을 적어봅니다.

문제가 동일하더라도 선택은 사람마다 다릅니다. 인터넷 사용이 어렵다면 5번 대안은 대안이 될 수 없습니다. 모든 대안의 장단점을 써본 후 지은씨는 4번을 선택했습니다. 장단점을 적기를 통해, 지은씨는 질문을 적어가면(4번), 짧은 진료 시간 동안 주치의에게 묻고 싶은 여러 가지를 물어볼 수 있고, 주치의의 답을 들을 수 있는 가능성이 높아지고, 그러면, 자신이 소홀히 여겨진다는 느낌도 줄어들 수 있다고 생각했기 때문입니다. 그리고 지은씨는 이 방법이 장기적으로 다양한 문제를 해결하는 대처방식을 가르쳐줄 뿐 아니라 상대적으로 시간이 덜 드는 방법이라고도 생각했습니다. 정해진 답은 없습니다. 다만 문제해결 단계마다 구체적으로 생각할 때 자신에게 맞는 해결 방법을 선택하는 것이 가능해집니다. (디테일이 중요합니다!)

표 8-3 지은씨의 선택하기

대안	장점	단점
(1) 주치의를 바꾼다.	현 주치의를 더 이상 보지 않아도 된다.	현실적으로 어렵고, 다른 주치의와 의사소통이 더 편할 것이라는 보장이 없다.
(2) 주치의에게 화를 낸다.	서운했던 것이 나아질 것 같다.	다음에 주치의를 보면 불편할 것 같다. 작은 일에도 "내가 지난번에 이야기 한 것 때문에 그런가?" 하고 성각할 것 같다.
(3) 친구에게 하소연을 한다.	속이 시원하다.	궁금한 정보(약, 증상 등에 대한 건강정보)는 얻지 못한다. 어떤 친구이든지 속 시원하게 들어주는 것은 아니다.
(4) 질문을 적어 가서 진료 때 묻는다.	궁금했던 것을 떠올리는 시간이 줄어든다. 필요하다면 주치의에게 보여줄 수 있다.	적어 갔지만 여전히 답(약이나 증상에 대한 정보)을 듣지 못할 수 있다. 인터넷 검색을 활용하고, 주치의에게 확인한다.
(5) 인터넷에서 답을 찾고, 주치의에게 확인한다.	질문해야하는 부담이 줄어든다.	시간이 많이 든다. 부정확한 정보를 얻을 수 있다.
(6) 주치의가 답해줄 때까지 끝까지 물어본다.	답을 얻을 수도 있다.	용기가 나지 않는다.

4단계 : 실천하기

선택한 대안을 실천하려면 계획이 필요합니다. 투병 중에는 식사할 때, 약을 먹을 때, 운동할 때, 마트에서 물건을 구매할 때에도 질문이 생깁니다. 생각날 때마다 적을 메모장을 만드는 것이 좋습니다. 스마트폰을 활용할지 종이와 펜을 활용할지 취향에 따라 선택해보세요. 그리고 병원에 갈 때 메모장 혹은 스마트폰을 가지고 가야합니다.

표 8-4 지은씨의 실천하기(계획하기)

나의 문제 해결 계획
1. 메모장을 만든다 2. 질문이 생각날 때마다 적는다 3. 병원 가기 전 (언제:) 주치의에게 할 질문을 골라 챙겨둔다 (어떻게:) - 병원 가기 전 날 저녁, 질문을 보면서 꼭 묻고 싶은 것만 골라 종이에 적어 가방 앞주머니에 넣어 둔다. 4. 진료 전 대기 시간에 질문 적은 종이를 챙긴다

위에 세운 계획에 따라 지은씨는 메모장을 만들었습니다. 그리고 질문이 생각날 때마다 메모장에 적었습니다.

표 8-5 지은씨의 실천하기

메모
1. 가슴에 통증이 계속 있는데 괜찮은 건가요? 2. 팔 들기가 어려워졌는데 문제가 있는 걸까요? 3. 요즘 잠이 잘 안 오는데 어떻게 하면 좋을까요?

그리고 진료 시간에 주치의에게 "선생님, 질문을 적어왔는데 한 번 보시겠어요?" 라고 물어보았습니다. 주치의가 메모장을 들고 질문을 읽으면서 질문에 대한 답을 해 줍니다. 지은씨는 전보다 자세히 답을 듣게 되어 만족스러워 합니다.

5단계 : 평가하기

평가하기는 다음번을 위해 필요합니다. 다음 질문을 통해 대안을 수정하거나 실천계획 수정이 필요한지 살펴봅니다.

'평가하기'를 위한 질문

· 계획대로 되었는가?
· 효과적이었는가?
· 문제가 없었는가?

지은씨는 진료에 다녀온 후 다음과 같은 평가를 했습니다.

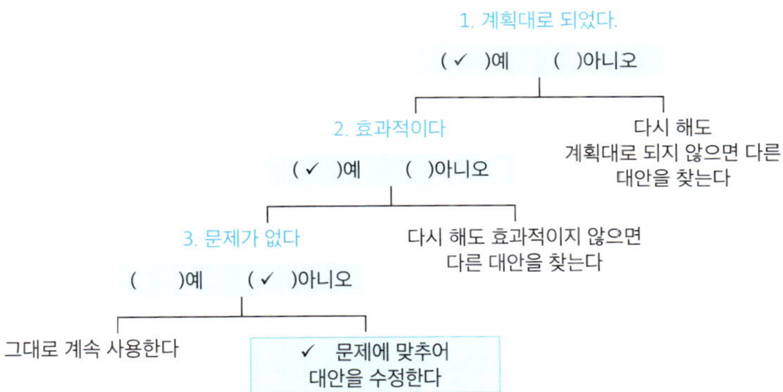

그림 8-2 지은씨의 평가하기(평가하기를 위한 질문에 답하기)

✓ 문제에 맞추어 대안을 수정한다

선택한 4번 옵션은 아쉬운 점이 있었다. 질문을 적어갔는데, 주치의의 대답을 들으면서 다른 질문이 생겨났는데 그 질문을 할 시간이 없었다. 또한, 주치의가 내 질문에 답하느라 바빠서 새로 생겨난 질문에 대해서 물어볼 시간이 없었다

더 효과적인 방법은? 진료 대기 시간에 가족(보호자)과 내가 적어간 질문을 같이 보면서 정말 궁금한 질문을 2-3가지로 추린다. 이때 질문이 너무 많으면 주치의가 좋아하지 않을 수 있으니 중요도를 따져 정말 중요한 질문을 5개 이하로 준비하자.

그리고 질문이 있을 때마다 메모장을 찾지 못해 잊어버리는 경우가 많았다. 앞으로는 메모장과 펜을 함께 식탁 위에 놓겠다. 약이 식탁 위에 있는데 약 먹을 때 질문이 자주 떠오른다. 메모장을 하나 더 만들어 외출할 때 자주 들고 다니는 가방에 넣겠다. 진료 전 말 두개의 메모장을 하나로 합치겠다!

그림 8-3 지은씨의 평가하기(문제에 맞추어 대안을 수정하기)

지은씨와 비슷한 고민을 하고 있다면 지은씨의 평가하기를 함께 보고 여러분의 계획도 다듬어보세요.

한가지 사례를 더 봅시다. 이번에는 건강 관리에 대한 정보를 찾고 있는 현진씨의 사례입니다.

> 현진씨는 난소암 항암 치료를 끝낸 여성으로, 앞으로 건강 관리에 신경을 쓰기로 결심했습니다. 현진씨는 TV에서 토마토가 몸에 좋다는 이야기를 듣고 한 박스를 사서 매일 10개씩 챙겨 먹었습니다. 그런데 병원에 갔더니 주치의가 철분 수치가 너무 높아져서 좋지 않으니 토마토를 그만 먹으라고 했습니다. 현진 씨는 인터넷에서 블루베리가 몸에 좋다는 기사를 보고 블루베리를 먹기 시작했습니다. 전보다 눈의 피로가 덜한 기분이 들었지만 인터넷 정보가 100% 신뢰 가지 않았습니다. 이번에는 운동을 해보기로 결심하고, 집 근처 헬스장에 나가기 시작했습니다. 운동은 당연히 몸에 좋을 거라고 생각했습니다. 그런데 운동을 하고 나니 일어날 때 허리가 뻐근하고, 온 몸에 근육통이 생겼습니다. 몸에 좋다는 것은 많지만 어떤 말을 믿어야 할 지 얼마나 먹고 어떻게 운동해야 나에게 맞는지 혼란스럽습니다.

다음 과정을 통해 현진 씨의 문제해결을 위해 앞에서 소개한 5단계를 반복해서

적용하는 절차를 소개하겠습니다.

1단계 : 파악하기

현진씨는 건강 관리를 할 때 효과적인 정보와 그렇지 않은 정보가 섞여있어 어떤 정보를 믿어야 할지를 몰라 혼란스러워하고 있습니다. 지은씨와 똑같이 현진씨도 '파악하기'를 위한 질문들을 활용했습니다.

표 8-6 현진씨의 '파악하기를 위한 질문'에 답하기

- 언제 발생하는가? 건강 관리를 할 때
- 누구와 관련되어 있는가? 해당 없음
- 어떤 일이 일어나는가? 효과적인 정보와 그렇지 않은 정보가 섞여 있음
- 결과가 무엇인가? 어떤 정보를 믿을지 혼란스러움

2단계 : 대안 찾기

파악하기를 위한 질문에 답해본 결과 현진씨는 혼란스러움을 줄이기 위해서 믿을 만한 정보, 나에게 맞는 정보를 제공하는 곳을 찾아야겠다고 생각했습니다. 그리고 다음 4개의 대안을 떠올릴 수 있었습니다.

표 8-7 현진씨의 대안 찾기

(1) 전문가에 의해서 출판된 책만 본다.
(2) 주치의에게 묻는다.
(3) 난소암 커뮤니티에 묻는다.
(4) 병원 암정보실에서 강의를 듣는다

3단계 : 선택하기

현진씨는 각각의 대안에 대해 장단점을 썼습니다.

표 8-8 현진씨의 선택하기

대안	장점	단점
(1) 전문가가 쓴 책을 본다	신뢰할 수 있다.	책이 비싸다/ 귀찮다/ 많은 책 중에서 고르기 힘들다.
(2) 주치의에게 물어본다	신뢰할 수 있다 / 병원 가는 김에 물어볼 수 있다.	모든 것을 다 물어볼 수 없다/ 주치의가 친절하게 대답을 안 해줄 수 있다.
(3) 난소암 커뮤니티에 묻는다	집에서 쉽게 정보를 얻을 수 있다/ 나와 비슷한 사람들에게 물을 수 있다.	익명이라 신뢰하기 어렵다/ 가입하기 귀찮다/ 너무 많은 정보가 있다.
(4) 병원 암정보실을 방문해 본다	신뢰할 수 있다/ 진료를 기다리는 시간이나 지루한 대기 시간에 강의를 들을 수 있어 좋다.	암정보실에 관련 강의가 열리는 시간을 알아봐야 한다/ 여러 환자가 함께 듣는 강의이므로 강의 후 질문을 해야할 수 있다.

현진씨는 대안 2, 난소암 커뮤니티에 묻는 대안을 선택했습니다. 왜냐하면 자신이 할 수 있을 것 같고 효과적일 것 같아서입니다. 책이나 주치의보다 마음이 편하고, 집에서 할 수 있어 덜 귀찮기 때문입니다.

4단계 : 실천하기

실천하기 위해서 현진씨는 다음과 같은 계획을 세웠습니다.

표 8-9 현진씨의 실천하기1(계획하기)

나의 문제 해결 계획
1. 커뮤니티를 검색한다. 2. 가입한다. 3. 질문 글을 올린다

계획에 따라 현진씨는 다음과 같은 질문을 올렸고 곧 댓글이 달렸습니다.

표 8-10 현진씨의 실천하기1

[현진] "안녕하세요. 항암치료를 마쳤는데 제가 할 수 있는, 건강에 도움되는 것이 뭐가 있을까요?"
ㄴ 댓글1: 무리한 운동보다는 가볍게 걷기처럼 몸을 움직이는 것 좋아요. ^^ ㄴ 댓글2: 하루 세 끼 꼭 챙겨 드세요! ㄴ 댓글3: 여기다 물어보지 말고 직접 검색을 하세요 -_- ㄴ 댓글4: 병원에 강의가 많아요

5단계 : 평가하기

현진씨는 자신의 선택에 대해 다음과 같은 질문에 답하면서 평가해보았습니다.

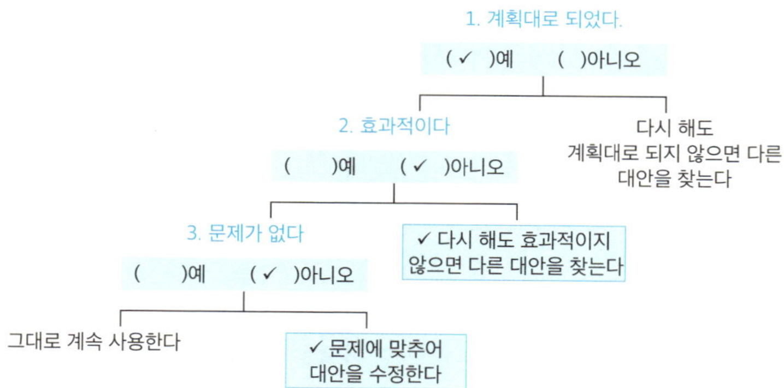

- 계획대로 되었는가? O 계획대로 질문하고 답을 받았다
- 효과적이었는가? X 사람들의 답변이 여럿 있었지만, 생각보다 자세한 정보는 얻기 힘들었다.
- 문제는 없었는가? X 예상치 못한 문제는 '여기에 물어보지 말라'는 냉정한 댓글이었다.

그림 8-4 현진씨의 평가하기1(평가하기를 위한 질문에 답하기)

현진씨는 평가나무로 자신이 선택한 방법을 평가하면서, 대다수의 댓글은 친절했고, 정보가가 있었지만, 일부 댓글은 별로 도움이 되지 않고 오히려 맘을 상하게 함을 알게 되었습니다. 그래서 조금 귀찮지만 다른 대안을 시도해보는 것이 좋다고 생각했습니다. 현진씨는 커뮤니티에서 병원에 강의가 많다는 말을 듣고 조금 더 구체적인 정보를 얻기 위해서 네 번째 대안을 실천해보기로 했습니다. 대안을 수정하고 실천하기로 돌아가 계획을 세워보았습니다.

4단계 : (재적용) 실천하기

실천하기 위해서 현진씨는 다음과 같이 계획을 세우고 실천에 옮겼습니다.

표 8-11 현진씨의 실천하기2(계획하기)

나의 문제 해결 계획
1. 진료 대기 시간에 암정보실을 찾아간다. 2. 암정보실 상담실 또는 접수처에 찾아온 목적을 설명한다. 3. 책이나 강의를 추천 받는다.

[현진] "안녕하세요. 항암치료를 마쳤는데 제가 할 수 있는, 건강에 도움되는 것이 뭐가 있을까요?"
암정보실에서는 다음과 같은 정보를 알려주었습니다. 무리한 운동보다는 가볍게 걷기처럼 몸을 움직이는 것이 좋으며, 병원 내에 운동에 대한 무료 강의를 들을 수 있는 시간이 있다고 안내해주었다. 홈페이지에 올라온 암환자를 위한 운동법 동영상링크도 보내주었습니다. 그리고 무엇보다 중요한 규칙은 하루 세 끼 영양소를 골고루 챙겨 먹는 것이라면서 홈페이지의 관련 링크를 보여주었습니다. 암정보실에 위치한 컴퓨터에서 검색법도 배울 수 있었습니다.

5단계 : (재적용) 평가하기

현진씨는 평가나무를 통해 새로이 선택한 대안의 효과성에 대해 평가해 보았고, 이 새로운 대안을 통해 자신이 원하던 결과를 얻었다고 결론 내렸습니다.

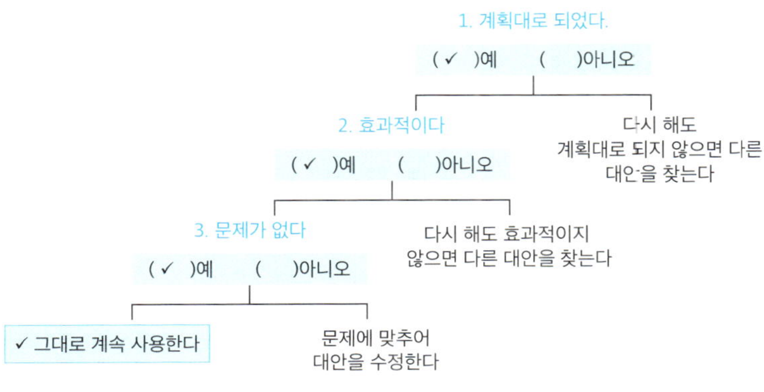

그림 8-5 현진씨의 평가하기2

현진씨는 앞으로 이 방법을 사용해 필요한 정보를 얻으려 합니다. 현진씨는 자신의 선택에 흡족해하고 있습니다.

☑ 문제가 생기면 해결책을 찾는데 집중합시다

살면서 여러 가지 사건을 경험하고, 그때마다 우리는 어떤 형식으로든 문제를 해결해 갑니다. 여러분은 방금 비보호 구간에서 좌회전을 했고, 반대편에서 오던 자동차를 잘 보지 못하고 교통사고를 냈다고 가정해 봅시다. 차는 뒷문 부분이 심하게 찌그러졌고, 많이 놀랐고 떨리기는 하지만 몸을 다치지는 않았습니다. 상대방의 차 앞부분이 많이 찌그러졌지만, 상대방 운전사에게 심한 외상의 증거는 보이지 않습니다. 여러분은 집에 있는 것이 갑갑해서 마트에 다녀오는 길이었고, 여러분의 차는 비교적 새 차입니다. 이 경우, 여러분은 어떻게 대처할 것 같습니까? 사고를 내고 하지 말았어야 했던 일에 대해 후회하면서 자지도 먹지도 못하는 상태를 반복하는 정서중심-문제해결형 입니까? 사고는 속상하지만 어차피 발생한 일이라 되돌릴 수 없으니 후회는 접고 먼저 이 사건이나 해결하자고 보자는 생각을 하는 과제중심-문제해결형 입니까? 아님 후회와 문제해결을 번갈아 하는 중간 정도의 반응을 보이는 사람입니까?

과제중심-문제해결형이라고 괴롭지 않고 후회가 없는 것은 아닙니다. 다만, 그들은 이미 지나간 변할 수 없는 일에 에너지를 쏟지 않는 것뿐입니다. 반면 정서중심-문제해결형은 자신이 그 사건으로 인해 겪은 수많은 감정에 집중을 합니다. 그러다 보면, 후회와 자책을 많이 하게 되고 그 사건과 연관된 다른 일들에 대해서도 생각해내어 곱씹는데 많은 시간을 보내게 됩니다. 때로 이런 사람들은 사건과 관련된 해결해야 하는 일을 하지 못하기 때문에 문제를 더 크게 만들거나 또 다른 문제를 겪기도 합니다. 많은 연구들은 과제중심-문제해결형인 사람들이 정신건강이 더 좋고, 더 잘 적응한다고 합니다. 겪은 일에 대해 후회하고 반성하면서 또 다시 이런 일을 겪지 않게 생각하는 것은 중요합니다. 하지만, 해결책을 찾지 않고 그냥 후회만 하는 일은 문제를 해결하지도 못할 뿐 아니라, 사건으로 겪는 여러 가지 부정적인 정서 때문에 여러분에게 상당히 좋지 않은 영향을 줄 수 있습니다. 여러분이 과제중심-문제해결형이 아니라면 위에서 배운 문제 해결 5단계를 어려운 순간에 적용하려고 노력하십시오. 어렵겠지만 문제해결 방법은 여러분이 배울 수 있는 기술입니다.

급한 일 일수록 계획을 세웁시다

급하게 서두르는 일에서는 실수가 생기기 마련입니다. 서두르게 되면 여러 가지 사항을 고려할 수 없게 되고, 그 결과 후회를 만드는 선택을 하기 쉽습니다. 꼼꼼히 따지고 한번 더 생각하고 다양한 선택지를 고려해서 선택하길 권합니다. 특히, 매우 중요한 의사 결정은 서두르게 되면 또 다른 문제 상황을 만들기 쉽습니다. 어떤 사람이 상사의 지시로 급하게 매우 중요한 서류를 보내게 되었는데, 시간 압박이 너무 심하다 보니 서류에 가장 중요한 도장을 빼먹어 회사에 크게 손해를 입혔다는 얘기를 들은 적 있습니다. 결국, 시간 안에 일을 마쳤지만, 일의 목적은 달성하지 못했고, 그로 인해 상사와의 관계나 회사에서의 입지에 문제가 생겼다고 합니다. 아무리 시간 압박이 심해도, 정말 중요한 결정이면, 한 박자 쉬어가는 여유가 필요합니다. 감정에 치우치지 않고, 여러 가지를 고려할 수 있게, 현명한 결정을 내리려면 시간 여유가 반드시 필요합니다.

정서 상태는 판단력에 큰 영향을 줍니다. 특히 기분 저하, 스트레스 혹은 분노와 같은 부정적 정서 상태는 올바른 결정을 하지 못하게 만드는 가장 큰 이유 중 하나입니다. 화가 난 상태에서 다른 사람의 마음에 상처를 준 말을 하고 후회한 적인 있지 않으신가요? 중요한 약속에 늦은 것에 당황하고 화가 나 정작 약속 때 해야 할 일을 제대로 처리하지 못한 적이 없으셨나요? 암이라는 진단에 마음이 어렵고 힘들어 잘못된 의사결정을 한 적이 없으신가요? 마음이 평안하지 않으면 문제 해결 시 고려해야 하는 여러 가지 것들이 보이지 않게 됩니다. 지금 너무 기분이 좋지 않거나, 스트레스가 많거나 화가 나 있다면, 어떤 결정도 내리지 마십시오. 마음이 평안해질 때까지 기다리는 것이 맞습니다.

우리는 하루 종일 아주 많은 일을 하고 있고, 무슨 일이든지 우리가 가진 에너지가 소모됩니다. 스트레스에 저항하는 것에도 에너지가 많이 소모됩니다. 문제 해결에 역시 에너지가 필요합니다. 정신 에너지가 없으면 우리는 문제 해결에서 모든 것을 다 고려하지 못하며 새로운 해결책을 찾기 위한 힘도 남아 있지 않게 됩니다. 이런 피곤함은 문제 해결 자체를 포기하고 그저 가장 쉽고 편한 방식으로 행동하게 만듭니다. 따라서 문제 해결은 힘이 있고 여유가 있을 때 해야 가장 효과적인 방법을 찾을 가능성이 커집니다. 지금 피곤하고 힘들고 스트레스가 쌓여 있다면, 절대! 결정을 내리지 마십시오.

지금 너무 피곤하다면, 현재 너무 힘들다면, 잠시 하던 것을 멈추고 맛난 음식을 먹고, 잠을 좀 자고, 그리고 휴식을 취하십시오. 부적절한 문제 해결은 또 다른 스트레스와 피곤함을 몰고 옴을 명심하십시오. 중요한 의사결정은 반드시 에너지가 있을 때 하십시오!

☑ 디테일에 주의를 기울입시다

요즘에는 음식 프로그램이 대세입니다. 보기만 해도 군침이 넘어가는 맛난 음식들로 우리의 눈을 즐겁게 해주고 있습니다. 그런데 말입니다. 그 음식들 중에는 우리에게 익숙한 재료로 우리가 이미 만들어 먹고 있는 음식도 있습니다. 같은 재료로 비슷한 과정을 거쳐 같은 음식을 만들고 있는데 왜 맛이 다를까요? 세프들의 음식 만들기 과정을 자세히 관찰하면 답이 나옵니다. 세프들은 사용하는 재료들의 비율을 다르게 하거나, 넣는 순서를 달리하거나, 우리가 모르는 어떤 재료를 더 첨가하거나, 불 조절을 다르게 하거나, 온도를 다르게 하거나, 담아내는 방법을 다르게 합니다. 우리나 세프들이나 비슷한 과정을 거쳐 음식을 만들지만, 한 단계 한 단계마다 어떻게 하느냐의 디테일이 마지막 결과물인 음식의 맛을 하늘과 땅만큼 다르게 만드는 것입니다. 아마도 여러분들은 계량 스푼과 저울을 사용하고 세프들이 알려준 주의사항을 어기지 않고 그대로 프로그램에 나온 레시피를 따라했더니 음식 맛이 훨씬 좋아진 경험을 한 적이 있을 것입니다. 이는 디테일이 달라지면 결과물이 달라질 수 있다는 것을 잘 보여주는 예입니다.

문제 해결도 다르지 않습니다. 물론 음식에 소질 있는 사람과 전혀 소질이 없는 사람의 차이가 있듯이 문제해결능력에서의 개인차 역시 무시할 수 없습니다. 여러분은 살면서 이미 많은 문제 해결을 했습니다. 잘한 것도 있고 그렇지 못한 것도 있습니다. 잘한 것은 지금 한 것처럼 그대로 하십시오. 그러나 비슷한 문제에 당면해서 항상 미숙한 결정을 한다고 생각한다면, 혹은 문제 해결을 잘 하지 못한다고 생각한다면, 지금이 바로 레시피를 따라하듯이 디테일을 배울 시점입니다. 음식 만들 때 미세한 차이가 결과물에 아주 큰 영향을 미치는 것처럼 문제 해결에서도 디테일에 집중할 필요가 있습니다. 이제 인생의 세프들이 어떤 방법을 사용해 자신들이 당면한 문제를 현명하게 극복했는지를 살펴보고, 그들의 디테일을 배워 여러분의 고민을 해결해 봅시다. 배우는데 시간이 걸리고 노력도 필요하지만 배우지 못하지는 않습니다. 기억하세요. 구체적이고 세세한 부분에 초점을 맞춰 배워야 합니다.

☑ 기록합시다

큰 사건을 겪지 않아도 우리 모두는 매일 일상에서 수많은 선택을 하고, 여러 가지 다양한 일을 하느라 에너지를 쓰고 있으며, 수많은 감정을 경험하면서 지내고 있습니다. 거기에 더하여 복잡한 문제에 직면했다고 가정해 봅시다. 여러분이 아주 능력 있는 사람이라고 할 지라도, 이미 지치고 힘든 상태에서 문제를 해결하기 위해 가능한 모든 경우의 수를 모두 고려하는 것은 불가능할 수 있습니다. 반드시 고려해야 할 중요한 부분을 놓치거나, 혹은 생각했다고 할지라도 중요성에 대해 정확한 평가를 내리지 못할 가능성이 있습니다. 혹시 중요한 선택을 한 다음 고려했어야 할 일이 뒤늦게 생각나 후회한 적은 없나요? 꼼꼼히 살폈다고 생각했는데, 전혀 예상치 못했던 일로 낭패를 본 일이 없으신가요? 그래서 적기를 권합니다. 글로 쓰는 것은 생각을 정리하게 해주고, 여러 가지 사항을 동시에 고려할 수 있게 해 줍니다. 필기도구를 찾기 귀찮다면 핸드폰을 꺼내어 녹음하거나 메모하기 시작하십시오. 생각날 때 마다 메모를 꺼내 내용을 보태십시오. 이렇게 습관적으로 기록하면 더 많은 문제 가능성과 대안을 고려하게 되고 더 많은 요소를 조직적으로 살펴보고 선택하고 실행할 수 있게 됩니다.

통증을 예로 들어 보겠습니다. 통증 관리의 첫걸음도 기록입니다. 현재 통증이 스스로 관리가 가능한 수준이라면 통증 정도와 부위를 기록하는 것으로 충분합니다. 평소 기록을 해두면 주치의에게 자신의 상태를 보다 정확하게 전달할 수 있게 하여 치료에 도움이 됩니다. 그리고 통증의 종류를 파악하고 자신에게 맞는 효과적인 통증관리방법을 찾을 수 있습니다. 또한 평소 자신의 상태를 잘 파악하고 있다면 통증과 관련된 불안감도 줄여줄 수 있습니다. 유방암 절제술을 받은 후 현재 항암 치료 중인데 수술부위에서 느껴지는 통증으로 괴롭다면, 언제 갑자기 심한 통증이 나타날지 몰라 불안할 것입니다. 통증 때문에 힘들지만 혹시나 아프다고 하면 항암치료제를 덜 쓸지도 모른다는 생각에 주치의에게 말하는 것이 망설여지기도 합니다. 통증을 기록해두면 이와 같은 불안에 대처하기가 수월해집니다. "이 정도의 통증은 일반적인 것이니 외출해도 괜찮아"라는 판단을 할 수 있고, 늘 통증을 기록하려고 메모할 도구를 가까이 하고 있다면 진료 시 해야 질문을 잊어버리지 않을 겁니다. 또한, 기록은 통증이 무엇을 했을 때 나아졌는지 직접 확인할 수 있는 자료가 됩니다.

기록할 때 변화 정도를 볼 수 있도록 하는 것이 중요합니다. 또한 자신에게 중요한 것을 기록할 수 있도록 자기 노하우를 만드는 것이 중요합니다. 다시 통증을 예로 들면, 통증을 기록하는 방법에는 여러 가지가 있습니다. 앞서 3장에서 소개했듯이 그림을 이용해 정확한 부위와 심각도 및 통증 종류를 자세하게 적을 수도 있습니다. 그런데 통증이 있을 때마다 이렇게 적는 것이 힘들다면 아래 예에서 보여주듯 간단하게 정리할 수 있습니다. 이렇게 한 줄로 적어 놓으면 변화정도를 한 눈에 쉽게 파악할 수 있습니다.

통증 한 줄로 기록하기의 예

5/4/17 수 두통; 5:10pm; 상사와 미팅; 10분정도; 6; 쑤시고 울림, 두통약 2알 복용 후 통증감소
5/7/19 목 두통; 3:35pm; 직장업무, 10분정도; 7; 쑤시고 울림, 두통약2알, 두통 지속

그림 8-6 통증 한 줄로 기록하기의 예

기록할 때 최소한 일주일 이상 기록할 것을 권합니다. 어떤 증상이나 어떤 행동의 양상을 파악하는데 기록을 사용하려면 최소한 일주일 이상의 기록이 필요한 경우가 많습니다. 어떤 행동을 증가시키거나 감소시키고자 한다면, 최소한 일주일이상 아주 철저하게 행동과 증상을 기록하는 것을 첫 번째 해야할 일로 삼으시기를 권장합니다.

기록하기를 수월하게 할 수 있는 행동은 무엇이 있을까요? 다음 질문에 답하면서 기록에 대한 계획을 세워봅시다.

*어디에 기록하겠습니까?
□ 노트 □ 수첩 □ 핸드폰 메모장 □ 기타 :

*기록하는 것을 잊지 않기 위해 무엇을 할 수 있을까요?
□ 휴대폰 알람 맞춰두기 □ 잘 보이는 곳에 메모 적어두기 □ 주변 사람에게 도움 청하기 □ 기타 :

그림 8-7 기록하기 실천을 위한 두 가지 질문

☑ 다른 사람에게 물어봅시다

대부분의 사람들은 자신의 일에는 객관적이지 못합니다. 불필요한 요소까지 모두 다 생각해 문제를 키우기도 하고, 너무 심각하게 생각한 나머지 아무것도 소용없을 것 같다는 부정적인 생각에 빠지기도 합니다. 때문에 다른 사람이 같은 상황에 놓였다면 절대로 하지 말라고 조언했을 행동을 자기가 하기도 합니다. 어떤 경우에는 나보다 남이 더 객관적으로 문제를 파악하고 상황에 맞는 해결책을 제시할 수 있습니다. 그러므로 어려운 문제가 생기면 다른 사람의 의견을 적극적으로 구하십시오. 궁금하지 않고 필요 없다고 생각되어도 속는 셈 치고 의견을 물어보십시오. 어려운 문제일수록 더욱 더 적극적으로 다양한 의견을 구하십시오. 다른 사람은 내가 생각하지 못한 다른 측면에서 문제를 바라 보기도 합니다. 문제를 보는 새

로운 관점은 새로운 해결책을 떠오르게 할 수 있습니다. 가능성이 있다면 한번쯤 시도해 보는 것을 추천합니다.

다른 사람의 의견을 구할 때는 적어도 2-3인에게 물어 보십시오. 한 사람에게만 물어보면, 그 대상이 어떤 사람이냐에 따라 도움이 되지 않거나 오히려 결정에 방해가 될 수 있습니다. 이 방법의 핵심은 강한 의견을 가진 주변인의 말을 듣는 것이 아니라, 여러 사람의 보편적인 의견을 얻고 그에 근거해 의사결정을 하는 것입니다. 그러니 다수의 의견을 듣고 판단하십시오.

2. 선택 잘하게 만드는 전략

분노 조절하기 방법을 배우자

누구나 몸이 힘들면 평소보다 짜증이 나고 화가 납니다. 앞서 소개한 바와 같이, 암 진단을 받게 되면 그것을 수용하기까지 여러 단계를 거치는데, 그 중 하나가 '분노'단계 입니다. 암환자들은 진단부터 암을 치료하는 과정에서 특정 시기에 한번쯤은 "왜 하필이면 암이 걸렸을까?," "왜 이 시기에?" "왜 나만?" 등의 질문을 하며 분노 감정에 휩쓸리게 됩니다. '분노' 상황에 있게 되면, 사람들은 적절한 선택을 할 수 있는 능력을 잃고 부적절하고 불필요한 행동을 할 가능성이 높아지며, 이런 행동은 나중에 부메랑이 되어 돌아옵니다.

분노 조절의 문제는 암이 아니더라도 일상생활에서도 많이 겪는 문제입니다. 다행히도 기존 연구들은 다음 3단계를 이용하면 분노를 조절하는게 가능해 진다고 소개합니다. 지금부터 분노 조절에 대해서 설명하겠습니다. 자신이 분노했던 상황을 떠올리고, 그 상황에서 아래 3단계를 어떻게 적용할 지 고민해 볼 것을 권합니다.

분노를 조절하는 3단계를 봅시다.

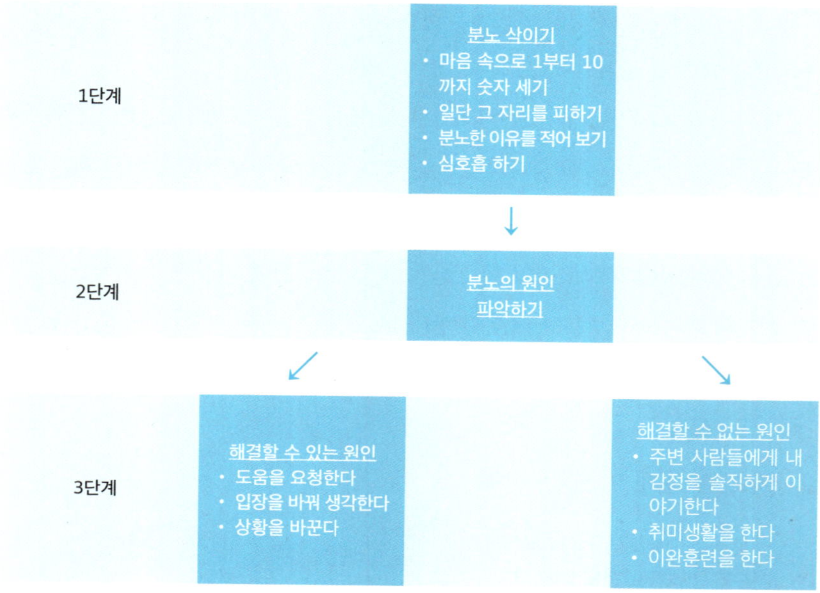

그림 8-8 분노 조절의 3단계

1단계 분노 삭이기는 분노가 일어나는 순간, 분노에 압도되지 않도록 노력하는 단계입니다.

분노를 삭이는 가장 대표적인 4가지 방법은 다음과 같습니다.

하나, 마음 속으로 1부터 10까지 숫자 세기.

둘, 일단 그 자리를 피하기.

셋, 분노한 이유를 적어 보기.

넷, 심호흡 하기.

분노는 생각보다 금방 찾아왔다가 금방 사라집니다. 정말 화가 날 때 10초만 참아 보세요. 그사이에 분노가 사라질 수도 있습니다. 분노를 참을 수 없으면, 아예 상대에게 화를 낼 수 없도록 그 자리에서 떠나세요. 그리고 내가 무엇 때문에 분노했는지 적어 보세요. 적을 수 없다면 이유를 몇 개만 생각해 보세요. 이 과정은 스스로의 분노를 이해하는 데 도움이 됩니다. 분노하면 심장이 빨리 뛰고 혈압이 오릅니다. 이 때 깊게 숨을 들이마시고 내쉬면 몸이 편안해지면서 진정할 수 있습니다.

화가 났을 때 어떻게 할 지 미리 정해 두는 것이 좋습니다. 사람마다 효과적인 방법은 다릅니다. 나에게 알맞는 방법을 생각하며 빈 칸을 채웁시다.

나는 화를 삭이기 위해

______________________ 를

하겠습니다

2단계는 분노의 원인을 파악하는 단계입니다. 강준씨의 사례를 통해 2단계를 배워봅시다.

“어느 날 저녁, 늦게 집에 돌아온 강준 씨를 보고 아버지가 한 마디 하자 강준 씨는 버럭 짜증이 났습니다.

아버지: 오늘 많이 늦었네? 친구들이랑 놀다 왔어? 몸 생각해라.

강준: 아버지, 잔소리 좀 그만하시면 안될까요? 정말 듣기 싫어요.

아버지: 걱정되어서 그렇지. 매일 밖에서 안좋은 음식 먹고 다니다가 몸에 무리가 갈라.

강준: 저도 이제 성인이에요. 제발 간섭 좀 그만 하세요!!!! 알아서 한다구요!

아버지의 걱정스러운 말에 강준 씨는 순간 끓어오르는 화를 참지 못하고 아버지에게 소리를 지른 후에 죄책감이 밀려왔습니다. 강준씨는 일단 그 자리를 피하고 화났을 때 분노를 삭이기 위해 하기로 한 일, 분노한 이유를 적어보았습니다.”

" 위암이 걸린 것도 화가 났다. 그 때문에 자극적인 음식을 피해야해서 친구들 모임에서도 먹지 못하고 앉아있던 것이 힘들었다. 먹지 못하고 겨우 참고 왔는데, 아버지가 걱정스러운 말을 하자 핀잔처럼 들려서 화가 났고, 병원에 갈 때마다 매일 똑같은 말을 듣는데 또 들어야하나 하는 생각에 화가 치밀었다. **"**

적고나서 보니 강준씨가 분노한 이유는 첫째, 아버지가 잔소리한 것, 둘째, 위암에 걸렸다는 것, 셋째, 자극적인 음식을 못 먹어 참기 힘든 것이 합쳐진 것입니다. 복잡해 보였던 분노의 원인도 적어보면 처음보다 훨씬 정리가 되는 듯 합니다.

3단계는 해결할 수 있는 원인과 없는 원인으로 나누어 대처 방법을 찾는 단계입니다.

위의 강준 씨의 예에서 강준씨가 찾아낸 분노의 원인 3가지 중, 강준씨가 해결 가능한 원인은 무엇이고 해결할 수 없는 것은 무엇일까요? 원인에 따라 문제의 종류를 구분하고 나면 분노에 대한 대처방법을 생각하기 훨씬 수월해집니다. 강준씨는 자기가 찾아내 분노의 원인을 해결할 수 있는 것과 불가능 한 것으로 구분했습니다.

	해결할 수 있는 원인	해결할 수 없는 원인
3단계	• 아버지가 잔소리 • 자극적인 음식을 피하는 것 **▶▶대처방법** **→ 도움을 요청한다** **→ 입장 바꿔 생각한다** **→ 상황을 바꾼다**	• 위암에 걸렸었다는 것 **▶▶대처방법** **→ 주변 사람들에게 내 감정을 솔직하게 이야기한다** **→ 취미생활을 한다** **→ 이완훈련을 한다**

그림 8-9 경준씨의 분노 조절의 3단계(3단계)

위 표에는 각각의 원인에 대한 대처 방법이 소개되어 있습니다. 강준씨가 찾은 해결할 수 있는 원인에 그림 8-9에 적힌 3가지 대처방법을 모두 적용해 봅시다.

• 입장을 바꿔 생각한다

분노한 원인을 적고 나서 강준씨는 아버지가 자신에게 핀잔을 주기 보다는 걱정이 되어 질문을 하신 것 같다는 생각을 하게 되었습니다. 하지만, 여전히 아버지의 지나친 관심과 사소한 일에 대한 잔소리는 피하고 싶다고 생각합니다.

• 도움을 요청한다

그래서 경준씨는 마음을 가라앉히고 나서, 자신이 건강을 위해서 어떤 노력을 하고 있으며, 무엇 때문에 힘들고 어렵고, 어떤 점 때문에 화가 났었는지 아버지께 설명하려 합니다. 그리고 나서 아버지에게 자신의 생활에 대해 관심과 언급을 좀 줄여달라고 부탁할 계획입니다. 경준씨는 이렇게 아버지께 이해를 구하면 아버지의 걱정과 잔소리를 줄일 것 같다고 생각합니다.

• 상황을 바꾼다

상황을 바꾸는 방법에는 무엇이 있을까요? 경준씨는 친구들과 약속 장소를 정할 때 순한 음식을 먹을 수 있는 식당으로 정해 달라 부탁할 수도 있습니다. 혹은 당분간 자극적인 음식을 먹어야 하는 약속은 피할 수도 있습니다. 혹은 친구들과 만나기 전에 순한 음식으로 먼저 배를 채우고 나갈 수도 있습니다. 고민하다 보면 좋은 방법이 떠오르기도 합니다. 혹은 아이디어가 떠오르지 않는다면 주변에 도움을 구해 봅시다.

해결할 수 없는 일에 대해서도 그림 8-9에 적힌 3가지 방법을 모두 적용해 봅시다. 해결이 불가능하 일을 두고 계속 스트레스를 받는 건 전혀 도움이 되지 않습니다. 이런 상황에서는 스트레스를 줄이도록 노력하는 것이 최선의 방법으로 될 수 있습니다. 해결할 수 없는 원인에 대해서 스트레스를 줄이려면 다음 3가지 방법을 사용해 보세요.

- **주변 사람들에게 내 감정을 솔직하게 이야기한다**
- **취미생활을 한다**
- **이완훈련을 한다**

이 방법들은 연구와 임상현장에서 스트레스를 줄이는 효과적인 방법으로 보고된 것들입니다. 새로운 방법도 아니고, 이미 써 본 방법일 수 있기 때문에, 과연 이런 방법들이 도움이 될 수 있을지 의심이 들 수도 있습니다. 이전에 해 봤는데, 효과가 없었다면, 하는 방법을 달리해서 다양하게 시도해 보십시오. 예를 들어, 어떤 친구에게 소통을 시도했는데 효과적이지 않았다면, 다른 친구에게 시도해 보십시오. 혹은 여러 사람에게 시도해 볼 수도 있습니다. 또는 감정을 표현하는 방법을 달리 할 수도 있습니다. 또는 감정을 표현할 수 있는 친구를 더 자주 만나거나 하는 방법으로 빈도를 조정해 볼 수도 있습니다. 다양하게 시도해 보십시오. 그리고 시도할 때마다 이 방법이 효과적이었는가 평가해 보십시오. 다시 강조하지만, 도움이 될 지 아닐지는 해보고 평가해도 늦지 않습니다.

이제부터 분노가 찾아오면 1.2.3 단계를 잊지 맙시다.

▶ 갈등 해결에 나 전달법을 사용하자

투병 중 치료를 도와주는 보호자나 치료자와 감정적으로 갈등도 생기고, 그래서 서먹해지기도 합니다. 가장 도움을 많이 받는 사람들이기도 하지만 가장 많이 그리고 깊게 상호작용을 하는 사람들이기도 해서 갈등이 발생할 소지도 높습니다. 때로는 여러분이 상대방에게 서운함을 느낄 수도 있지만, 상대방도 여러분으로 인해 기분이 상할 수도 있습니다. 특히 가까운 내 가족이 혹은 친구가 냉정해 졌다고 느껴지면 마음이 무거워 지는데, 가까운 사이의 갈등은 주로 서로가 주고 받는 "말"에서 비롯되는 경우가 많습니다. '말 한마디로 천냥 빚을 갚는다'고 하는 것처럼 말은 상대방을 설득시키기도 하고 화를 돋우어서 문제를 만들기도 합니다. 갈등을 줄이는 가장 대표적인 의사전달기법 중 하나가 '나 전달법(I message)'입니다.[44]

희진씨의 사례를 읽으면서 나 전달법을 배워봅시다.

> " 희진씨는 갑상선암 때문에 갑상선 전절제술을 받았습니다. 지금은 재발을 막기 위해 방사선치료를 받으며 직장에 다니고 있습니다. 피곤하고 힘든 자신을 보고도 도와주지 않는 아들에게 서운함을 느꼈습니다. 게임을 하고 있는 아들에게 설거지를 도와달라고 하자 아들은 나중에 한다고 합니다.
>
> 희진: 아 힘들다. 현재, 엄마 설거지 좀 도와줘.
>
> 아들: 아 잠시만요. 이번 게임 다 끝내고. 나중에~.
>
> 희진: 너는 엄마가 아픈데 지금 게임이 중요해? 너는 정말 생각이 있니 없니? 너는 엄마가 니 뒤치다꺼리 하는 사람인줄 아니? 왜 매번 나중이야? 앞으로 게임 절대 못하게 될 줄 알아!
>
> 아들: 아 한다구요! "

반복되는 갈등으로 아들과 대화가 어려워지자 희진씨가 상감자를 찾았습니다. 이 때 상담자는 희진씨에게 나 전달법에 대해서 설명합니다. 나 전달법이란 '너(상

44 나 전달법(I message)에 대해서 자세히 알고 싶거나 나 전달법을 사용할 수 있는 더 많은 일상적인 예시를 알고 싶다면 도서 '비폭력 대화'를 읽어보는 것이 적절합니다.
마셜 B. 로젠버그. (2017) 비폭력대화 : 일상에서 쓰는 평화의 언어, 삶의 언어. 서울, 한국NVC센터

대방)'에 초점을 두지 말고 '나'에 초점을 맞춤으로써 내가 원하는 바를 명확하게 표현하고, 상대방의 감정을 상하지 않도록 전달하는 방식입니다.

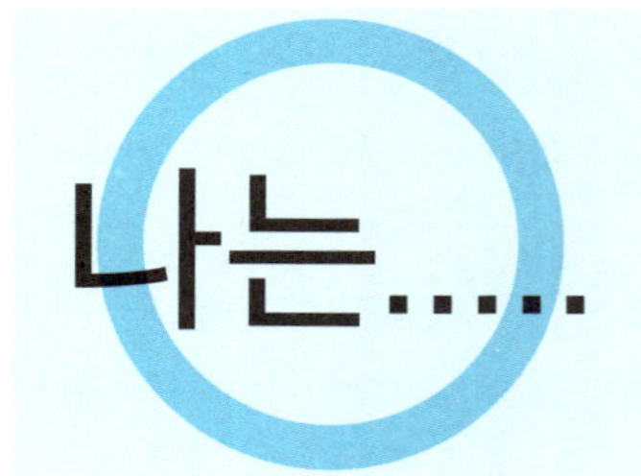

상담자에게 도움을 받아 희진씨는 아들 현재에게 나 전달법을 사용하여, '너'를 주어로 했던 말을 '나'를 주어로 바꾸는 연습을 해 보았습니다.

표 8-12 희진씨의 나 전달법 사용하기

기존의 대화 방식	→	나 전달법
"**너는** 엄마가 아픈데 지금 게임이 중요해?	→	"**나는**(엄마는) 오늘 설거지 할 기운이 없어"
"**너는** 정말 생각이 있니 없니? 넌 왜 매번 나중이야?"	→	"**나는**(엄마는) 저녁 준비를 마치자 마자 설거지를 해야한다고 생각해. 엄마가 부탁할 때 해주면 큰 도움이 될거야"
"**너는** 엄마가 니 뒤치다꺼리 하는 사람인줄 아니?" 앞으로 게임 절대 못하게 될 줄 알아!"	→	"**나는**(엄마는) 네가 지금 설거지를 해주었으면 좋겠다. 엄마가 부탁하는데 게임만 하고 있을 때 네가 엄마를 밥해주는 사람으로만 여기는 것 같다고 느껴져"

주어를 바꾸자 내가 원하는 바와 느끼는 바를 훨씬 명확하게 드러납니다. 상대방의 감정을 상하게 하면 상대의 행동을 변화시키기는 더 어렵게 됩니다. 내 상태를 표현하고 내가 원하는 바와 느끼는 바를 구체적으로 말하면 설득하기가 더 쉬워집니다.

'나 전달법'을 잘 사용하기 위해서 기억해야 할 포인트는 다음과 같습니다.

첫째, 주어가 '나'인 문장을 사용한다

둘째, 상대방의 행동을 객관적으로 말한다

셋째, 내 감정과 소망을 구체적으로 말한다

나 전달법을 사용하기 위해서도 연습이 필요합니다. 나 전달법은 마음이 상하거나 스트레스 상황에서 매우 필요한데, 이런 상황에서 습관이 되지 않은 말하기를 실천하기는 매우 어렵습니다. 다양한 사례를 보면서 연습해 봅시다.

다음의 예는 각 상황에서 나 전달법으로 바꾼 문장을 보여줍니다. 오랜만에 친구와 약속을 했는데 친구가 약속에 늦었습니다. 치료 전부터 자주 연락하고 지냈던 친구인데 아무리 부탁을 해도 계속 약속에 늦게 나옵니다. 친구가 또 늦자 아픈 나를 기다리게 하는 친구에게 너무 화가 납니다. 치료 후 복직하게 된 직장에서도 비슷한 상황을 겪을 수 있을 겁니다. 일을 덜 하려는 것이 아니라 아파서 덜 복잡한 일을 먼저 처리했던 것뿐인데 동료는 일 처리를 아무렇게나 막 한다고 생각하는 것 같습니다. 내 상황도 모르면서 그렇게 행동하는 직장동료에게 화가 납니다. 이 때 어떻게 해야 할까요? 다음 이 예시들을 통해 일상생활에서의 나 전달법을 익히고, 여러분이 처한 상황에서 나 전달법을 사용해 어떻게 표현을 바꿀 것인지 고민해 봅시다.

표 8-13 일상생활에 나 전달법 사용하기

기존의 대화 방식	→	나 전달법
상황 1. 약속에 늦었을 때		
"너는 내가 우습니? 기다리는 사람은 생각도 안 해?"	→	"나 1시간 동안 기다렸어"
"미안하다고 하잖아. 너도 늦은 적 있잖아. 넌 왜 매사 그렇게 생각해? 그만 좀 해."	→	늦어서 미안해. 더 일찍 나왔어야 하는데 아침에 많이 피곤해서 일찍 일어나기가 힘들었어. 길도 막혔어. 다음엔 서두를게"
상황 2. 커피를 옷에 엎질렀을 때		
"넌 무슨 애가 그렇게 부주의하냐? 이거 어떻게 해? 너는 왜 이렇게 제대로 하는 일이 없냐?"	→	"나는 저녁약속에 이 옷 꼭 입고 가고 싶었어. (나) 많이 속상해"
"미안한데 내가 일부러 그런 것은 아니잖아? 티도 별로 안 나는데... 너는 대체 왜 이렇게 화를 내?".	→	"진짜 미안하다. 내가 어떻게 해야될지 잘 모르겠어. 세탁소에서 지울 수 있을까? 집에 가서 옷 갈아 입고 갈래?"
상황 2. 기념일을 잊었을 때		
"네가 잊어 먹을 줄 알았지. 기대한 내가 바보다. 당신같은 사람 없을거야. 한번뿐인 생일인데 잘 해주면 어디 덧나니?"	→	"나는 생일을 특별하게 보내고 싶어. 누구보다 당신이 기억해주고 나랑 같이 있어주려고 하기를 바래. 그냥 잊어버렸다니 내가 당신에게 중요하지 않은 것 같아."
"생일이 무슨 대수냐? 너 참 정말 피곤한 사람이다."	→	"나는 당신이 생일을 그렇게 중요하게 생각하는지 몰랐어. 나는 생일을 그렇게 특별하게 보내고 싶지 않거든. 잊어버려서 미안해. 나한테 당신은 중요해."

▶ 효과적으로 시간을 관리하자

치료 중에는 잦은 병원 방문 또는 입원 스케줄로 인하여 시간관리가 어렵습니다. 치료 후에도 본래 하던 일상적인 활동 뿐 아니라 외래 병원 방문 일정과 건강 증진을 위한 활동까지 시간이 매우 부족하다고 느낄 수 있습니다. 시간관리를 효과적으로 하기 위한 4단계는 다음과 같습니다.

1단계 : 일의 목록 만들기

2단계 : 일을 분류하기

3단계 : 일에 시간관리 기술을 적용하기

4단계 : 우선순위 정하기

시간관리의 문제 해결하기를 승주씨의 사례를 통해 함께 해 볼까요?

> “ 승주씨는 난소를 절제하는 수술을 받았습니다. 모든 치료가 끝나고 승주 씨는 다시 직장에 나가기 시작했습니다. 그런데, 휴직 후 다시 일을 시작하니 일이 손에 잡히지도 않고 일 처리가 느려져, 같은 일을 해도 시간이 배로 듭니다. 게다가 몸이 힘드니 원래 하던 집안 일을 그대로 하는 것조차 만만하지 않습니다. 어제는 빨래를 하고 음식도 만들고 집 청소하고 늦게 잤더니 오늘은 아침에 지각을 했습니다. 건강을 위해 꾸준히 운동을 하려고 했는데, 이 또한 시간에 쫓겨 하지 못하고 있습니다. 게다가 동기가 문자로 내일 아침 일찍 회의 준비를 대신해줄 수 있냐고 물어봅니다. 아플 때 동기가 내 대신 많은 일을 했을 것 같아 거절하기가 어렵습니다. 시간이 너무 부족하고 할 일은 너무 많습니다. 어떻게 시간을 관리해야 할 지 막막하기만 합니다. ”

1단계 : 일의 목록 만들기

일의 목록을 만들기 위해서 자신이 해야 할 일을 모두 적어야 합니다.

다음은 승주 씨의 할 일 목록입니다. 승주씨는 할 일을 적고 나서야 자신이 해야 할 일이 무척 많음을 깨닫습니다. 몸이 힘들 때는 별다른 주의를 기울이지 않고 습관처럼 하던 일도 큰 일로 느껴집니다. 승주씨처럼 할 일을 떠올릴 때는 생각나는대로 모두 적는 것이 중요합니다.

할 일
1. 청소 2. 빨래 3. 회의 준비 4. 여행 계획 세우기 5. 보고서 작성 6. 운동 7. 고등학교 동창 만나기 8. 장보기 9. 머리하기

그림 8-10 승주씨의 시간관리의 문제 해결하기(1단계)

2단계 : 일을 분류하기

일의 목록에서 각각의 일을 '하고 싶은 정도'와 '급한 정도'에 따라 분류하는 단계입니다. 승주씨는 앞서 적은 일 9개를 일의 급한 순서와 종류에 따라 분류해 다음 표에 해당하는 칸에 옮겼습니다.

급히 해야할 일	급히 하고 싶은 일
2. 빨래 5. 보고서 작성	6. 운동 4. 여행 계획 세우기
3. 회의 준비 8. 장보기	
급하지 않지만 해야할 일	**급하지 않지만 하고 싶은 일**
1. 청소 9. 머리하기	7. 고등학교 동창 만나기

그림 8-11 승주씨의 시간관리의 문제 해결하기(2단계)

3단계 : 일에 시간관리 기술을 적용하기

이번 단계는 2단계에서 분류한 각각의 일에 대해 시간 관리 기술을 적용하는 단계입니다. 시간관리 기술에는 다음과 같이 3 가지가 있습니다.

- **도움 요청하기**
- **거절하기**
- **현재에 집중하기**

승주씨가 적은 해야 할 일 목록들은 어떤 방법이 적절한지 알아봅시다.

• 도움 요청하기

승주씨는 다른 사람에게 신세지고 싶지도, 부담이 되고 싶지도 않아 도움을 청하기를 꺼려합니다. 도움을 청하는 일에 대하여 힘들게 생각하는 사람은 의외로 많이 있습니다. 그러나 어떤 일은 다른 사람의 도움이 필요하며, 특히 몸이 아프거나 새로운 환경에 적응을 해야할 때는 도움을 청할 필요가 있습니다. 그리고 적절하게 도움을 청하기 위해서는 적절한 기술이 필요합니다. 도움을 청하기에 앞서 걱정이 된다면 다음과 같은 질문을 스스로에게 해 봅시다.

"(나는) 주변사람이 간단한 도움을 요청한다고 해서 그 사람을 부담스럽다고 생각하는가?"

승주씨도 스스로에게 이와 같은 질문을 던져본 결과 어려운 부탁을 하는게 아니거나, 너무 자주 부탁하지 않으면 괜찮다고 생각했습니다. 그리고 다시 좀 전의 목록에서 도움을 청할 일이 있는지 살펴보았습니다. 청소는 같이 사는 동생한테 도와달라고 할 수 있을 것 같습니다. 아까의 표에서 다음의 표로 항목들을 옮겨 보겠습니다. 청소는 도움을 요청하기 란에 적으면 됩니다.

표 8-14 승주씨의 시간관리의 문제 해결하기(3단계)

도움 요청하기	거절하기	현재에 집중하기
1. 청소 - 동생에게 부탁		

· **거절하기**

어떤 사람들에게는 다른 사람들의 청을 거절하기가 쉽지 않습니다. 승주 씨도 거절을 잘 못하는데, 특히 직장 동기가 부탁을 하면 거절을 잘 하지 못합니다. 그러나 승주 씨는 이 전에 부탁한 일을 거절하지 못해서 맡고는, 일을 제대로 처리하지 못해 다시 미안해지거나 비난을 받게 된 경험이 있습니다. 승주 씨는 거절은 어렵지만 처음에 거절하는 것이 이를 망치거나 제때 하지 못하는 것보다 더 나은 방법임을 알고 있습니다. 또한 거절해야만 한다면 얼른 메세지를 보내는 편이 나을 것입니다. 승주씨는 회의 준비를 거절하기 목록으로 옮겼습니다.

표 8-15 승주씨의 시간관리의 문제 해결하기(3단계)

도움 요청하기	거절하기	현재에 집중하기
1. 청소 - 동생에게 부탁	3. 회의준비	

· **현재에 집중하기**

어떤 일을 할 때 낭비되는 시간을 줄이려면, 그 일을 잘 하지 못했을 때 닥칠 결과에 대해 고민하기보다 지금 할 일에 집중해야 합니다. 승주씨는 보고서 작성하기를 할 때 항상 결과가 안 좋으면 그 다음에 어떻게 해야 할지를 미리 걱정합니다. 승주 씨는 급하게 해야하지만 잘 안될 것 같다는 생각으로 시작하기를 뒤로 미루고 있었던 보고서 작성하기를 “현재 집중하기”에 옮겼습니다.

표 8-16 승주씨의 시간관리의 문제 해결하기(3단계)

도움 요청하기	거절하기	현재에 집중하기
1. 청소 - 동생에게 부탁	3. 회의준비	5. 보고서 작성

승주씨는 이런 식으로 세가지 방법으로 할 수 있는 일들을 모두 옮겨 보았습니다.

표 8-17 승주씨의 시간관리의 문제 해결하기(3단계)

도움 요청하기	거절하기	현재에 집중하기
1. 청소 - 동생에게 부탁 6. 운동 - 쉬운 운동법 배울 수 있는 곳 병원 갈 때 물어보기 7. 고등학교 동창 만나기 - 친구에게 점심시간에 가까이 와 주기를 부탁하기 4. 여행 계획 세우기 - 가족에게 여행 상품 정보를 물어보기	3. 회의준비 - 메세지 보내기	5. 보고서 작성 2. 빨래 - 일단 세탁기를 돌리자 9. 머리하기 - 예약해두자 8. 장보기 - 내일 필요한 것만 장보기 장볼 때 딴 생각 안하기! (빼먹은 게 있으면 다음날 다시 가지!)

4단계 : 우선순위 정하기

마지막 단계는 시간의 우선순위를 정하는 것입니다. 일의 순서를 정하면 더 빠르고 효과적으로 일을 처리할 수 있습니다. 우선순위를 정할 때는 2단계에서 일을 분류한 결과와 3단계에서 하기로 한 일을 함께 떠올리게 될 겁니다. 승주씨가 정한 우선순위는 다음과 같았습니다.

표 8-18 승주씨의 시간관리의 문제 해결하기(4단계)

시간의 우선순위	
1위	3. 회의준비 - 메세지 보내기
2위	5. 보고서 작성 - 현재에 집중하기!
3위	2. 빨래 - 일단 세탁기를 돌리자
4위	8. 장보기 - 내일 필요한 것만 장보기 장볼 때 딴 생각 안하기! (빼먹은 게 있으면 다음날 다시 가지!)
5위	9. 머리하기 - 예약해두자
6위	4. 여행 계획 세우기 - 가족에게 여행 상품 정보를 물어보기
7위	1. 청소 - 동생에게 부탁
8위	6. 운동 - 쉬운 운동법 배울 수 있는 곳 병원갈 때 물어보기
9위	7. 고등학교 동창 만나기 - 친구에게 점심시간에 가까이 와 주기를 부탁하기

우선순위가 정해진 이런 계획을 가지고 있으면 시간관리가 훨씬 쉬워질 것입니다. 보고서를 작성하며 쉬는 시간에 내일 입어야 할 옷을 고르고, 세탁기 버튼을 눌러 놓으면 되겠다는 계획을 하면, 이를 실천하는 것은 쉬울 것이고 이런 계획을 통해 시간을 절약할 수 있을 것입니다.

지금 읽은 시간관리기술 4단계를 여러분의 일상에서 적용해 봅시다. 하루 계획을 세울 때는 할 일을 너무 많이 계획하지는 말고, 오래 걸리는 일은 그 일을 마치기 위해 오늘 하루에 해야하는 일로 나누어 일과에 포함해야 합니다. 부록 22.번에 여러분이 시간관리의 문제 해결하기 4단계를 쉽게 따라할 수 있도록 빈칸을 만들어 두었습니다. 빈칸을 채우면서 시간관리기술을 사용하는 방법을 연습해 보십시오.

▶ 통증 대처방법을 미리 정해 두자

통증 대처방법을 배우기 앞서 퀴즈를 풀어봅시다.

Quiz 검사나 치료 과정에 두려움이 있을 때 발생하는 부작용이 아닌 것은?

① 통증을 더 강하게 느낌
② 더 철저하게 건강 관리를 함
③ 검사나 치료를 회피하게 됨
④ 심한 스트레스 반응으로 구역, 구토를 하기도 함

▶ 답은 2번입니다

검사나 치료 과정, 그리고 통증에 대한 두려움이 심할 경우 치료 중 경험하는 어려움이 더 가중됩니다. 두려움에 빠져 있을 때 두려움을 적극적으로 줄여보겠다는 생각은 쉽게 하지 못합니다. 그러나 통증도 적극적으로 관리하는 방법이 있다고 합니다. 통증과 통증에 대한 두려움에 대한 대처 방법을 미리 정해두면 통증이 있을 때 도움이 될 것입니다.

통증이 있을 때 가장 일반적인 대처방법은 진통제를 복용하는 것입니다. 진통제 복용, 중단 및 주의사항에 대해서는 반드시 주치의와 논의해 결정해야 합니다. 통증이 있을 때 대처하는 또 다른 방법은 스스로 통증을 조절하는 것을 배우는 것입니다. 진통제와 함께 혹은 진통제 없이 사용할 수 있는, 간단하지만 효과적인 방법들을 몇 가지 소개하겠습니다.

통증에 대처하는 방법에는 소극적인 방법과 적극적인 방법이 있습니다.

표 8-19 통증에 대처하는 소극적인 방법과 적극적인 방법

소극적인 방법	적극적인 방법
• 통증 부위에 온 신경을 집중한다. • 통증이 나아지길 기도한다. • 아무 일도 하지 않고 누워 있는다.	• 아픈 것을 잊기 위해 다른 일을 한다. • 일부러 더 많이, 바쁘게 움직인다. • 가벼운 스트레칭을 한다.

기영씨의 사례를 살펴 봅시다.

"6개월 전 난소암 수술 후 허리 통증이 있는 기영 씨는 진통제를 복용해도 완전히 없어지지 않는 통증 때문에 괴로움을 겪고 있습니다. 기영씨는 하루 종일 통증 부위를 살피며 아픈 부위가 달라졌는지, 또는 통증 정도가 달라졌는지 계속 신경을 씁니다. 기영씨는 움직이면 허리가 더 아플 것 같다는 불안감에 하루 종일 누운 자세로 허리 생각을 하며 지냅니다. 기영씨는 통증이 있을 때마다 통증 부위에 온 신경을 집중하고 아무 일도 하지 않고 누워있습니다."

기영 씨처럼 통증이 있을 때 아픈 부위에 집중하는 것은 통증에 대처하는 소극적인 방법인데, 이 방법은 도움이 되지 않는 경우가 많습니다. 통증 부위에 집중하는 것은 통증에 더 민감하게 반응하게 합니다. 이로 인해 통증을 더 느끼게 하고 이로 인해 일상 생활이 더 어려워 집니다.

통증을 다룰 때 더 효과적인 방법은 적극적으로 대처하는 방법으로 이 책에서는 다음과 같은 4가지 방법을 소개할 것입니다.

- **해피존으로 가기**
- **호흡하기**
- **주의 분산시키기**
- **재미있는 활동하기**

먼저 해피존으로 가기를 배워봅시다.

• **해피존으로 가기**

해피존으로 가기는 기분 좋은 장면을 상상하면서 몸과 마음이 편안해지도록 도와주는 방법입니다. 너무 통증이 심하면 이 방법을 사용하는 것도 어렵고, 효과도 제한적이겠지만, 어느 정도의 통증은 이 방법으로 통제가 가능할 수 있습니다. 이 방법을 어떻게 사용하는지를 배우고, 통증이 있을 때 사용해 봅시다. 통증을 없앨 수는 없어도 줄일 수 있을지도 모릅니다.

사람마다 자신만의 해피존이 다 다릅니다. 다음 예를 참조하여, 자신만의 해피존을 만들어 보세요.

표 8-20 통증 대처방법 – 해피존의 예시

나는 친한 친구와 파티를 해요. 신나는 음악을 크게 틀어놓고, 정신 없이 춤을 춰요.
나는 높은 산 꼭대기에서 스키를 타고 씽씽 달려요. 상쾌한 찬 공기와 온몸이 짜릿한 기분을 느껴요.
내 해피존에는 신비한 마법사가 살아요. 아픈 부위에 마법의 약을 발라주면 몸이 따뜻해지면서 통증이 나아요.
나는 슈퍼히어로가 되어서 건물 숲을 뛰어다니며 암세포와 맞서 싸워요. 다쳐서 아프기도 하지만 이겨낼 수 있어요.

다음은 해피존으로 가기의 4단계 입니다. 앞서 소개했던 이완 방법 중 상상 이완 방법과 유사합니다.

1 단계 : 편안한 자세로, 눈을 감거나 한 곳을 응시하며, 천천히 호흡합니다

2 단계 : 나를 기분 좋게 해주는 해피존으로 들어갑니다

3 단계 : 해피존에 5분~10분 머물며 상상 속 세상을 생생하게 느껴봅니다.

4 단계 : 들어갔던 입구를 통해 해피존에서 나옵니다.

• 호흡하기

통증이 있을 때 적극적으로 대처하기 두 번째 방법은 호흡하기 입니다. 호흡하기는 간단하면서도 몸의 긴장을 풀어주는데 효과적인 방법입니다. 언제든 쉽게 할 수 있는 타이어 호흡법을 배워서 활용해봅시다.

부록 24. 에 있는 타이어 호흡법을 벽에 붙여두고 실천해보세요. 이전에 시도한 적이 없었다면 처음에는 이 호흡법을 이용하는 것이 쉽지 않겠지만, 반복적으로 연습하고 나면 사용이 쉬워질 것입니다.

• 주의 분산시키기

주의 분산시키기 는 생각을 다른 곳에 집중하면서 통증으로부터 주의를 분산하는 방법입니다. **주의 분산시키기** 에는 다음과 같이 여러 가지 다양한 방법이 있습니다.

표 8-21 타이어 호흡법

1	2
자신이 커다랗고 둥근 타이어가 되었다고 생각해봅시다.	타이어가 최대한 커질 수 있도록 공기를 들이마시세요.
3	**4**
이제 천천히 공기가 빠져나가도록 해봅시다.	바람이 빠지는 소리를 내면서, 타이어의 공기가 모두 빠져 나가게 하세요.
5	**6**
공기를 모두 비웠으면, 다시 숨을 들이마셔 타이어를 최대한 크게 만드세요.	바람이 빠지는 소리를 내면서, 타이어의 공기가 모두 빠져 나가게 하세요.

1부터 6을 3번 반복하겠습니다.
잘하셨습니다.

표 8-22 주의돌리기

주의를 분산시키는 방법	예
숫자 더해나가기	3부터 시작해 3씩 더하기 예) 3, 6, 9, 12, 15….
숫자 거꾸로 빼면서 세기	30에서부터 2씩 빼면서 세기 예) 30, 28, 26, 24, 22, 20…
주변에 보이는 사물의 모양 설명하기	저 책장은 높이는 한 뼘, 두 뼘, 세뼘… 여섯 뼘이고, 꼭대기는 둥근 모양이고, 모서리는 네모로 각져 있고..
먹고 싶은 메뉴 목록 만들기	삼겹살, 소주, 김치찌개, 고등어 김치찜,
여행하고 싶은 장소 목록 만들기	에펠탑, 베르사이유 궁전, 개선문, 몽마르뜨 언덕…
시장에 가면~ (물건 20개 생각하기)	오징어, 파, 마늘, 양파, 오이, 미나리, …
지하철 노선 외우기	경복궁, 안국, 종로 3가, 을지로 3가, 충무로, 동대입구…
구구단 외우기	9*9=81, 9*8=72, 9*7=63, ….

• **재미있는 활동하기**

재미있는 활동하기는 여러 가지 자신이 좋아하는 활동을 하면서 통증으로부터 주의를 분산시키는 방법입니다. 신체 움직임이나 집중이 필요한 활동도 있으나, 큰 노력이 필요 없이 쉽게 할 수 있는 활동도 있습니다. 자신의 상황에 맞춰 마음에 드는 활동을 선택하고 어떤 통증이 있을 때 그 활동을 어떻게 할 지 계획을 세워서 실천해봅시다. 주변 사람과 활동을 함께 하면 보다 효과적입니다. 가까운 사람들에게 함께하자고 청해보세요.

표 8-23 재미있는 활동 하기

큰 노력이 필요 없는 활동	신체움직임이나 집중이 필요한 활동
재미있는 활동하기	편지/엽서 쓰기
뜨개질하기	컴퓨터 혹은 앱 게임
스피너, 스트레스볼, 스트레스 큐브 활용하기	퍼즐게임(십자말, 스도쿠 등)
게임하기	그림 그리기
산책하기	색칠하기 (컬러링북 등)
TV보기	만들기 (블록, 프라모델, 종이접기 등)
영화보기	조각퍼즐 맞추기
라디오 듣기	루빅스 큐브 맞추기
음악 듣기	보드게임
인터넷 서핑	사진찍기
차마시기	정리하기
반신욕/족욕	계획 세우기
신문/잡지보기	일기쓰기
노래하기	화초 돌보기
통화하기	가벼운 산책
향초피우기	스트레칭/요가
기도하기	악기연주
	뜨개질/바느질
	마사지
	수학문제 풀기
	외국어 공부하기

통증은 개인차도 있고, 그 종류도 다양하기 때문에 각자가 자신에게 가장 적절한 통증관리기법을 마련하는 것이 좋습니다. 위에서 제시한 다양한 통증관리방법을 참고하여 통증을 다루는 몇 가지 방법을 미리 마련하십시오. 그리고 그 방법을

잊지 않도록 미리 연습하고, 그리고 특히 통증이 있을 때 활용할 수 있도록 잘 보이는 곳에 적어 놓으십시오.

> 나는 통증이 있을 때 적극적으로 대처하겠다.
> 나는 □ 돌발통증 □ 지속통증 □ 돌발통증과 지속통증 이 있을 때
> ______________________________ 을 하겠다.

실제 통증이 있을 때 자주 사용하면 통증에 대한 두려움이 감소하고 실제 통증이 왔을 때 통증의 강도나 기간을 줄이는데 도움이 될 수 있습니다. 단, 평소와 아픈 부위가 다르거나 진통제를 먹어도 통증이 점점 더 심해질 때에는 급성 통증이 발생한 것이므로 주치의와 상의하실 것을 권합니다.

페이스 조절하기를 사용해 통증에 대비하자

통증을 관리하는 다른 방법은 통증을 예방하는 것입니다. 통증을 예방 방법은 페이스 조절하기와 즐거운 여가활동 늘리기 2가지로 구분할 수 있습니다.

페이스 조절하기	즐거운 여가활동 늘리기
[페이스 조절 1-2-3] 1. 쉬는 시간 계획하기 2. 조금씩 횟수를 늘려 나가기 3. 장애물 대비하기	[여가활동 늘리기 1-2-3] 1. 선택하기 2. 계획하기 3. 장애물 대비하기

그림 8-12 통증 예방방법 2가지

두 가지 중에서 먼저 페이스 조절하기 방법을 배워봅시다.

통증이 있다고 활동을 하지 않는 것은 통증을 더욱 악화시킬 수 있습니다. 통증 사이클을 봅시다. 통증이 생기면 활동량이 저하되면서 근력 또한 저하됩니다. 그에 따라, 자연스럽게 부정적인 생각이 들고, 주변 사람들, 친구 혹은 가족을 회피하게 됩니다.

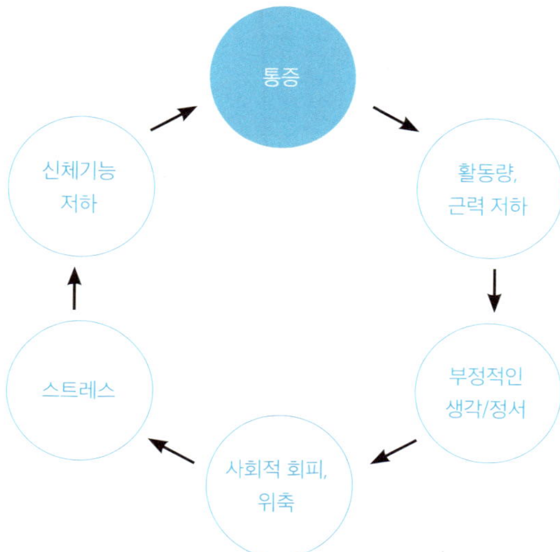

그림 8-13 통증 사이클

이런 사회적 어려움은 스트레스를 유발하고, 신체적인 기능을 저하시켜 통증을 악화 시키고 전반적인 삶의 질을 떨어뜨릴 수 있습니다.

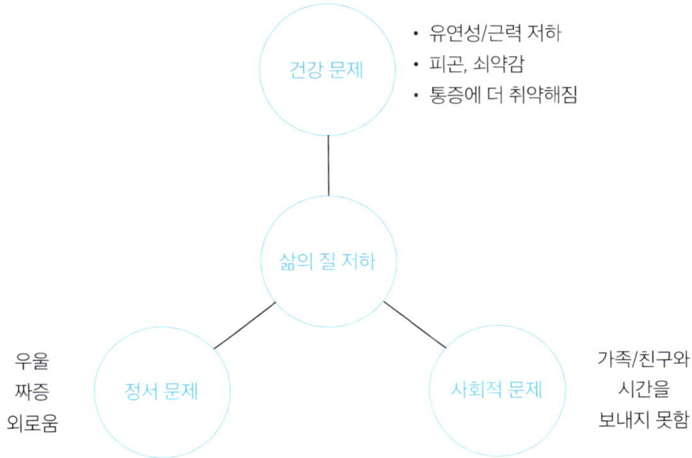

그림 8-14 부족한 활동의 역기능

평소에 활동량을 유지해주는 것은 통증 예방에 도움이 됩니다. 활동량을 유지하는 가장 쉬운 방법은 집안일, 위생 관리, 걷기 등 일상생활에서 하는 활동들을 꾸준히 하는 것입니다. 지금 원래의 생활을 최대한 유지하려고 노력하고 있다면 통증을 줄이기 위해서도 이와 같은 노력은 매우 좋은 것이 될 수 있습니다. 무리하지 않고 활동량을 유지하기 위한 페이스 조절하기 1-2-3을 배우고 적용해봅시다.

표 8-24 페이스 조절하기 1-2-3

페이스 조절하기
[페이스 조절 1-2-3] 1. 쉬는 시간 계획하기 2. 조금씩 횟수를 늘려 나가기 3. 장애물 대비하기

1. 쉬는 시간 계획하기

활동을 할 때에는 쉬는 시간을 꼭 계획해야 합니다. 시작한 일을 쉬지 않고 한 번에 모두 마치려고 하면 안됩니다. 아플 때까지 하지 말고 아프기 전에 미리 쉬는 것이 중요합니다. 찬종씨와 비슷한 경험을 한 적은 없는지 생각하면서 찬종씨의 사례를 읽어봅시다.

> “찬종씨는 1년 전 갑상선암으로 절제술을 받은 후 목, 어깨 주위에 지속적인 근육통이 있어 진통제를 복용 중입니다. 찬종씨는 목과 어깨에 무리가 될까 걱정이 되어 직장생활 이외에는 아무 것도 하지 않고 주로 휴식하면서 지냅니다.
>
> 어느 날, 아내가 찬종씨에게 집안일을 도와달라고 부탁했습니다. 한 번에 집안 전체를 청소하며 평소보다 무리한 찬종 씨는 심한 통증에 시달렸습니다. 이후 찬종씨는 움직이는 것에 더 두려움을 갖게 되었습니다. 어느 날 아내가 또 집안일을 부탁하자, 찬종씨는 아플까봐 두려워 집안일을 거절 했습니다. 아내가 실망하자 찬종씨는 우울감을 느끼며 위축되었습니다. 찬종씨는 전문가를 찾았습니다.
>
> 찬종: 집안일을 하면서 아내에게 도움이 되고 싶은데, 팔이랑 어깨 통증 때문에 하기 어려워요.
>
> 치료사: 집안일 같은 일상생활 활동을 하는 것은 통증 조절에 좋은 방법이에요. 통증을 줄이면서 집안일을 할 수 있는 페이스 조절하기를 함께 계획해 볼까요? 지금 집에서 매일 규칙적으로 하고 있는 일이 있나요? 아니면 하고 싶은 일이 있나요?
>
> 찬종: 지금은 아무 것도 하지 않아요. 예전에는 청소를 했었어요. 아침에는 간단하게 출근 전에 빨래를 세탁기에 넣는다든가 쓰레기를 버린다든가 했고요, 저녁에는 바닥 청소를 했어요.
>
> 치료사: 그럼 다시 청소를 할 수 있게 계획을 세워봅시다.
>
> 찬종: 그럴 수 있으면 좋겠네요
>
> 치료사: 그렇게 할 수 있게 계획을 세워봅시다. 몇 분까지는 무리 없이 팔을 써도 괜찮

을 것 같나요?

찬종: 음… 5분 정도는 무리 없을 것 같아요.

치료사: 좋아요. 그럼 10분 동안 청소하는 것을 목표로 합시다.

찬종: 10분이면 너무 짧지 않나요?

치료사: 천천히 늘려가는 것이 핵심입니다. 10분 동안 청소를 하고 몇 분 정도 쉬면 다시 일어나서 팔을 써도 될 것 같나요?

찬종: 음… 한 20분 정도 쉬면 될 것 같아요.

치료사: 좋아요! 그럼 20분을 휴식 시간으로 계획합시다.

치료사: 청소가 끝날 때까지 10분 청소-20분 휴식 이 세트를 반복하면 됩니다.

찬종: 그 정도면 할 수 있을 것 같아요.

치료자: 좋아요. ”

찬종씨의 사례에서 치료자가 강조하고 있듯이 쉬는 시간을 계획하는 것이 활동을 더 꾸준히 할 수 있게 하는 방법이라는 점을 기억합시다. 다음 빈칸을 채우며 쉬는 시간을 계획합시다.

나의 쉬는 시간 계획
[ ]분 활동하고 [ ]분 쉬기

- 시작한 일을 한 번에 모두 마치려고 하지 말기
- 아플 때까지 하지 말고, 아프기 전에 미리 쉬어주기!

2. 조금씩 횟수를 늘려 나가기

지금의 활동 수준에서 시작하여 횟수를 조금씩 늘려 나가는 것이 중요합니다. 컨디션이 좋다고 한 번에 몰아서 하는 것은 통증을 악화시켜 활동량을 오히려 줄어들게 한다는 것을 꼭 기억합시다.

과도한 활동 → 통증 증가 → 활동량 저하

그림 8-15 과도한 활동의 부작용

찬종씨가 치료사와 함께 조금씩 횟수 늘려 나가기를 계획하는 모습을 살펴 봅시다.

> "치료자: 만약 힘들거나, 반대로 더 할 수 있겠다고 느껴지면 시간을 조절하면 됩니다.
>
> 찬종: 알겠습니다!
>
> 치료사: 무슨 요일이 좋을까요? 청소는 언제 하면 좋을까요?
>
> 찬종: 매일 아침과 저녁이 좋겠어요.
>
> 치료사: 현재 하고 있지 않은 일을 갑자기 매일 하는 것은 무리입니다.
>
> 찬종: 그럼 간격을 둬서 월, 수, 금요일에 할게요.
>
> 치료사: 아침 저녁 중 한 가지만 먼저 해보는 건 어떨까요?
>
> 찬종: 그럼 월, 수, 금요일 저녁에 하는 게 좋겠어요.
>
> 치료자: 좋아요. 처음에는 그렇게 하고 더 할 수 있겠다고 생각되면 횟수를 늘여 나갑시다."

표 8-25 찬종씨의 페이스 조절하기 (2. 조금씩 횟수를 늘여 나가기)

월	화	수	목	금	토	일
✓ 저녁 식사 후 청소		✓ 저녁 식사 후 청소		✓ 저녁 식사 후 청소		

3. 장애물 대비하기

계획한 활동을 방해하는 요인들에는 주변 사람들, 통증, 부정적인 생각, 짜증, 피곤과 같은 기분 등이 있습니다. 여러분이 통증이 있을 때를 상상하면서, 다음 중 어떤 요인들이 통증을 악화시키는 지 생각해봅시다.

그림 8-16 계획한 활동을 방해하는 장애물

찬종씨와 치료사가 각종 장애물에 어떻게 대비하는지 함께 봅시다.

> 치료사: 설거지를 할 때 방해가 될만한 일은 없을까요? 미리 대비해봅시다.
>
> 찬종: 음… 아내가 기다리지 못하고 자기가 하겠다고 할 것 같아요.
>
> 전문가: 맞아요. 계획을 실천할 때에는 주변에 미리 설명하고, 협조를 구하는 것이 중요합니다. 아내에게 뭐라고 말할까요?

찬종: 오늘부터 내가 청소를 맡아서 할게. 그런데 통증 때문에 페이스 조절이 필요해. 내가 마칠 때까지 기다려줘.

전문가: 잘했습니다. 아내에게 일정을 알려주는 것이 도움이 될까요?

잔종씨: 사실은 저렇게 이야기해도 아내가 이해할 것 같지 않아요. 음 "내가 월, 수, 금 저녁에 식사 후에 청소할게. 쉬고 다시 하고 쉬고 다시 하고 할 거니까 한시간 반은 걸릴거야. 시간이 걸리더라도 이해해줘." 라고 해야할 것 같아요.

치료사: 아주 좋습니다. 페이스 조절하기를 실천하고 있다고 아내에게 이야기한다면 더 좋겠네요. 다른 장애물은 어떤 것이 있을까요?

찬종: 갑자기 아플 수도 있을 것 같아요.

치료사: 그럴 때는 어떻게 할까요?

찬종: 일단 진통제를 먹고 통증이 가라앉은 다음 다시 하겠어요.

치료사: 좋아요, 그렇게 합시다. 통증이 가라앉을 때까지 시간이 오래 걸릴 수 있어요. 쉬는 시간을 조절하세요. 만약 너무 피곤해서 하고 싶지 않을 때에는 어떻게 해야 할까요?

찬종: 음… 이게 결국 나의 건강에 도움이 되는 거니까 해야 된다고 생각할래요.

치료사: 좋은 생각이네요! 힘들면 청소 시간을 줄이거나 쉬는 시간을 늘리세요

찬종: 좋아요. 할 수 있을 것 같아요. ”

이렇게 해서 찬종씨의 페이스 조절하기 계획이 세워졌습니다. 여러분도 부록 26. 페이스 조절하기를 사용해 찬종씨와 같이 계획을 세워보세요.

표 8-26

활동	쉬는 시간 계획하기	조금씩 늘려가기	장애물 대비하기
청소	'5분 활동+ 20분 휴식'	1주일에 3회에서 점차 늘려감	① 아내가 기다리지 못함: 미리 도움을 청함 ② 통증 : 통증이 가라앉은 후 수행 ③ 피곤 : 시간 조절

즐거운 여가활동 늘리기를 통해 통증에 대비하자

바로 위에서 설명했듯이 즐거운 여가활동 늘리기는 신체 활동량을 확보하고 통증의 악순환을 끊어줄 수 있는 통증 예방 방법입니다.

표 8-27 여가활동 늘리기 1-2-3

즐거운 여가활동 늘리기
[여가활동 늘리기 1-2-3] 1. 선택하기 2. 계획하기 3. 장애물 대비하기

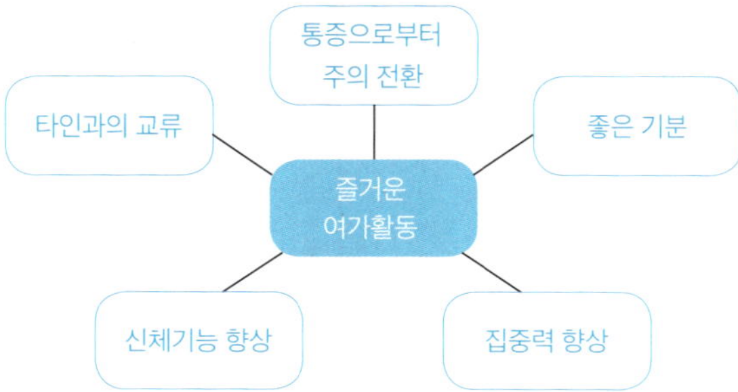

그림 8-17 여가활동의 이로운 점

즐거운 여가 활동은 통증을 덜 느끼고 지낼 수 있도록 도와줍니다. 또한 기분을 나아지게 하고, 다른 사람과 어울릴 수 있도록 해주며, 집중력이나 체력 등 신체 기능 회복에도 도움을 줌으로써 전체적인 삶의 질을 높여줍니다.

다음 인터뷰의 빈칸을 주변 사람에게 물어 인터뷰를 대신해봅시다. 다른 사람들은 어떤 즐거운 여가 활동을 하고 있는지 살펴보는 시간을 가져봅시다. 소소하게 자주 할 수 있는 활동이라면 활동량을 늘이는데 더 도움이 될 겁니다. 각기 다른 취미활동을 하는 사람들을 떠올려보고 어떤 점이 좋은지, 얼마나 그 활동을 하게 되는지 등 궁금한 점을 질문해 봅시다.

표 8-28 취미활동에 대한 인터뷰 시트

취미활동에 대한 인터뷰	
	인물1 : 저는 집에서 허브 화분을 길러요. 직접 기른 허브로 차를 만들어 마시면 정말 기분이 좋아요. [주변에 인물 1과 비슷한 취미활동을 가진 사람이 있나요? 있다면 그 사람에게 이 활동에 대해 궁금한 점을 물어봅시다]
	인물2 : 저는 일주일에 한 번씩 아쿠아로빅을 해요. 몸에 크게 무리가 되지 않으면서 할 수 있는 운동이라서 참 좋아요. [주변에 인물 1과 비슷한 취미활동을 가진 사람이 있나요? 있다면 그 사람에게 이 활동에 대해 궁금한 점을 물어봅시다]
	인물3 : 처음에는 어려웠는데 점차 실력이 늘수록 더 재미있어요. 내가 뭔가 해낼 수 있다는 것이 뿌듯하기도 하구요. [주변에 인물 3과 비슷한 취미활동을 가진 사람이 있나요? 있다면 그 사람에게 이 활동에 대해 궁금한 점을 물어봅시다]
	인물4 : 저는 한 달에 한 번 암 환자 모임에 나가요. 서로 힘든 이야기를 나누고 정보도 공유하면서 도움이 많이 되요. [주변에 인물 4와 비슷한 취미활동을 가진 사람이 있나요? 있다면 그 사람에게 이 활동에 대해 궁금한 점을 물어봅시다]
	[인물 5 : 이름 ___________, 나이 ______] • 어떤 여가활동을 하는지? • 일주일/한달에 몇 번이나 이 활동을 하는지? • 하면서 무엇이 좋은지?

여가활동을 하면서 즐거움을 얻는 사람들이 많습니다. 그리고 여가활동의 종류도 매우 다양합니다. 이제 여가활동 늘리기 3에단계 따라 본격적으로 나의 여가활동 계획을 세워봅시다.

표 8-29 즐거운 여가활동 늘리기 1-2-3

1 선택하기	2 계획하기	3 장애물 대비하기
• 내 기분을 좋아지게 만드는 활동 • 자주 할 수 있는 것 • 혼자 할 수 있는 활동과 같이 할 수 있는 활동 균형 맞추기 • TV보기, 비디오게임과 같이 수동적인 활동은 권장하지 않음	1. 시간 계획하기 (요일, 시간대, 얼마나 오래) 2. 쉬는 시간 계획하기 3. 장소 정하기 4. 준비물 준비하기	1. 활동하는 것을 막는 장애물을 미리 예측하기 (다른 사람, 날씨, 장비 등) 2. 장애물별 대비책 세우기

1단계 : 선택하기

가장 먼저 어떤 여가활동을 할지 선택해야 합니다. 아프기 전 하던 취미 활동을 다시 할 수도 있고 만약 상황이 여의치 않다면 새로운 취미를 만들어 봅시다. 이 때 신체활동과 오락활동, 혼자 하는 활동과 함께하는 활동의 균형을 맞추는 것이 좋습니다. 근석씨의 사례를 통해 여가활동 선택하기에서 유의할 사항을 더 자세히 알아봅시다.

> “ 근석씨는 폐암으로 8개월 전 수술을 받은 후 통원 치료 중입니다. 수술 부위인 옆구리에 지속되는 통증이 있습니다. 근석 씨는 통증 관리 프로그램에 참여하며 전문가와 함께 즐거운 여가생활 계획하기를 해보기로 했습니다.
>
> 근석: 저는 원래 테니스가 취미인데, 암수술을 받은 이후 여가활동을 하지 못하게 되었어요.
>
> 치료자: 안타깝네요. 테니스를 계속 할 수 있는 방법은 없을까요?
>
> 근석: 글쎄요. 의사 선생님이 테니스같이 격렬한 운동은 피하라고 하셨어요

치료자: 모션게임으로 테니스 치기는 어떨까요? 덜 격렬하게 움직이면서 테니스를 할 수 있는 방법입니다.

근석 씨: 아… 그런 방법이 있었네요.

치료사: 다른 새로운 즐거운 활동을 찾아볼 수도 있어요. 즐거운 활동 목록에서 해보고 싶은 것을 골라보세요. ❞

표 8-30 근석씨가 체크한 즐거운 여가활동 목록

즐거운 여가활동 목록	
☐ 산책하기	☐ 바느질/뜨개질
☐ 가벼운 등산	☐ 애완동물 돌보기
☐ 낚시	☐ 사진찍기
☐ 독서	☐ 독서
☐ 자원봉사	☐ 수영/물놀이
☐ 영화보기	☐ 편지쓰기
☐ 스포츠 참여	☐ 운전하기
☐ 베이킹	☐ 친구 만나기
☐ 조립하기	☑ 목욕/반신욕
☐ 그림그리기	☐ 동호회 참여
☐ 노래부르기	☐ 퍼즐맞추기
☐ 음악감상	☑ 게임하기 (모션게임)
☐ 악기연주	☐ 쇼핑하기
☐ 화초 가꾸기	☐ 블로그/SNS

" 근석: 다양한 활동이 있네요!

치료사: 한 번 시도해보고 싶은 활동이 있나요?

근석: 일단은 모션 게임을 해보고 싶어요. 아이들과도 함께 할 수 있으니 일석이조일 것 같아요.

치료사: 좋은 생각입니다! 자, 이번에는 혼자서 즐길 수 있는 활동도 한 가지 골라봅시다.

근석: 음… 반신욕을 해보고 싶어요.

치료사: 좋습니다.

치료사: 자, 이제 활동을 언제 하면 좋을지 계획을 세워봅시다. "

이렇게 해서 근석씨의 선택하기가 완료되었습니다.

- 같이 할 수 있는 활동: 모션 게임
- 혼자 할 수 있는 활동: 반신욕

만약 여가활동 선택이 어렵다면 다음 페이지의 '여가활동 선택하기'를 읽고 해봅시다.

2단계 : 계획하기

2단계는 계획하기 입니다. 여가활동을 계획할 때에는 최대한 구체적으로 계획해야 실천하기 쉽습니다. 이 때 필요할 경우 쉬는 시간을 계획합니다. 다시 근석씨의 사례를 봅시다.

여가활동 선택하기

다음 중 더 마음에 드는 것을 선택해봅시다.
1. [A] 신체 움직임이 필요한 활동
vs. [B] 앉아서 할 수 있는 활동

2. [C] 집에서 할 수 있는 활동
vs. [D] 외출을 해야 하는 활동

3) [E] 파트너, 또는 동료와 같이 하는 활동
vs. [F] 혼자서도 할 수 있는 활동

4) [G] 특별한 도구나 장소가 필요한 활동
vs. [H] 특별한 도구/장소가 필요 없는 활동

1번부터 4번까지 고른 정답을 아래 표에 순서대로 표시합시다

1번 답	2번 답
3번 답	4번 답

부록 28에 여러분의 답에 맞는 여가활동을 제시해보았습니다. 내가 선택한 조건에 맞는 활동 중에서 선택해봅시다.

치료사: 우선 일 주일에 한 번부터 시작해봅시다. 다음을 정해봅시다. 무슨 요일에, 시간대는 언제, 얼마나 오래 활동을 하시겠어요?

근석: 게임은 토요일 오후 1시간 정도가 좋을 것 같아요! 반신욕은 목요일 저녁 20분 정도가 좋겠어요!

치료사: 좋습니다. 그렇게 합시다. 자, 이제 쉬는 시간 계획을 세워봅시다. 반신욕은 쉬는 시간 계획하기가 필요 없는 활동이네요. 모션게임의 쉬는 시간 계획을 세워볼까요?

치료사: 몇 분 정도까지는 무리 없이 움직여도 통증이 심해지지 않을 것 같나요?

근석: 음… 10분 정도 가능할 것 같아요.

치료사: 좋아요. 그럼 10분 동안 게임을 하기로 해요. 몇 분 정도 쉬면 다시 움직일 수 있을 것 같나요?

근석: … 20분 정도 쉬면 될 것 같아요.

치료사: 좋아요! 그럼 20분을 휴식 시간으로 계획합시다. 게임을 하는 동안 [10분 게임-20분휴식] 세트를 반복하면 되는 거에요.

근석: 알겠습니다! ”

이렇게 해서 완성된 근석씨의 여가활동 시간표는 다음과 같습니다.

표 8-31 근석씨의 여가활동 시간표

	월	화	수	목	금	토	일
오전							
오후						모션 게임 (1시간) [10분게임-20분 휴식]	
저녁				반신욕 (20분)			

시간을 계획하고 난 후, 근석씨와 치료자는 장소와 준비물도 함께 확인했습니다. 계획하기를 잘 하기 위해서는 126페이지의 6장 행동을 바꾸는 길 '활동을 계획하자'를 참고합니다.

3단계 : 장애물에 대비하기

활동을 정하고 계획을 한 다음에는 활동하는 것을 막을 만한 장애물을 미리 예측하고 대비합니다. 장애물에 대해 미리 생각해 놓으면, 실제 장애물과 직면했을 때 반응하기 수월합니다. 모든 장애물에 대해 다 생각해 놓을 수도 없고, 새로운 장애물이 생기기도 하지만, 대책을 미리 대비해 놓으면, 그 대책을 응용해서 사용할 수 있습니다. 이렇게 되면 중간에 계획했던 일을 못하게 될 가능성이 줄어듭니다. 근석씨의 사례를 다시 봅시다.

> "치료사: 자, 이제는 활동을 하는데 방해가 될만한 일을 찾아봅시다.
>
> 근석: 아이들이 일정이 있어서 함께 하지 못할 수 있을 것 같아요.
>
> 치료사: 그럴 때는 어떻게 할까요?
>
> 근석: 혼자서 하면 될 것 같아요. 아니면 아내랑 같이해도 좋겠네요.
>
> 치료사: 좋습니다.
>
> 근석: 또.. 층간 소음 때문에 이웃이 민원이 올 수 있으니, 매트를 미리 준비해서 깔아야 겠어요.
>
> 치료사: 아주 좋은 생각입니다! 반신욕을 하기 어려울 만한 상황도 있을까요?
>
> 근석: 갑자기 몸 상태가 안 좋거나.. 병원에서 피검사를 한 날은 못할 것 같아요.
>
> 치료사: 그럴 때는 어떻게 할까요?
>
> 근석: 이전에 배웠던 이완법을 대신 하면 좋을 것 같네요.
>
> 치료사: 훌륭해요! 그렇게 대안을 마련해 놓는 것은 아주 좋은 방법입니다."

근석씨의 즐거운 여가활동 늘리기 계획이 완성되었습니다.

1 선택하기	2 계획하기	3 장애물 대비하기
• 모션게임	토요일 오후 1시간 (10분-20분 휴식)	① 아이의 일정 변경 : 혼자, 또는 부인과 수행 ② 층간 소음 : 미리 매트 구비
• 반신욕	수요일 저녁 20분	• 피검사/컨디션문제 : 이완훈련으로 대체

만약 즐거운 여가활동 계획하기가 쉽지 않다면 다음 페이지의 '여가활동 고민 타파'를 읽고 도움이 되는 조언이 있는지 찾아봅시다.

여가활동 고민 타파

즐거운 여가활동을 가로막는 가장 큰 이유는 무엇인지 선택해봅시다

- ☐ 여가 활동은 암이 완치된 후에 할 수 있다.
- ☐ 통증 때문에 여가활동을 할 수 없다.
- ☐ 여가활동을 하고 싶지만 무엇을, 어떻게 해야 하는지 모르겠다.
- ☐ 여가활동을 위한 시간 여유가 없다.
- ☐ 경제적으로 부담이 된다.
- ☐ 내가 하고 싶은 활동은 집 근처에서 할 수 없다.
- ☐ 활동하는 것을 도와줄 사람이 없다.

선택한 것에 따른 해결책을 아래에서 찾고 가장 유용한 조언이 무엇인지 따져봅시다. 가장 유용한 조언에 밑줄을 긋고 실천할 방법을 찾아봅시다.

☑ 여가 활동은 암이 완치된 후에 할 수 있다.

신체문제때문에 여가활동을 하지 못한다고 생각하고 있습니다. 오히려 적절한 수준의 활동을 유지하는 것 이 체력이나 통증 관리에 도움이 됩니다. 페이스 조절하기를 이용하세요! 또한 신체활동 외에도 할 수 있는 여가활동은 아주 다양합니다. 나의 몸 상태에 맞는 즐거운 활동을 함께 찾아봅시다.

☑ 통증 때문에 여가활동을 할 수 없다.

활동을 하는 것은 통증을 줄이는데 도움이 됩니다. 248페이지에서 배운 쉬는 시간 계획하기를 이용해봅시다.

☑ 여가활동을 하고 싶지만 무엇을, 어떻게 해야 하는지 모르겠다.
또는 ☑ 여가활동을 위한 시간 여유가 없다.

시간관리나 계획하기에 어려움이 있어서 여가활동을 하지 못한다고 생각하고 있습니다. 우선순위 정하기나 구체적인 계획 세우기를 통해 현재의 일과 속에 여가활동을 포함시킬 수 있습니다.

☑ 경제적으로 부담이 된다.

경제적 문제나 접근성 같은 외적인 요인 때문에 여가활동을 하지 못한다고 생각하고 있습니다. 그러나 경제적으로 큰 손실을 감당해야하는 여가활동이 아니고 건강에 도움을 준다면 여가활동은 단순한 여가이상의 의미를 지닙니다. 우리가 즐거움을 느낄 수 있는 여가활동은 생각보다 다양합니다. 지금 할 수 있는 여가활동이 있는지 453페이지 '여가활동 선택하기'에서 탐색해봅시다.

☑ 내가 하고 싶은 활동은 집 근처에서 할 수 없다.

소소한 즐거움이라도 즐거움을 주는 활동을 찾아 꾸준히 하는 것이 의미 있다는 점을 잊지 맙시다. 집 근처에서 할 수 있는 여가활동을 찾아봅시다. 평소 여가활동을 위해 멀리 이동해야 했다면 그 때 사용했어야 했던 교통비를 아꼈다고 생각하고 새로운 활동을 찾아봅시다.

☑ 활동하는 것을 도와줄 사람이 없다.

활동을 도와줄 사람이 없는 것이 어쩌면 가장 큰 어려움 중에 하나일 것입니다. 병원에서 자원을 찾아봅시다. 병원에서 안내하는 자조모임, 암정보실, 활동 등에 참가 신청을 해봅시다. 또한 거동이 어렵다면 움직임이 많이 필요하지 않는 활동을 찾아봅시다. 최선을 다해 활동을 유지하는 것이 좋습니다. 그리고 최선을 다 하고 있다는 것에 스스로 박수 쳐 줍시다.

치료 절차에 대해 질문하자

암치료 과정은 고통을 수반합니다. 고통스런 치료 절차도 감당해야 하며, 항암치료 중 경험하는 머리가 빠지는 일이나 메스꺼움 등의 고통이 때로는 이렇게 까지 해야할까라는 의구심을 갖게 만들기도 합니다. 치료 과정에서 체면이나 나의 존

엄성이 무시된다고 생각되는 절차도 버티고 해내야 하는 경우도 있습니다. 무엇보다도 언제 끝날지 모르는데 참으면서 기다려야할 게 많다는 사실이 힘들고 불안하게 합니다. 어떤 통증이 있을지, 얼마만큼 잘 해낼 수 있을지, 얼마나 감당해야 할지 알 수 없기 때문입니다. 모른다는 것은 매우 불안하게 만듭니다. 의학 절차와 관련된 통증에 대한 연구들은 사람들이 자신에게 닥칠 일을 알고 있을 때 가장 통증을 덜 호소한다고 보고합니다.[45] 최근에 출판된 한 개의 연구를 예로 들자면 대장내시경 절차에 대한 안내 영상을 본 환자 그룹의 영상을 보지 않은 환자보다 덜 불안했을 뿐 아니라 더 적은 통증을 느꼈다는 것입니다.[46] 즉, 겪게 될 절차를 미리 알고 이에 대한 마음의 준비를 하고 나면, 실제 통증을 수반하는 절차를 더 잘 견뎌낸다는 것입니다. 이제 여러분이 할 일은 분명합니다. 의료진에게 혹은 먼저 겪은 사람에게 절차에 대해 자세하게 물어보십시오. 묻고 싶지 않을 수 있지만, 정면돌파해야 합니다. 절차를 자세히 물어보고 그 절차의 단계마다 어떤 자세를 취하고 어떻게 대처할지 계획을 세우십시오. 걱정이나 두려움은 모르기 때문에 더 커집니다. 치료 절차에 어떤 순서나 단계가 있는지 알고 '이렇게 해봐야겠다'고 계획을 세웠다면 이제 할 일은 그 계획대로 해서 문제가 있는지, 좋은 선택을 한 것인지 알아보는 것입니다. 반면에 전혀 치료 과정을 모른다면 할 수 있는 일은 무조건 참는 것뿐입니다. 불안을 덜 느낀 환자들은 실제로 통증도 적게 느꼈다는 연구결과를 통해 알 수 있듯이 절차를 안다면 마음의 준비를 하기 쉽습니다. 절차에 대한 정보는 어떻게 수집하는 게 좋을까요?

---

45 • Mistiaen, P., Van Osch, M., Van Vliet, L., Howick, J., Bishop, F. L., Di Blasi, Z., ... & Van Dulmen, S. (2016). The effect of patient-practitioner communication on pain: a systematic review. *European Journal of Pain, 20*(5), 675-688.
• Mueller, P. R., Biswal, S., Halpern, E. F., Kaufman, J. A., & Lee, M. J. (2000). Interventional radiologic procedures: patient anxiety, perception of pain, understanding of procedure, and satisfaction with medication—a prospective study. *Radiology, 215*(3), 684-688.

소윤 씨의 이야기를 통해 알아봅시다.

> “소윤씨는 1년 전 혈액암 진단을 받고 항암 치료를 받고 있습니다. 정기 검진일에, 소윤씨는 주치의에게 골수 검사를 해서 경과를 보자는 이야기를 들었습니다. 골수 검사일이 다가올 수록 소윤씨는 두려움에 잠을 이루지 못하였습니다. 급기야 골수 검사일 하루 전, 소윤씨는 심한 스트레스를 느끼며 구토를 했습니다. 결국 소윤씨는 검사를 미루기로 하고 예약을 취소하였습니다.”

골수 검사는 소윤씨의 치료 경과를 알기 위해 필요합니다. 소윤씨는 다음 그림과 같이 검사 전에 내가 할 일, 검사 중에 할 일, 검사 끝난 후 할 일에 대해 계획을 세우고 실행하기로 했습니다.

1 선택하기		2 계획하기		3 장애물 대비하기
1단계 : 검사/치료 절차 알기 2단계 : 통증 대처 전략을 사용해 계획 세우기 3단계 : 예행 연습	▶	4단계 : 전략 사용하기	▶	5단계 : 스스로에게 칭찬/보상하기

그림 8–18 통증 대처 계획 세우기

• 1단계 : 검사/치료 전 -절차 파악하기

검사 전에 해야 하는 일 첫 번째 단계는 검사가 진행되는 절차를 최대한 자세하

---

46 Hsueh, F. C., Chen, C. M., Sun, C. A., Chou, Y. C., Hsiao, S. M., & Yang, T. (2016). A study on the effects of a health education intervention on anxiety and pain during colonoscopy procedures. *Journal of Nursing Research, 24*(2), 181-189.

게 알아보는 것입니다. 절차를 알아볼 때에는 주치의에게 물어보거나, 지금 다니는 병원에서 제공하는 자료를 검색해볼 수 있습니다. 병원에서 비치해둔 치료 방법에 대한 안내 책자, 리플렛도 꼼꼼히 읽고 진료나 회진시간에 질문해봅시다.

소윤씨가 받아야 할 골수검사에 적용해보겠습니다. 검사 전 첫 번째로 단계로, 골수검사가 진행되는 절차를 알아보겠습니다. 앞서 언급했듯이, 주치의에게 묻거나 병원에서 도움을 받거나, 혹은 인터넷에서 절차에 대한 정보를 얻을 수 있습니다. 다음이 골수검사의 절차에 대한 정보입니다. 이 절차 중에 통증이 예상되는 순간이 언제인지 체크하도록 합니다.

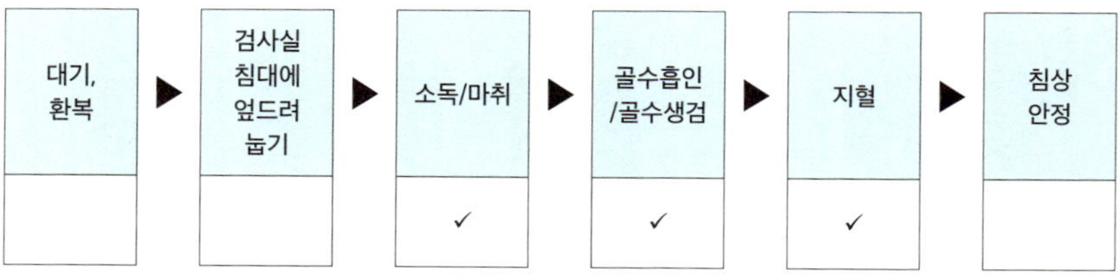

그림 8-19 소윤씨의 치료 절차 문의하기(골수검사 절차)

골수 검사는 30분 정도 소요되고, 그림과 같은 절차로 진행되는데, 소윤씨는 경험상 이 절차 중에 통증을 느끼게 될 때는 마취하는 장면과 골수 흡입과 골수 생검할 때, 검사를 마친 직후 지혈할 때라고 생각했습니다.

• **2단계 : 검사치료 전 통증 대처 전략을 사용해 계획 세우기**

두 번째 단계는 전체 치료 절차 동안 어떻게 대처할 지를 미리 계획하는 단계입니다. 특히, 통증이 예상되는 순간에 어떻게 할 것인지에 대해 구체적인 계획을 세우는 것이 중요합니다. 소윤씨는 00 페이지의 통증 대처 방법에 있는 전략들을 각 단계에 어떻게 적용할지 계획을 세우기로 했습니다. 그리고 그림과 같이 계획을 세웠습니다. 계획은 구체적일수록 좋습니다. 소윤씨는 대기실과 검사실 침대에서 기다릴 때에는 타이어 호흡을 하면서 기다리고, 마취할 때와 검사를 할 때에는 해피존으로 가기를 사용하기로 했습니다. 계획을 세우면서 소윤씨는 "지혈할 때 압박을 가하던 것이 생각나. 검사 전에 많이 무서웠지만, 지난 번에도 끝까지 잘 해냈어"와 같은 생각을 해봅니다.

대기, 환복	▶	검사실 침대에 엎드려 눕기	▶	소독/마취	▶	골수흡인 /골수생검	▶	지혈	▶	침상 안정
				✓		✓		✓		
침대에 엎드리면 타이어 호흡 시작		타이어 호흡 하기		해피존으로 가기		해피존으로 가기		해피존으로 가기		보상 주기

그림 8-20 소윤씨의 치료 절차에 따른 통증 대처 계획

• 3단계 : 예행 연습

세번째로 이를 연습하는 것이 필요합니다. 실제 검사 중에 계획한 방법을 사용하려면 반복적인 연습이 중요합니다. 소윤씨는 검사 소요시간이 30분 정도인데, 각 단계가 몇 분정도 걸렸는지 떠올려보고 예행연습을 하면서 각단계별로 잘 될지, 너무 복잡한 계획을 세운 것은 아닐지, 더 다양한 전략을 사용하기로 하는 것이 나을지 따져보았습니다. 적어도 자신에게 잘 맞는 1-2개의 방법을 찾아 계획을 세우고 연습하면서 계획을 점검 해봅시다. 소윤씨는 이렇게 연습하고 나니 이미 해낸 것 같은 기분이 들었습니다. 운동선수들은 긴장되는 상황에서도 원래의 기량을 발휘

하기 위해 반복적으로 연습합니다. 긴장될 때 계획을 실행에 옮기기 위해서 꼭 연습합시다.

• 4단계 : 검사/치료 중 전략 사용하기

실제 검사 중에는 계획을 실천하도록 합니다. 검사 당일 소윤씨는 "잘 할 수 있어! 옷갈아 입을 때부터 계획 시작이야."라고 마음먹었습니다. 소윤씨는 엎드려서 타이어 호흡을 합니다. 계획대로 마취를 시작하면 해피존으로 들어갑니다. 소윤씨는 포근한 이불에 둘러싸여 바늘이 들어와도 아프지 않는 곳을 해피존으로 정했습니다. 주사바늘이 느껴지자 이불을 찌르는 것뿐이라고 생각합니다. 주사 바늘을 더 깊숙이 넣었을 때 통증을 느꼈지만, 이정도 통증을 느낀 후에는 검사가 곧 끝난다는 것을 예상하면서 자신을 안정시키키로 합니다.

• 5단계 : 검사/치료 후 스스로에게 칭찬/보상하기

마지막으로, 검사를 마친 후에는 잘 이겨낸 자신을 칭찬하며 보상을 줍니다. 소윤씨는 "연습한대로 아주 잘 해냈어. 아주 대견해!" 라고 스스로를 칭찬하는 것을 보상주기로 정했습니다. 그리고 검사 후 지혈되기를 기다리는 동안 며칠 후 무엇을 할까, 또는 돌아가면서 무엇을 먹을까 고민하기로 했습니다. 이밖에 스스로에 대한 보상으로 병원 근처에서 갖고 싶었던 물건을 사기로 마음먹고 "나는 대견해"라고 자기 어깨를 도닥여 주는 방법도 있을 것입니다. 그리고 지인에게 "검사 끝! 이번에 검사 받으러 오기가 힘들었는데 방금 검사 끝났어!" 라고 알리고 지지와 격려를 받는 방법도 있을 것입니다.

소윤씨는 소개한 전략을 사용해 통증이 수반된 골수검사를 무사히 마칠 수 있었습니다. 이제 여러분의 차례입니다. 통증이 수반되는 치료가 있다면, 소윤씨와 같이 계획을 세워 실천해 보십시오. 기억하세요. 여러 번 반복해서 연습해야 필요한 순간에 적용할 수 있습니다. 통증에 대처하기 위해 연습할 수 있다는 것을 알고 나면 힘이 생기기도 합니다. 꼭 연습해보세요.

‘1만 시간의 법칙’을 기억하자

‘1만 시간의 법칙’은 어떤 것에 전문가가 되려면 1만 시간, 즉 10년은 투자해야 한다는 주장으로 말콤 글래드웰이 자신의 베스트셀러 “아웃라이어”에서 사용하면서 우리에게 잘 알려졌습니다.[47] 물론 어떤 이는 이런 노력이 재능을 따라잡을 수는 없다고 비판하기도 하고, 어떤 종류의 일 인가에 따라 전문가가 되기 위한 시간은 다르다고 주장하기도 합니다. 어쨌든 이 문구가 우리에게 주는 메세지는, 오늘날 어떤 것을 정말 잘하게 되기 위해서는 1만 시간의 노력이 필요하다는 것입니다. 사실 ‘1만 시간의 법칙’은 여러분이 지금 읽고 계시는 이 책을 통해서 전달하는 메세지와 맥을 같이 하는 말입니다. 즉, 마음의 어려움을 개선하기 위해선 생각, 행동을 바꾸고 문제해결과 이완을 실천하기 위해서 부단히 노력해야한다. ‘반복’해서 연습하면 잘하게 되고 잘하게 되면 나아진다는 것입니다. 만일 지금 여러분이 우울하거나 불안하고, 수면에 어려움이 있고 통증으로 고생하고 있다면, 이 책에서 소개하는 효과적인 방법을 1만 시간 동안 사용해 보실 것을 권합니다. 이 장에서 소개하는 문제해결에 있어서도 달인이 되는 데는 시간이 필요합니다. 처음에는 잘 안될 수도 있고, 하다가 그만둘 수도 있습니다. 하지만 꾸준히 계속한다면 시간이 지나면서

---

47 유명한 저널리스트 말콤 글래드웰은 도서 ‘아웃라이어’에서 신경과학자 다니엘 레비틴의 연구결과를 인용합니다. 레비틴은 어떤 분야에서든 최고의 전문가, 마스터가 되려면 ‘1만시간의 연습’이 필요하다고 했습니다.
- 말콤 글래드웰. (2009) **아웃라이어 : 성공의 기회를 발견한 사람들**. 파주, 김영사
- 대니얼 J. 레비틴. (2008) **뇌의 왈츠 : 세상에서 가장 아름다운 강박**. 서울, 마티

새로운 방법이 점점 더 쉬워지고 시간이 덜 걸리게 될 것입니다. 그 과정에서 어느 순간 여러분은 살면서 겪는 여러 가지 어려움을 이전보다 더 쉽게 그리고 더 효과적으로 처리하고 있는 자신을 발견할 수 있을 것입니다. 힘들지만, 노력하면 된다니 참으로 다행입니다.

‘이 또한 지나가리라라 ’고 주문을 외우자

’실연을 당해 본 경험이 있으십니까? 그렇다면, 이미 여러분은 시간의 힘을 알고 있습니다. 죽을 것 같이 힘들고 어려웠던 고통도, 절대로 없어지지 않을 것 같았던 아픔도 시간이 치료해 준다는 것을 배웠습니다. 고통과 아픔이 있을 때는 시간이 해결해 준다는 말이 믿어지지 않지만, 우리는 경험으로 그리고 다른 사람을 통해 시간의 힘을 배웠습니다. 문제해결이 필요한 상황은 어쩌면 많이 힘들고 어렵고 고통스러운 시간일 수 있습니다. 특히 해결책이 찾아지지 않아 고통스러운 순간은 숨막히고 어찌할 바를 모르는 괴로운 시간입니다. 그럴 때 한번쯤 시간의 위력을 말해주는 말로 자신을 위로해 봅시다. “이 또한 지나가리라[48]” 이 말로 고통이 사라지진 않겠지만, 그 고통을 버틸 조금의 힘은 보태어 줄 수 있을 것입니다. 고통의 순간에는 의미 없는 말이지만, 모든 경험자들은 ‘시간’의 힘을 말합니다. 시간이 지나가면 견딜 수 없을 것 같은 고통도 ‘과거’가 됩니다. 그리고, 어떤 사람들은 이 과정을 통해 그 고통에서 견디는 방법을 배워갑니다.

48 이 또한 지나가리라((This too shall pass away)는 유대경전 주석서인 미드라시에 나오는 경구이다. 이 경구가 다윗왕과 솔로몬의 우화와 랜터 윌슨 스미스의 시에 나오는 구절을 통해 잘 알려져 있는 것이다.

다른 사람들과 마음을 나누자

암 진단을 받게 되면 많은 사람들이 친구와 아는 사람을 만나지 않는 것을 선택합니다. 병을 알리는 것도 구차하고, 다른 사람은 내가 겪고 있는 것을 모르기 때문에 만나도 말이 통하지 않을 것 같고, 내 상태에 동정해 주는 것도 싫고, 내가 이런 상태에 있음을 알리기도 싫어서 다른 사람을 피할 수 있습니다. 그리고, 남에게 알리는 것이 내게는 하나도 도움이 되지 않을 것이라 믿음을 가지고 있을 수 있습니다.

암 진단을 받고도 잘 적응하는 사람들을 조사해 보면, 가족, 친지, 주변과 상당히 친밀한 소통을 하는 경우가 많다고 합니다. 암으로 인한 어려움과 고통을 다른 사람과 나누면 나눌수록 암을 이기고 암치료를 더 잘 받으며 정신적으로 덜 고통을 받게 된다고 합니다.[49] 마음을 나누는 사람은 꼭 가족이나 친구가 아니어도 상관 없으며, 꼭 여러 사람일 필요도 없습니다. 그저 여러분이 경험하는 어려움을 허심탄회하게 들어주고 공감해주고 같이 고민해주는 한 사람이라도 있다면 여러분의 적응은 훨씬 쉬워질 것입니다. 물론 이건 여러분의 성격과도 밀접한 관계가 있습니다. 원래 다른 사람과 어울리는 것을 즐기지 않으며, 문제를 혼자 해결하는 삶을 살아왔고, 혼자가 더 익숙한 사람이 암에 걸렸거나 다른 사람의 지지가 필요하다고 해서 한 순간에 사회성이 높은 사람이 될 수는 없습니다. 실제로 갑자기 행동을 바꾸면 불편할 수도 있습니다. 여러분에게 적절할 만큼, 부담스럽지 않을 만큼 사회적 지지를 찾는 것이 중요합니다. 그리고 기억하십시오. 혼자보다는 다른 사람이 지지해 줄 때 우리의 마음이 더 안정되고 편안해 집니다. 혼자가 더 도움이 되는 사람은 없습니다. 그저 익숙하지 않아 나눔이 어렵고 불편한 것일 뿐 입니다. 다른 사

---

49 • Nausheen, B., Gidron, Y., Peveler, R., & Moss-Morris, R. (2009). Social support and cancer progression : a systematic review. Journal of *psychosomatic research, 67*(5), 403-415.
• Uchino, B. N. (2006). Social support and health : a review of physiological processes potentially underlying links to disease outcomes. *Journal of behavioral medicine, 29*(4), 377-387.

람에게 도움을 구하고, 다른 사람과 나누며, 다른 사람의 도움을 감사하게 받으십시오. 어쩌면 이제까지 보다 더 많을 것을 얻을 수 있습니다.

☑ 규칙 또는 암호를 정하자

암이 아니라도 많은 시간 밀접한 상호작용을 하는 가족과는 갈등의 가능성이 높습니다. 암 진단과 투병은 신체적인 측면뿐 아니라 심리적인 어려움으로 인해 가족과의 갈등의 소지를 높이며, 갈등이 많아지면, 화를 내는 등 감정적으로 반응할 가능성이 더 커집니다. 진단을 받은 직후, 혹은 힘든 치료를 받은 전후로 일시적으로 가족에게 화를 더 많이 낼 수 있지만, 화가 가라앉지 않고 지속된다면, 노력을 기울여 화를 어떻게 다스릴지에 대해 배워야 합니다. 암 환자뿐만 아니라 보호자 역시 자주 화날 수 있습니다. 이때 가장 권하는 방법은 화가 나는 상황이 무엇인지 파악하고, 화를 줄이기 위해 할 수 있는 방법을 적용하는 것입니다. 다음에 소개되는 전략 중 따라하기 쉽고, 자신에게 잘 맞는 방법을 선택하여 실천하길 권합니다.

첫번째 방법은 규칙을 정하는 것입니다. 예를 들어, 항암치료받고 돌아온 날은 피곤할 가능성이 높으므로 가족의 요구에 감정적으로 대응할 수 있습니다. 이런 날을 대비해 미리 규칙을 정해 놓는다면, 가족에게 화낼 가능성을 줄일 수 있습니다. 먼저 가족들과 상의하여, “내가 치료받고 오는 날은 외식하는 날” 또는 “내가 치료받고 오는 날은 스스로 밥을 차려 먹는 날”로 규칙을 정하십시오. 규칙은 현실적으로 실천 가능한 것으로 다른 문제를 일으키지 않아야 합니다. 외식을 하기로 하고 서로 원하는 것이 달라 다툼이 있다던지, 외식을 거부하게 되면 규칙을 정하는 것이 무의미해집니다.

두번째로 암호를 만들어 사용하는 방법이 있습니다. 예를 들어, 힘들고 짜증나는 날 자녀들에게 화내고 싶지 않다면, “엄마가 ○○라고 외치면 모두 방에 들어가서 20분 동안 있다 나오기", 라고 규칙을 정해보십시오. 단, 암호를 만들 때는 반드시 가족이나 보호자에게 암호를 외치는 상황에 대한 필요성과 암호를 외쳤을 때 협조가 필요함을 잘 설명하고 동의를 얻어야 합니다.

다음의 진희씨와 호진씨의 사례를 통하여 암호 만들기를 배워보고 암호 만들기의 주의사항도 더불어 기억해둡시다.

표 8-32 진희씨의 암호 만들기

암호 만들기를 이용한 사례1 - "비행기"
진희씨는 잠 못 잔 다음 날이면 유난히 몸이 더 아픕니다. 가장 편안한 의자에 앉아 쉬기를 청해봅니다. 그때 자녀들이 말을 겁니다. 힘들고 화가 나지만 짜증내고 싶지 않습니다. 며칠 전 정한 암호를 외쳤습니다. "비행기!" 자녀들이 방으로 들어가고 조용히 혼자만의 시간을 가질 수 있었습니다. * 암호의 내용을 구체적으로 정하는 것이 좋습니다. "엄마가 "비행기" 하면 방으로 재빨리 들어가서 30분 놀고 나오는 거야, 우리끼리 암호니까 30분 딱 채우고 나오는 거야" 라고 아이들에게 설명하고 실행하기 전에 연습해봅시다. 아이들과 암호를 정하는 경우, 놀이처럼 재미있게 할 수 있도록 하면 더 좋습니다. 예를 들어 "비행기" 하고 외치면, 아이들은 재빨리 들어가며 비향기처럼 "휙~" 소리를 입으로 내도록 할 수 있습니다.

진희씨와 호진씨의 사례에서 보았듯이 암호 만들기를 할 때는 암호의 내용을 가능한 구체적으로 정해야 합니다. 그리고 대화를 통해 암호의 서로 내용을 동일하게 이해했는지 확인하는 과정이 꼭 있어야 합니다. 암호의 내용을 구체적으로 하고 효과적으로 대화하려면 위 사례와 같이 써보는 것이 좋습니다. 부록 25. 암호 만들기를 활용해 보세요.

표 8-33 호진씨의 암호 만들기

암호 만들기를 이용한 사례2 - "땅콩"
호진씨의 아내가 투병 중입니다. 입원 중인 아내의 병실을 지키고 있습니다. 종종 걱정과 짜증이 밀려옵니다. 아무 말 없이 잠깐 나갔다 오면 아내가 신경 쓰는 것 같습니다. 며칠 전 정한 암호를 말하고 나갑니다. 암호는 "땅콩" 입니다. 돌아갔을 때 아내가 걱정하고 있었을 것을 고민하지 않고 휴식시간을 갖게 되었습니다. *이 경우에도 마찬가지로 암호를 외친 후의 구체적인 규칙을 정하는 것이 좋습니다. 규칙의 예로서 다음과 같은 것을 들 수 있습니다. <나가는 사람의 규칙> - 00분 안에 돌아온다 - 전화기 꼭 가지고 나간다 기다리는 사람의 규칙 - 위급하거나 보호자가 필요한 상황이 되면 전화한다 - 돌아왔을 때 스스로 이야기하지 않거든 무엇을 했는지 캐묻거나 비난하지 않는다

☑ 케어링 데이를 만들자

가족과 주변 사람들의 지지는 환자의 삶의 질에 큰 차이를 빚는 요인입니다. 사회적 지지가 부족하다고 느끼는 환자는 삶의 질이 낮고, 감정적으로 더 큰 어려움을 경험할 수 있습니다. 가족이나 주변 사람들에게 섭섭함을 느끼지 않고 지지받고 있다고 느낄 수 있는 방법이 무엇인지 생각해봅시다.

도움을 받는다고 생각하면 위축되기 쉽습니다. 평소에 무엇이든 스스로 해왔던 성인들은 암 투병을 시작하고 주변에 도움을 구할 일이 많아지면 위축을 경험할 수 있을 것입니다. 하지만 어떤 일을 할 때 팀워크가 중요하듯이 암 투병에서도 주변 사람들과의 팀워크 정신이 중요합니다. 도와달라고 부탁하는 입장이라고 생각하지 말고 팀의 일원으로서 의견을 제시한다고 생각합시다.

제안할 수 있는 의견 중에 '케어링 데이(caring day) 만들기' 가 있습니다. 케어링 데이란 가족 구성원 각각이 자신이 원하는 것을 미리 정하고, 구성원이 그것을 실행해 주는 날을 말합니다. 케어링 데이를 가질 때는 가족이 돌아가면서 서로 돌봄받고 있다고 느끼도록 서로를 응원하고 지지해주는 것이 중요합니다. 케어링 데이를 정할 때 가족 구성원이 각자 원하는 것을 노트에 적었다가 동시에 공개해서 서로 읽어보고 의논하는 것도 좋습니다. 무엇이 필요한지 스스로 말하는 것을 들어보면 그동안 하지 못했던 가족간 대화를 조금 더 쉽게 할 수 있는 기회도 될 것입니다. 환자에게 도움이 더 필요한 기간 동안은 환자의 케어링 데이를 '입원에서 돌아온 날', '입원하는 날'로 정할 수 있습니다. 케어링 데이는 서로 겹치지 않는 것이 좋습니다. 한 달 마다 케어링 데이를 다시 정하는 것이 좋으며, 케어링 데이를 정하는 날이 언제인지 가족이 모두 알고 있어야합니다. 무엇이든 구체적으로 정해야 실행할 수 있습니다.

케어링 데이에도 시행착오가 있을 것입니다. 이번에 잘 안되었던 것이 있으면 기억했다가 다음 케어링 데이를 정하는 날에는 제안을 달리해봅시다. 입맛이 없는 날 익숙하지 않은 가족원이 차려준 음식은 먹기 어려울 수도 있습니다. 처음에는 '치료받고 온 날 식사 챙겨주기'보다 '치료받고 온 날 ooo식당에서 같이 밥먹기'로 최대한 쉽고 구체적으로 제안합시다.

표 8-34 케어링 데이 활용하기 사례

케어링 데이 활용하기 사례
[우리 가족 케어링 데이] • 엄마의 돌봄 받기 : 온 가족이 저녁을 시켜 먹기 - 언제? 00일, 00일 (이번달 엄마가 항암치료 하는 날) • 아빠의 돌봄 받기 : 친구들 모임에서 늦게 들어오기 - 언제? 00일, 00일 • 딸의 돌봄 받기 : 엄마가 짜증내지 않고 말하기 - 언제? 00일, 00일 • 아들의 돌봄 받기 : 친구들과 PC방에가서 4시간 놀기, 가기 전에 아빠가 용돈 주기 - 언제? 00일, 00일

부록

여러장 복사 해 두었다가 사용하세요.

절취선을 따라 오리면 복사하기 쉽습니다.

'○○처럼 해보자', '자연을 느끼자', '이완순서를 미리 정하고 외우자'는

절취선을 따라 오리고 벽면에 붙여서 연습하는데 활용하세요.

부록 1. 기분 일기

날짜: [　　　　]년 [　　　]월 [　　　]일 [　　　]요일

매일 일정한 시간에 여러분의 기분이 어떤지 0에서 10의 숫자를 이용해 점수를 매겨 봅시다. 기분 일기의 사용법은 7페이지를 참고하십시오.

기분이 나쁠수록 숫자가 낮아지고,

기분이 좋을수록 숫자가 높 아집니다.

매우 나쁨　　　　　　　　　　　　　　　　　　　　매우 좋음

0　1　2　3　4　5　6　7　8　9　10

기준 정하기

0점

.
.

3점

.

5점

.

7점

.
.

10점

부록 2. 수면 일기

날짜: [ ]년 [ ]월 [ ]일 [ ]요일

수면일기란 수면의 양과 질을 기록하는 것입니다. 수면 일기는 매일 아침 기록합시다.

수면 일기에 기록한 정보를 바탕으로 수면효율을 계산할 수 있습니다. 수면 문제가 있다면 16페이지에서 수면일기에 대해 읽고 이 기록을 계속 해 나갑시다.

$$수면효율(\%) = \frac{실제\ 수면시간}{침대에\ 누워있던\ 시간} \times 100$$

	어젯밤 잠에 들기 위해 몇 시에 누운 시각 (A)	어젯밤 실제로 잠든 시각 (B)	오늘 아침 실제로 잠 깬 시각 (C)	어젯밤 중간에 깼다면, 아침에 자리에서 일어나기 전까지 깨어 있었던 시간 (D)	수면 효율 (C)-(B)-() / (C)-(A) x 100
월	[ ]시 [ ]분	[ ]시 [ ]분	[ ]시 [ ]분	[ ] 시간	[ ] %
화	[ ]시 [ ]분	[ ]시 [ ]분	[ ]시 [ ]분	[ ] 시간	[ ] %
수	[ ]시 [ ]분	[ ]시 [ ]분	[ ]시 [ ]분	[ ] 시간	[ ] %
목	[ ]시 [ ]분	[ ]시 [ ]분	[ ]시 [ ]분	[ ] 시간	[ ] %
금	[ ]시 [ ]분	[ ]시 [ ]분	[ ]시 [ ]분	[ ] 시간	[ ] %
토	[ ]시 [ ]분	[ ]시 [ ]분	[ ]시 [ ]분	[ ] 시간	[ ] %
일	[ ]시 [ ]분	[ ]시 [ ]분	[ ]시 [ ]분	[ ] 시간	[ ] %

부록 3. 통증 일기

날짜: [　　　　　]년 [　　　]월 [　　　]일 [　　　]요일

통증일기를 통해 통증 강도와 부위를 평가합니다. 꾸준한 통증 일기는 통증을 치료하고 관리하는 데 도움을 줍니다. 통증이 있다면, 매일 같은 시간에 통증 일기를 쓰고 이를 기록할 것을 권합니다.

어디가 아픈가요? 제일 아픈 부위 1곳을 선택하세요.

[남자]

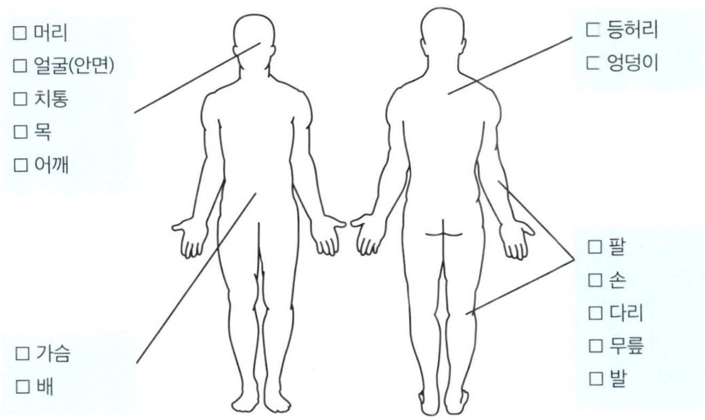

[여자]

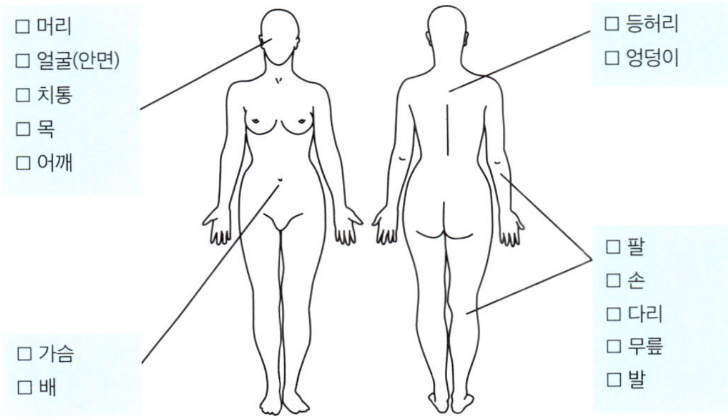

오늘은 통증이 얼마나 심한가요?

통증 없음 — 더 이상 견디기 힘든 통증

0 1 2 3 4 5 6 7 8 9 10

기준 정하기

0점

·
·

3점

·

5점

·

7점

·
·

10점

어떻게 아픈가요?

- □ 따갑다
- □ 쑤시다
- □ 결리다
- □ 쓰리다
- □ 저리다
- □ 뻐근하다
- □ 화끈거리다
- □ 찌르는 듯이 아프다
- □ 묵직하게 누르는 듯 하다
- □ 전기가 흐르는 듯 하다
- □ 무디다
- □ 무감각하다

어떻게 했을 때 통증이 심해지거나 나아지나요?

통증이 심해질 때	통증이 나아질 때
□ 누웠을 때	□ 누웠을 때
□ 앉아있을 때	□ 앉아있을 때
□ 서있을 때	□ 서있을 때
□ 걸을 때	□ 걸을 때
□ 기침할 때	□ 기침할 때
□ 휴식	□ 휴식
□ 아픈 부위를 누를 때	□ 아픈 부위를 누를 때
□ 스트레칭	□ 스트레칭
□ 물건을 들 때	□ 물건을 들 때
□ 집안일을 할 때	□ 집안일을 할 때
□ 운동을 할 때	□ 운동을 할 때
□ 기타	□ 기타

부록 4. 우울 검사(Patient Health Questionnaire-9; PHQ-9)[50]

날짜: [ ]년 [ ]월 [ ]일 [ ]요일

지난 2주 동안 다음과 같은 문제를 얼마나 자주 겪었는지 해당되는 난에 체크(✓) 표시 해 주십시오.

	전혀 없음	며칠 동안	1주일 이상	거의 매일
1. 매사에 흥미나 즐거움이 거의 없다	0	1	2	3
2. 기분이 가라앉거나 우울하거나 희망이 없다고 느낀다.	0	1	2	3
3. 잠들기 어렵거나 자주 깬다/혹은 잠을 너무 많이 잔다	0	1	2	3
4. 피곤하다고 느끼거나 기운이 거의 없다	0	1	2	3
5. 식욕이 줄었다/혹은 너무 많이 먹는다	0	1	2	3
6. 내 자신이 실패자로 여겨지거나 자신과 가족을 실망시켰다고 느낀다	0	1	2	3
7. 신문을 읽거나 TV를 보는 것과 같은 일상적인 일에 집중하기 어렵다	0	1	2	3
8. 다른 사람들이 눈치 챌 정도로 평소보다 말과 행동이 느리다/혹은 너무 안절부절 못해서 가만히 앉아 있을 수 없다	0	1	2	3
9. 차라리 죽는 것이 낫겠다고 생각하거나 어떻게든 자해를 하려고 생각한다	0	1	2	3
1~9번의 합	(			) 점

50 이 우울 검사지는 Pfizer Inc.로 부터 교육용 지원금을 받아 Robert L. Spitzer, Janet B.W. Williams, Kurt Kroenke (1999)에 의해 개발되었고, 안재용, 서은란, 임경희, 신재현, 김정범(2013)이 한국어로 번안하였습니다.

- Spitzer RL, Kroenke K, Williams JBW(1999) Validation and utility of a self-report version of PRIME-MD. JAMA 282(18):1737-1744. doi:10.1001/jama.282.18.1737
- 안제용, 서은란, 임경희, 신재현, & 김정범. (2013). 한국어판 우울증 선별도구(Patient Health Questionnaire-9, PHQ-9) 의 표준화 연구. 생물치료정신의학, 19(1), 47-56.
- https://www.phqscreeners.com

1~9번의 점수의 합은 몇 점입니까? ______ 점

점수는 0점부터 높게는 27점까지로 계산되었을 것입니다. 점수가 높을수록 우울 증상이 심각하다고 할 수 있습니다. 자기 점수에 체크하고 점수 아래 쓰인 주의사항을 읽어봅시다. 단, 점수와는 별개로 자살 생각과 관련된 9번 문항에 1점 이상의 점수를 체크했다면 바로 정신건강 전문가의 도움을 받기를 권장합니다.

□ 9점 미만

양호합니다. 지금과 같은 상태를 유지하십시오.

□ 9점 이상 ~18점 미만

점수가 9점 이상이라면 우울증 진단기준에 가까운 수준으로 우울감을 느끼고 있는 것입니다.

감정이 생활하는데 방해가 되고 있을 것입니다. 그동안 기분을 조절하려는 노력이 쉽게 효과를 내지 않았나, 높은 점수가 유지된다면 정신건강 전문가를 찾아가 보십시오.

점수를 높게 체크한 문항을 다시 읽어보고 그와 같은 증상이 계속되는지 스스로를 관찰해보는 것이 좋습니다. 만약 2번 '기분이 가라앉거나 우울하거나 희망이 없다고 느낀다' 와 3번 '잠들기 어렵거나 자주 깬다/혹은 잠을 너무 많이 잔다'에 다른 문항보다 높은 점수를 주었다면 밤 늦게까지 미래에 대해서 걱정하거나 지금까지의 일들을 후회하느라 잠들지 못하는 것은 아닌지 생각해볼 수 있습니다. 그렇다면 이 책에서 걱정이나 후회가 될 때 기분을 조절하는 방법을 찾고 실천해보세요.

□ 18점 이상

18점 이상의 점수를 기록했다면 주요우울장애를 진단받은 사람들만큼 우울감을 느끼고 있는 것입니다.

기분을 조절하려는 노력을 혼자 실천하기가 쉽지 않을 가능성이 높습니다. 바로 정신건강 전문가를 찾아가기를 권장합니다.

※ 자살 생각과 관련된 9번 문항에 1점 이상의 점수를 체크했다면 바로 정신건강 전문가의 도움을 받기를 권장합니다.

부록 5. 불안 검사(Generalized Anxiety Disorder-7; GAD-7)[51]

날짜: [ ]년 [ ]월 [ ]일 [ ]요일

다음 문항을 읽고 지난 2주일을 기준으로 당신의 상태를 가장 잘 나타낸다고 생각되는 문항을 골라 체크(✓) 표시 해 주십시오. 얼마나 자주 다음과 같은 문제를 느꼈습니까?

	전혀 방해 받지 않았다	며칠 동안 방해 받았다	이주 중 절반 이상 방해 받았다	거의 매일 방해 받았다
1. 초조하거나 불안하거나 조마조마하게 느낀다	0	1	2	3
2. 정하는 것을 멈추거나 조절할 수가 없다	0	1	2	3
3. 여러 가지 것들에 대해 걱정을 너무 많이 한다	0	1	2	3
4. 편하게 있기가 어렵다	0	1	2	3
5. 너무 안절부절 못해서 가만히 있기가 힘들다	0	1	2	3
6. 쉽게 짜증이 나거나 쉽게 성을 내게 된다	0	1	2	3
7. 마치 끔찍한 일이 생길 것처럼 두렵게 느껴진다	0	1	2	3
1~9번의 합	( ) 점			

51 이 불안 검사지는 Pfizer Inc.로 부터 교육용 지원금을 받아 Robert L. Spitzer, Kurt Kroenke, Janet B.W. Williams(2006)에 의해 개발되었고, 서종근과 박성파(2015)가 한국어로 번안하였습니다.

- Spitzer RL, Kroenke K, Williams JBW, Löwe B. A brief measure for assessing generalized anxiety disorder: the GAD-7. Arch Intern Med 2006;166:1092-1097.
- Seo, J. G., & Park, S. P. (2015). Validation of the Generalized Anxiety Disorder-7 (GAD-7) and GAD-2 in patients with migraine. *The journal of headache and pain, 16*(1), 97.
- https://www.phqscreeners.com

1~9번의 점수의 합은 몇 점입니까? ______ 점

점수는 0점부터 21점까지로 계산되었을 것입니다. 점수가 높을수록 불안 증상이 심각해 일상 생활에 큰 방해가 될 정도임을 의미합니다. 자기 점수에 체크하고 점수 아래 쓰인 주의사항을 읽어봅시다.

□ 5점 미만

양호 합니다. 불안감으로 인해 일상생활에 별다른 불편을 겪고 있지 않습니다. 현재 상태를 유지하시기 바랍니다.

□ 5에서 9점 사이에 있는 경우

가벼운 수준의 불안을 느끼고 있습니다. 일상생활을 하는데 큰 불편은 없지만 평소보다 초조하고 성마른 상태입니다.

□ 10에서 14점 사이에 있는 경우

불안감이 집중력이나 수면에 영향을 미쳐 일상 생활을 하는데 조금의 불편을 경험할 수 있습니다. 그러나 투병하는 중에는 언제든지 불안을 경험할 수 있습니다. '생각 바꾸기 전략11. 걱정 쓰레기통 만들기'를 시작으로 다양한 전략들을 읽고 시도해봅시다. 마음을 편안하게 하려는 노력이 효과가 없거나, 높은 점수가 유지된다면 정신건강 전문가를 찾아가보십시오.

□ 15점 이상일 경우

심한 불안을 느끼고 있습니다. 조초함, 두려움과 같은 감정을 심하게 느끼고 있습니다. 앞으로 닥칠 일을 계속 떠올리느라 일상생활에 집중하지 못하고 있을 수 있습니다. 바로 정신건강 전문가를 찾아가기를 권장합니다.

부록 6. 피츠버그 수면의 질 척도(The Pittsburgh Sleep Quality Index; PSQI)[52]

날짜: [ ]년 [ ]월 [ ]일 [ ]요일

다음 질문들은 여러분의 지난 한 달간의 수면 습관과 관련된 것입니다. 여러분은 지난 한 달간의 대부분의 낮과 밤에 대한 가장 정확한 응답을 해야 합니다. 다음 질문들에 답해주십시오.

1. 지난 한달 간, 보통 몇 시에 주무셨나요? ________시 ________분

2. 평균 잠이 들기까지 얼마나 시간이 걸렸나요? ________시간 ________분

3. 보통 아침에 몇 시에 일어나셨나요? ________시 ________분

4. 실제로 수면을 취한 시간은 몇 시간인가요? (이 시간은 잠자리에서 자지 않고 누워있던 시간과 다를 수도 있습니다.) ______________ 시간

---

52 이 수면 검사지는 Daniel Buysse, Charles F Reynolds, Timothy H. Monk, David J. Kupfer(1989)에 의해 개발되었고, 손승일, 김도형, 이미영, 조용원(2012)이 한국어로 번안하였습니다.
- Buysse, D. J., Reynolds III, C. F., Monk, T. H., Berman, S. R., & Kupfer, D. J. (1989). The Pittsburgh Sleep Quality Index: a new instrument for psychiatric practice and research. *Psychiatry research, 28*(2), 193-213.
- Sohn, S. I., Kim, D. H., Lee, M. Y., & Cho, Y. W. (2012). The reliability and validity of the Korean version of the Pittsburgh Sleep Quality Index. *Sleep and Breathing, 16*(3), 803-812.
- http://www.goodsleep.or.kr/self/sub7.html

5. 지난 한 달간, 다음과 같은 이유로 잠이 들 수 없었던 적이 얼마나 자주 있었는지 답해주십시오.

	전혀 없음	일주일에 1회 미만	일주일에 1-2회	일주일에 3회 이상
a) 30분 안에 잠들 수 없었다.	0	1	2	3
b) 밤중이나 이른 아침에 잠이 깬다.	0	1	2	3
c) 화장실에 가기 위해 잠에서 깬다.	0	1	2	3
d) 편하게 숨을 쉴 수 없다.	0	1	2	3
e) 크게 기침을 하거나 코를 곤다.	0	1	2	3
f) 너무 춥게 느껴진다.	0	1	2	3
g) 너무 덥게 느껴진다.	0	1	2	3
h) 악몽을 꾼다.	0	1	2	3
I) 통증이 있다.	0	1	2	3
j) 기타(그 이유를 써주시고, 그 이유 때문에 얼마나 자주 잠들기 어려우셨는지 표시해주세요.)	0	1	2	3

6. 지난 한 달간, 전체적으로 자신의 수면의 질을 어떻게 평가하시겠습니까?

매우 좋았다	좋았다	나빴다	아주 나빴다
0	1	2	3

7. 지난 한 달간, 잠을 자기 위해 약(병원에서 처방받은 약, 약국에서 구입한 약 모두 포함)을 얼마나 자주 복용하셨습니까?

전혀 없음	일주일에 1회 미만	일주일에 1-2회	일주일에 3회 이상
0	1	2	3

8. 지난 한 달간, 운전 중, 식사 중, 또는 사회적 활동을 하는데 얼마나 자주 졸리움을 느끼셨습니까? (하는 일에 집중할 수 없을 정도로 졸린 경우)

전혀 없음	일주일에 1회 미만	일주일에 1-2회	일주일에 3회 이상
0	1	2	3

9. 지난 한 달간, 어떤 일을 마치는데 필요한 열의를 유지하는 것이 얼마나 문제가 되었습니까?

전혀 문제 되지 않음	약간의 문제가 됨	조금 문제가 됨	매우 큰 문제가 됨
0	1	2	3

부록 7. ABC기록지

A Antecedent 선행사건	B Belief 사고/생각	C Consequence 결과
생각이나 감정을 일으키는 사건이나 상황을 A칸에 적어넣어 봅시다.	머릿속을 스치는 생각을 B칸에 적어 봅시다.	사고/생각의 결과로서의 감정이나 행동의 변화를 C칸에 적어봅시다.
예) 친구가 인사 없이 지나침	예) 내가 우습게 보이나?	예) 화가 남

부록 8. 파이차트 그리기

파이차트는 둥근 파이 모양으로 생긴 그래프입니다. 파이차트는 주로 비율(%)을 표시하는데 사용하는데, 비율은 언제나 모두 합치면 100%를 이루게 되므로 파이 조각을 채우듯이 비율을 다 채워 넣으면, 100%에 해당하는 동그라미 파이차트를 완성할 수 있습니다. 이 파이차트를 우리가 합리적으로 생각하고 있는지 검토하기 위해 사용할 수 있습니다. 91페이지의 혜미씨의 예를 보고 여러분도 파이차트 그리기를 해보세요.

	사건 혹은 대상자	%
1.		%
2.		
3.		
4.		
5.		
합계 =		10C%

부록 9. 반대 증거 찾기

상황 이웃에게 살이 많이 빠졌다는 말을 들었다. 건강이 나빠졌거나 재발한 것이다

지지 증거	반대 증거
• 옷이 헐렁하다고 느낀다 • 진단받을 무렵에 피곤하고 살이 빠졌다고 느꼈다	• 한달 전 검진에서 아무 이상이 없는 것으로 나왔다 • 식습관을 바꿔 살이 빠졌을 수 있다 • 규칙적으로 운동했기 때문에 살이 빠졌을 수 있다 • 몸무게를 재보니, 실제로 살이 빠지지 않았다 • 다이어트 중인 이웃은 건강해진 것 같다는 말을 살이 빠진 것 같다고 이야기했을 것이다

상황

지지 증거	반대 증거

부록 10. 좋은 점과 나쁜 점 찾기

사건 오늘 최종적으로 암진단을 받았다. 유방암 3기라고 한다

좋은 점	나쁜 점
• 일을 쉴 수 있다 • 직장에서 보기 싫은 사람들을 보지 않아도 된다	• 치료를 받아야 한다. 치료가 아프다고 한다. • 머리카락이 빠질 것이다 • 나를 싫어하는 사람들은 고소하다고 생각할 것이다

사건

좋은 점	나쁜 점

부록 11. 행동 기록지

날짜: [ ]년 [ ]월 [ ]일 [ ]요일

	한 일(장소)	기분	기분점수

부록 12. 좋은 활동 계획하기

활동을 계획할 때는 최소한 다음 6가지를 정합니다.

1. 활동 종류(좋은 활동)

2. 활동 빈도

3. 활동 강도/지속 시간

4. 구체적 날짜/시간

5. 준비물

6. 만약의 경우에 대처 방법 또는 할 수 있는 다른 활동

빈칸들을 채우면서 하나씩 정해봅시다.

1. 활동 종류 정하기

부록 11번의 행동기록지를 보면서 어떤 행동이 좋은 활동인지 따져봅시다. 행동기록지의 기분 점수를 아래 그래프에 옮겨보세요. 활동기록지를 일주일 이상 기록한다면 좋은 활동 찾기가 더 수월할 것입니다.

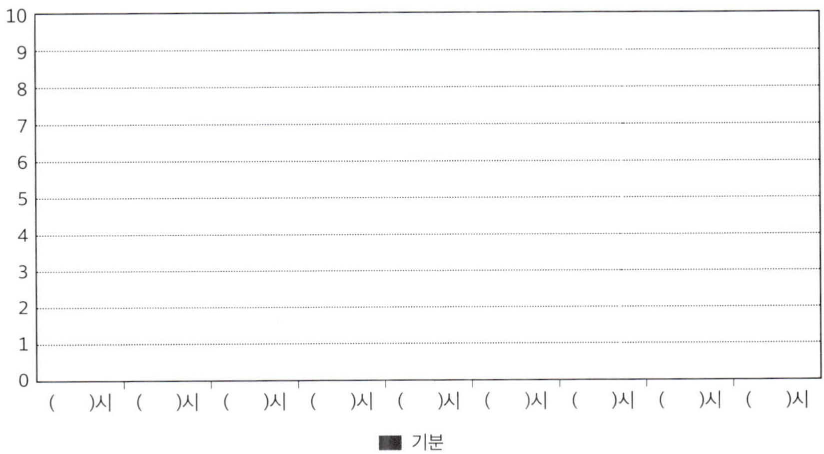

기분 점수를 그래프로 옮겨보면 조금 더 확연히 알 수 있습니다. 기분을 낫게 하는 활동을 찾아 적어봅시다.

내 기분을 낫게 하는 '좋은 활동'은

_______________________________ 와

_______________________________ 이다.

2. 빈도 결정하기

특정 활동의 빈도를 결정할 때는 작은 일부터 시작해서 일의 강도를 서서히 증가시키는 것이 중요하다는 것을 기억합시다. 원래 내가 얼마나 이 활동을 하고 있었는지 알아보기 위해 다음 질문에 답해봅시다. 먼저 위에서 2개 고른 좋은 활동 중 1가지만에 대해서 진행해봅시다.

- '좋은 활동'이 일어나는 시간은 주로 언제 입니까? '좋은 활동'이 주로 일어나는 시간대를 적어 주세요.
  ▸ 좋은 활동이 일어나는 시간

일	월	화	수	목	금	토
□ 오전 _ 시	□ 오전 _ 시	□ 오전 _ 시	□ 오전 11시	□ 오전 _ 시	□ 오전 _ 시	□ 오전 _ 시
□ 오후 _ 시	□ 오후 _ 시	□ 오후 _ 시	□ 오후 _ 시	□ 오후 _ 시	□ 오후 _ 시	□ 오후 _ 시
□ 저녁 9시	□ 저녁 _ 시	□ 저녁 _ 시	□ 저녁 _ 시	□ 저녁 _ 시	□ 저녁 10시	□ 저녁 _ 시

위 표를 보면서 다음 빈칸도 채웁시다.

- '좋은 활동'을 현재 일주일 동안 ( )번 하고 있습니다.
- 몇 번으로 늘일 수 있을까요? ( )번

---

3. 활동 강도/지속 시간 결정하기

활동 빈도를 결정했다면, 이번에는 활동 강도와 지속 시간을 결정해야 합니다. 좋은 활동을 시작하면 주로 얼마 동안 지속하는지 생각하고 다음 문장의 빈칸을 채웁시다.

- 다음 중 내가 선택한 좋은 활동의 강도를 표현하기 적당한 문장을 고르고 빈 칸을 채워보세요.

□ "나는 현재 [ ]을 [ ] 분 / 시간 지속하고 있다"

□ "나는 현재 [ ]을 [ ] 개 하고 있다"

□ "나는 현재 [ ]을 [ ] 번 하고 있다"

□ "나는 현재 [ ]을 [ ] 수준으로 하고 있다"

□ "나는 현재 [ ]을 [ ] [단위:] 하고 있다"

그렇다면 이제 "좋은 활동"을 하는 시간을 점차 늘려봅시다. 얼마나 늘릴 수 있을까요? 좋은 활동을 시작하는 초반에는 평소에 하는 시간만큼 혹은 그것보다 더 적게 계획을 세우고, 실천하다가 익숙해지면, 조금씩 그리고 천천히 시간을 늘여가는 것이 좋습니다. 이 점을 고려해서 다음 빈칸을 채워봅시다. 단위는 위에서 선택한 단위를 옮겨 적도록 합니다.

다음 문장의 빈 칸을 채워보세요.

"나는 [ ] [단위:] 더 할 수 있다"

다음 문장의 빈칸을 채워봅시다.

다음 문장의 빈 칸을 채워보세요. 앞으로의 결심이므로 내가 지금 하던 것에 더 할 수 있다고 생각한 것을 더해서 적어 넣도록 합시다.

"나는 [좋은 활동: ____________]을 앞으로

[ ] [단위:] 하겠다.

4. 구체적 날짜/시간 결정하기

이 다음에는 좋은 활동을 할 구체적인 날짜와 시간을 결정합니다. 날짜와 시간을 결정할 때는 실제로 할 수 있는 가능성이 높은 시간으로 결정해야 합니다. 병원 방문 일정 등 변경하기 어려운 일정이 있는 시간을 피해 계획을 세웁시다. 다음 표를 계획 세우는데 활용합시다.

- 나는 앞으로 [좋은 활동: ____________]을 이렇게 하겠다! 총 [ ]번!

일	월	화	수	목	금	토
□ 오전 _ 시	□ 오전 _ 시	□ 오전 _ 시	□ 오전 11시	□ 오전 _ 시	□ 오전 _ 시	□ 오전 _ 시
□ 오후 _ 시	□ 오후 _ 시	□ 오후 _ 시	□ 오후 _ 시	□ 오후 _ 시	□ 오후 _ 시	□ 오후 _ 시
□ 저녁 _ 시	□ 저녁 _ 시	□ 저녁 _ 시	□ 저녁 _ 시	□ 저녁 _ 시	□ 저녁 10시	□ 저녁 _ 시

5. 준비물 결정하기

날짜와 시간을 정했다면 활동에 필요한 물건들을 미리 준비해 두어야 합니다. 준비물이 있으면, 계획한 활동을 실천하기가 더욱 쉬워집니다. 다음 표에 준비물과 보관장소를 적어봅시다. 보관장소는 쉽게 손에 닿는 곳으로 정합니다.

준비물	보관 장소

6. 만약의 경우에 대처 방법 또는 할 수 있는 다른 활동

계획한 일을 그대로 실천할 수 있는 날도 있지만, 어떤 경우에는 생각지도 못한 일 때문에 계획한 일을 실천할 수 없기도 합니다. 만약을 대비하 두면, 계획한 활동의 실천이 용이해 집니다. 다음 표에 만약의 경우에 따른 대처법을 적어봅시다.

표를 채우기 어렵다면 131페이지의 영희씨는 사례를 읽고 돌아와서 적어봅시다.

한다면 ...	
한다면 ...	
한다면 ...	
한다면 ...	

부록 13. 목표 달성을 축하합니다!

목표달성을 축하합니다!

- 목표: 매일매일 침대에서 이완훈련하자
- 목표 달성을 위해서 할 일 : 침대 옆에 탁상 달력을 두고 이완훈련을 할 때마다 스티커를 붙인다

목표달성	보상	함께 하기
31일 모두 완수	하루 나들이 가기	함께 가기
28일 완수	모자 사기	계절에 맞는 모자 파는 곳을 찾아주기 계절 모자 ㅍ는 곳에 데려다주기
25일 완수	수면양말 사기	수면 양말 예쁜 것으로 함께 골라주기

목표달성을 축하합니다!

- 목표:

- 목표 달성을 위해서 할 일 :

목표달성	보상	함께 하기

이 표를 작성하고 오려서 눈에 잘 보이는 곳에 붙입시다

부록 14. 즐거운 상상하기 연습

여러분의 즐거운 장면은 무엇일까요? 다음 3단계를 통해 즐거운 장면을 자세하게 상상해봅시다.

1단계 : 다음 중 편안한 기분을 느끼게 하는 기분 좋은 상황을 골라보세요.

- □ 여행
- □ 신혼여행
- □ 반신욕
- □ 찜질
- □ 소풍
- □ 엄마 품에 안기기
- □ 친구 만나기
- □ 휴식
- □ 산책
- □ 화끈거리다
- □ 찌르는 듯이 아프다
- □ 묵직하게 누르는 듯 하다
- □ 전기가 흐르는 듯 하다
- □ 무디다
- □ 무감각하다

2단계 : 찾은 즐거운 상상을 최대한 생생하게 떠올려 보겠습니다.

즐거운 상상을 떠올리며 다음의 질문에 답해봅시다. 최대한 지금 현재 경험하고 있는 것처럼 떠올리는 것이 도움이 됩니다. 생생하게 상상하기 위하여 다음 5가지 질문에 하나하나 답해봅시다.

질문1. 주변에 무엇이 보이나요? (편안한 기분을 느끼게 하는 기분 좋은 상황을 골라보세요.)

- ☐ 산
- ☐ 바다
- ☐ 강
- ☐ 나무
- ☐ 꽃
- ☐ 잔디 (풀)
- ☐ 친구
- ☐ 가족
- ☐ 집안
- ☐ 물
- ☐ 침대
- ☐ 차 / 커피
- ☐ 노을
- ☐ 빗방울
- ☐ 자동차
- ☐ 기타 :

질문2. 어떤 기분이 드나요?

- ☐ 즐겁다
- ☐ 편안하다
- ☐ 행복하다
- ☐ 기쁘다
- ☐ 나른하다
- ☐ 졸리다
- ☐ 감사하다
- ☐ 안정감이 든다
- ☐ 개운하다
- ☐ 안락하다
- ☐ 든든하다
- ☐ 상쾌하다
- ☐ 기타 :

질문 3. 주변의 분위기는 어떤가요?

- □ 밝다
- □ 어둡다
- □ 싱그럽다
- □ 평화롭다
- □ 조용하다
- □ 화기애애하다
- □ 재미있다
- □ 흥겹다
- □ 차분하다
- □ 화사하다
- □ 포근하다
- □ 상쾌하다
- □ 맑다
- □ 기타 :

질문 4. 어떤 소리나 목소리가 들리나요?

- □ 새소리
- □ 바람소리
- □ 빗방울 소리
- □ 물소리
- □ 파도소리
- □ 악기 소리
- □ 뭔가 만드는 소리
- □ 친구의 목소리
- □ 가족의 목소리
- □ 아이의 목소리
- □ 다른 사람들 소리
- □ 기타 :

질문 5. 몸에는 어떤 감각이 느껴지나요? 느껴지는 향기가 있나요?

□ 시원함	□ 꽃 향기
□ 따뜻함	□ 풀 향기
□ 상쾌함	□ 바다 향기
□ 근육이 풀림	□ 아로마 향기
□ 뜨거움	□ 아기 냄새
□ 차가움	□ 음식 냄새
	□ 기타 :

3단계 : 위에서 선택한 것을 즐거운 상상 노트에 옮겨 적어보세요.

위에서 고른 단어를 아래 옮겨 적어 보세요. 옮겨 적으면서 다른 즐거운 상상이 떠오르거나 추가된다면 관련된 단어를 적어보세요. 이 페이지를 침대 곁에 붙여두고, 편안한 장면을 머릿속에 생생하게 그려봅시다. 처음에는 집중이 어려울 수 있지만, 매일 꾸준히 연습할수록 좋아질 것입니다.

나의 즐거운 상상

부록 15. 수면 위생 체크하기

수면위생
잠을 잘 자기 위해 지켜야하는 생활 방식

수면 일과 만들기	수면 습관 만들기	
	생활습관 바꾸기	수면환경 개선하기
	↳ 카페인 조절	↳ 빛 차단
	↳ 알코올 조절	↳ 소음 차단
	↳ 금연	↳ 온도 조절
	↳ 식이요법	
	↳ 운동	

1. 나의 생활에서 수면을 위해 고치거나 지켜야 할 습관을 다음에서 모두 체크하세요.

□ 1. 카페인 조절	□ 5. 운동
□ 2. 알코올 조절	□ 6. 빛 차단
□ 3. 금연	□ 7. 소음 차단
□ 4. 식습관	□ 8. 온도 조절7.

2. 1번에서 체크한 고쳐야할 습관에 대한 올바른 정보와 행동목표를 확인하세요. 다른 항목들도 내가 잘못 알고 있는 정보가 없는지 읽어보세요. 잘못 알고 있는 정보 때문에 고쳐야할 습관이 있다면 1번으로 돌아가 그것도 추가로 체크 합시다.

□ 1. 카페인 조절

올바른 정보	행동 목표
• 카페인은 수면의 적이다 • 카페인이 들은 음료는 커피, 콜라, 홍차, 녹차, 일부 건강기능성 음료 등이다 • 초콜릿에도 카페인이 들어있다	→ □ 카페인이 들어간 음료는 하루 (　　)잔으로 제한한다 → □ 카페인이 들어간 음료는 (　　)시 전에만 마신다 → □ 음료를 마시기 전 카페인이 들어간 음료인지 확인한다

□ 2. 알코올 조절

올바른 정보	행동 목표
• 술은 수면의 후반기에서 자주 잠을 깨도록 만든다	→ □ 술을 마시지 않는다 (또는 최소한 '(　　)잔 이상 마시지 않는다'라고 한계를 정하고 지킨다)

□ 3. 금연

올바른 정보	행동 목표
• 담배의 주성분인 니코틴은 숙면을 유도하는 신경 물질에 영향을 주어 수면을 방해한다 • 잠자는 중에는 땀흘림, 심호흡, 소변, 대변 보기 등의 니코틴을 체외로 배출하는 행동이 적거나 없기 때문에 잠들기 전 흡연은 수면을 더 방해한다	→ □ 금연한다 혹은 최소한 오후 7시 이후에는 담배를 피우지 않는다

□ 4. 식습관

올바른 정보	행동 목표
• 취침시간 전에는 많이 먹거나 마시지 말아야한다 • 잠들기 전에 수분을 많이 섭취하면 이뇨작용이 일어나 숙면에 방해가 된다 • 바나나는 잠자는데 필요한 아미노산, 트립토판, 마그네슘이 포함되어 있다	→ □ 야간에 간식을 삼간다 → □ 야간에 음료 섭취, 수박과 같은 수분 많은 과일의 섭취를 많이 하지 않도록 주의한다 → □ 야간에 간식이 꼭 필요할 경우에는 바나나와 같이 수면에 방해되지 않는 음식을 골라 적당량 섭취한다 → □ 식사 시간이 늦다면 적어도 취침시간 3시간 전에 식사를 마친다

□ 5. 운동

올바른 정보	행동 목표
• 일과 중 적절한 운동량이 있어야 숙면을 취할 수 있다 • 그러나 잠들기 직전에 운동하면 근육이 긴장되고, 각성상태가 되기 때문에 잠에 방해가 된다 • 운동은 취침시간 6시간 전에 마무리하는 것이 좋다	→ □ 운동 일정을 마무리 시간이 취침시간 6시간 전이 되도록 조정한다 → □ 수면에 도움이 되는 가벼운 스트레칭을 한다

□ 6. 빛 차단

올바른 정보	행동 목표
• 밝은 빛은 수면을 방해한다 • 수면을 유도하는 멜라토닌호르몬은 어두울 때 분비된다 • 밤 중에 일어날 일이 생기더라도 밝은 빛에 노출되지 않도록 해야한다 • 밤 중에 일어나더라도 시계를 보지 않는 것이 좋다 • 아침에 기상한 후에는 30분 이내에 햇빛에 노출되는 것이 수면과 건강관리에 좋습니다	→ □ 커튼이나 블라인드를 빛 차단에 용이한 것으로 교체한다 → □ 전자기기를 취침시간 2시간 전에는 사용하지 않는다 → □ 취침공간이 빛차단이 어렵다면 눈가리개를 사용한다 → □ 입원치료 시 필요하다면 사용할 눈가리개를 준비한다

□ 7. 소음 차단

올바른 정보	행동 목표
• 소음은 수면에 방해가 될 수 있다	→ □ 수면 문제 관리에 대해 가족과 대화하고 취침시간에 TV시청, 라디오 청취, 음악 재생 등을 피해 소음이 최소화되도록 협조를 구한다 → □ 취침공간이 소음 차단에 불리하다면 귀마개를 구비한다 → □ 입원치료 시 필요하다면 사용할 귀마개를 구비한다

□ 8. 온도 조절

올바른 정보	행동 목표
• 잠들기위해서는 체온이 0.5˚C에서 1˚C가량 떨어져야 한다 • 온도가 너무 높으면 체내의 온도조절 중추가 발동해 각성상태가 유지되기 때문에 잠을 이루기 어려워진다 • 열대야일 때는 잠들기 전 미지근한 물로 샤워해서 0.5˚C에서 1˚C가량 체온을 떨어뜨리면 잠드는데 도움이 된다 • 적절한 온도는 사람마다 다르나, 보통 12 ˚C 미만, 24 ˚C 이상의 온도는 수면을 방해할 수 있다[53] • 암 치료로 인해 온도 조절에 어려움을 겪는 신체 증상을 경험할 수도 있으므로, 춥거나 덥지 않도록 조정한다 • 습도 40~60%가 수면에 유리하다 • 환기 상태도 수면에 중요하다	→ □ 온도계와 습도계를 사서 체크한다 → □ 수면 중 냉방을 사용하고자 할 때에는 자신의 수면 적정온도보다 에어컨 온도를 2-3˚ 가량 높이 설정하고 잠든다 → □ 가족에게 취침 온도에 대한 정보를 전달하고 취침 온도 조절에 대해 협조를 구한다

---

53 수면 연구가 존스홉킨스 대학교 신경학과 레이첼 살라스 박사의 인터뷰와 연구를 참고했습니다. https://www.hopkinsmedicine.org/health/awareness/sleep.html

• Collop, N. A., Salas, R. E., Delayo, M., & Gamaldo, C. (2008). Normal sleep and circadian processes. *Critical care clinics, 24*(3), 449-460.

3. 다음 칸에 위에서 체크한 '행동 목표'를 옮겨 적고 실천하도록 합니다.

수면 위생 지키기
[실천할 행동]

나는 위와 같은 습관을 고쳐나갈 것을 약속합니다 (서명)

서명하고 오려서 침대 맡에 붙여두어도 좋습니다. 내 서명하고 오려서 침대 맡에 붙여두어도 좋습니다. 내 서명을 멋지게 고안해내서 정성스럽게 해보십시오.

부록 16. 수면 일과 정하기

1단계 : 수면 일과에 할 일을 써봅시다. 수면 일과는 좋은 수면을 위한 것입니다. 너무 많은 일은 수면 일과로 하지 않도록 주의합시다.

2단계 : 위에 쓴 수면 일과를 하는데 걸리는 현실적인 시간을 계산해 봅시다.

나의 수면 일과는 A. ________ 분 걸린다.

3단계 : 나의 목표 취침 시간을 적어봅시다

나는 B. ________시 ________분에 잠자리에 들 것이다.

4단계 : 나의 수면 일과를 예시와 같이 써봅시다.

(예시)
나의 수면 일과는?

오후 10시 반 에 잠옷으로 갈아입습니다.

▶ 오후 10시 35분쯤, 양치를 시작합니다.

▶ 오후 10시 40분쯤 되어 양치를 마친 후 간단한 요가 동작을 합니다.

▶ 15분간의 스트레칭을 끝낸 후 오후 10시 55분 경에는 내일 할 일을 체크합니다.

▶ 오후 11시에 되면 잠자리에 듭니다.

나의 수면 일과

오후 (B-A.) ____________ 시 ____________ 분에 ______________________________

▶ 오후 ______________ 시 ______________ 쯤, ______________________________

▶ 오후 ______________ 시 ______________ 쯤, ______________________________

▶ 오후 B. ________________ 가 되면 잠자리에 듭니다.

부록 17. 나처럼 해봐요

편안한 음악을 틀고 다음 글을 읽으며 이완해보세요. 상상에 집중해도 좋고 근육이완에 집중해도 좋습니다. 파트너가 있다면 한 사람은 눈을 감고 이완하고 다른 한 사람은 이 글을 읽어주어도 좋고, 녹음이나 영상을 틀고 같이 해도 좋습니다.
빈 칸에는 5장 생각 바꾸는 길에서 소개한 '긍정적인 자기 대화를 하자'부분에서 활용한 긍정적인 말 중 가장 나에게 와 닿는 말을 넣으면 좋습니다. 어떤 말이 좋을 지 결정이 어렵다면'나는 편안해졌다'는 말로 대신합시다.
이 페이지들을 잘라 잘 보이는 벽에 붙이고 수시로 연습하세요.

세상에서 가장 편안한 사람처럼 숨 쉬어보겠습니다.

공기가 배에 가득 차도록 마시고, 끝까지 내뱉겠습니다.

공기가 몸 속으로 들어가는 것을 상상해 보세요. 코 앞에 있던 공기가 코를 통과하고 가슴을 지나 배 속으로 들어갑니다. 배 속이 공기로 가득 찼습니다.

이제 숨을 내뱉겠습니다. 배 속에서 출발한 공기가 가슴을 지나고 코와 입을 통과해 나옵니다. 세번 반복하겠습니다. 숨을 쉴 때마다 점점 편안해지는 것을 느끼세요.

마지막으로 한번 더 깊은 숨을 쉬고, 내뱉으세요.

근육이 이완되고, 심장과 호흡이 느려지는 것을 느끼세요.

이제 "________________________"라고 속으로 말해 보세요.

다음은 화가 난 사람처럼 주먹을 힘주어 쥐어 보겠습니다.

주먹을 꽉 쥐세요. 이어서 팔에도 힘을 주세요.

손과 팔 근육의 팽팽한 긴장을 느껴 보세요. 그대로 계속 5초간 힘을 주세요.

하나 둘 셋 넷 다섯

이제 주먹을 서서히 풀면서 손과 팔의 근육에서 힘을 풉니다. 힘을 풀면서 긴장이 빠져나가는 것을 5초간 느껴보세요.

하나 둘 셋 넷 다섯

전보다 팔이 조금 편안해 졌습니다.

다시 주먹을 꽉 쥐어보세요. 팔의 근육을 꽉 조여보세요.

하나 둘 셋 넷 다섯

다시 힘을 풀고 손 끝에서 따뜻한 기운이 번져나가는 것을 느껴보세요.

하나 둘 셋 넷 다섯

이제 "____________________________"라고 속으로 말해 보세요.

이번에는 긴장한 사람처럼 해보겠습니다.

긴장감을 어깨, 목, 등으로 표현해 볼 겁니다.

어깨가 귀에 닿을 만큼 최대한 당겨 올려 보세요. 어깨, 목, 등까지 근육이 바짝 조여지게 하세요. 그대로 5초간 긴장을 유지하세요.

하나 둘 셋 넷 다섯

이제 숨을 내쉬고 어깨를 뚝 떨어뜨립니다. 어깨와 목, 등을 이제 완전히 이완하세요.

5초 동안 어깨 위의 무거운 짐을 내려놓은 기분을 상상하며 이완합시다.

하나 둘 셋 넷 다섯

다시 한 번 어깨를 끌어 올려 보세요. 어깨가 더 올라가지 않을 만큼 어깨와 주변 근육을 완전히 쥐어 짜세요. 이번엔 5초 동안 어깨를 천천히 내리세요.

하나 둘 셋 넷 다섯

어깨가 가벼워지는 것을 느끼세요.

이제 "______________________________"라고 속으로 말해 보세요.

다시 한번 화가 난 사람처럼 해보겠습니다.

대신에 이번에는 주먹이 아니라 얼굴로 화를 표현하겠습니다.

화가 났을 때처럼 눈썹을 힘껏 가운데로 모아 표정을 찌푸려 보세요. 이마에는 깊은 주름을 만들고, 눈은 꽉 감아서 최대한 얼굴 가운데로 모이도록 해 보세요.

얼굴을 쥐어짜듯이 힘을 주세요. 얼굴 전체에 강한 긴장이 느껴지나요? 그 상태로 5초간 있겠습니다.

하나 둘 셋 넷 다섯

이제 힘을 빼고 얼굴의 긴장을 모두 없애 보세요.

얼굴, 그리고 이마, 양 눈썹 사이, 눈꺼풀을 모든 근육을 이완하면서, 긴장했을 때와의 차이를 5초간 느껴 보세요.

하나 둘 셋 넷 다섯

한번 더 해보겠습니다. 긴장하세요.

하나 둘 셋 넷 다섯

이제 모든 긴장을 얼굴에서 없애고 편안한 얼굴을 만드세요.

하나 둘 셋 넷 다섯

이제 "______________________________"라고 속으로 말해 보세요.

이번에는 놀란 사람처럼 해보겠습니다.

눈동자가 최대한 위를 보도록 치켜 올려 뜨고, 눈썹을 있는 힘껏 들어 올려 보세요. 머리 근육에도 힘을 주어 긴장하도록 해 보세요. 눈 아래쪽에 긴장이 느껴집니다. 그 상태로 5초간 있겠습니다.

하나 둘 셋 넷 다섯

이제 힘을 빼고 눈 주변의 긴장을 모두 없애 보세요.

다음으로는 최대한 아래를 처다보세요. 눈꺼풀이 살짝 감기며, 눈 위쪽이 팽팽해지도록 하세요. 눈동자를 눈의 가장 왼쪽으로 보내세요. 이제 오른쪽을 보세요. 눈동자를 옮길 때마다 반대편에 긴장이 흐르는 것을 느껴보세요.

이제 눈을 편안하게 뜨고 모든 긴장을 얼굴에서 없애보세요.

하나 둘 셋 넷 다섯

이제 "______________________"라고 속으로 말해 보세요.

다음은 삐친 아이처럼 해보겠습니다.

입과 턱을 사용할 것입니다.

입을 가운데로 동그랗게 모아서 쭈욱 늘려 보세요. 입 주변에 강한 긴장이 느껴집니다.

할 수 있는 한 최대한으로 입을 내밀어 보세요. 그 상태로 5초간 있겠습니다.

하나 둘 셋 넷 다섯

자, 이제 일시에 입에 힘을 푸세요.

입 주변이 편안하게 이완되었습니다.

이제 입을 최대한 크게 벌려 보세요. 아래턱과 목에 긴장이 느껴지나요? 그대로 계세요. 자, 이제 입술을 닫으세요. 긴장되어 있던 입과 턱이 편안하게 풀린 것을 느껴 보세요.

하나 둘 셋 넷 다섯

이제 "______________________________"라고 속으로 말해 보세요.

지금부터는 식스팩을 자랑하는 근육맨처럼 해볼 겁니다.

가슴과 배입니다.

숨을 깊이 들이쉬세요. 그 상태로 배의 근육을 위로 바짝 당겨 올려 보세요. 가슴과 배를 최대한 조여 보세요. 그 상태로 5초간 있겠습니다.

하나 둘 셋 넷 다섯

이제 이완하세요. 이제 평상시처럼 숨을 쉬세요. 모든 근육을 이완하세요. 깊고 이완된 숨을 느껴 보시고 그 느낌이 얼마나 부드럽고 평온한지 느껴 보세요.

다시 한번 같은 방법으로 최대한 복근을 긴장시켜 보세요.

누군가 내 배와 허리를 조이고 있다고 생각해보세요.

하나 둘 셋 넷 다섯

자 힘을 푸세요. 몸 가운데에서 전체로 에너지가 퍼져나가는 것을 느껴보세요. 배에서부터 따뜻한 기운이 번져나가는 것을 감지하면서 5초간 있겠습니다.

하나 둘 셋 넷 다섯

이제 "______________________"라고 속으로 말해 보세요.

이제 물장구치기를 처음 배우는 아이처럼 해보겠습니다.

다리와 발을 사용해야 합니다.

발가락을 주먹 쥐듯 최대한 구부려 보세요. 발바닥의 아치에도 힘을 주어 둥그렇게 만들어보세요. 그 상태로 5초간 있겠습니다.

하나 둘 셋 넷 다섯

이제 발가락에서 힘을 모두 빼고 아치에서도 힘을 뺍니다.

발이 시원하고 이완된 기분을 5초간 느껴봅시다.

하나 둘 셋 넷 다섯

다리를 곧게 들어 올린 후에, 발가락이 무릎을 향하도록 발등을 앞으로 굽히세요. 종아리 뒤편에 강한 긴장을 느껴보세요. 그 상태로 5초간 있겠습니다.

하나 둘 셋 넷 다섯

이제 발가락이 바닥을 보도록 발등을 다리와 평행하게 세우세요. 발을 바짝 긴장시켜 보세요. 그 상태로 5초간 있겠습니다.

하나 둘 셋 넷 다섯

이제 이완하세요. 몸의 모든 긴장이 당신의 다리를 지나 발가락 끝을 통해서 빠져나가는 것을 그려보세요.

하나 둘 셋 넷 다섯

이제 "________________________"라고 속으로 말해 보세요.

깊게 천천히 숨을 내쉽니다. 완전히 이완되었습니다.

긴장한 몸의 부분이 없는지 살펴봅시다.

이마, 미간-, 눈 주변, 코 끝, 윗 입술, 아랫입술, 턱, 목, 어깨, 위팔, 아래팔, 주먹, 윗배, 아랫배, 옆구리, 다리, 무릎 뒤, 종아리, 발목, 발바닥, 발끝

긴장이 모두 사라졌는지 살핍시다.

오늘도 이완훈련을 완료했습니다.

부록 18. 자연을 느끼세요

다음을 작은 목소리로 읽어 보세요
누군가 나에게 동화를 들려주는 것처럼 상상해보세요
천천히 음미하면서 따라해보세요
이 페이지를 잘라 잘 보이는 벽에 붙이고 수시로 연습하세요

1

오늘은 햇살이 따뜻한 한가로운 어느 여름날입니다.
당신은 시원한 옷을 입고 바닷가를 걷고 있습니다.
멀리서 갈매기가 끼룩끼룩 우는 소리가 들립니다.
울창한 나무 사이로 하얀 모래사장이 보입니다.
나무들을 지나 해변에 도착했습니다.

신발을 벗고 맨발로 모래사장을 걸어봅니다.
따뜻한 모래의 감촉이 느껴집니다.
그대로 해안가로 가까이 다가가 봅니다.
바닷물이 반짝반짝 빛나고 있습니다.

예쁘게 반짝이는 바닷물을 보면서
모래 위에서 발가락을 오므리고 펴보세요.
발가락 사이로 하얗고 깨끗한 모래가 잡혔다가 빠져나가는 것을 상상해보세요.
발을 들어올려 발가락 사이사이에 힘을 줘 활짝 벌려보세요.
다시 오므리기를 반복해보세요.
차갑고 시원한 바닷물이 밀려와 당신의 발을 간지럽히듯 적시곤 다시 밀려갑니다. 시원한 바닷물과 부드러운 모래의 감촉을 느껴보세요.
발끝으로 긴장이 빠져나간 듯 편안해집니다.

2

이제 주위를 둘러봅니다.

빛나는 파란 바다가 펼쳐져 있고, 그 위에는 빛나는 해와 하늘에 떠다니는 하얀 구름이 있습니다.

하늘 높이 보세요. 고개를 뒤로 젖혀보세요.

날씨는 춥지도 덥지도 않은 딱 적당한 온도입니다.

기분 좋게 불어오는 바람을 느껴보세요.

고개를 젖힌 채로 숨을 크게 쉬어보세요. 숨 쉬며 바다 내음을 맡아보겠습니다.

바다 내음을 한껏 맡고, 당신의 얼굴을 스치는 따뜻한 바람을 느껴 보세요.

냄새 맡듯이 숨을 크게 들이쉬고 내쉬면서 고개를 하늘 높이 젖혀봅시다.

한번, 두번, 세번.

정말 멋진 해변입니다.

마치 천국에 온 듯한 기분이 듭니다.

부드러운 파도가 밀려와 부서지는 소리가 납니다.

음악같은 그 소리에 맞춰 숨을 쉬어봅니다.

파도가 해변으로 밀려 들어올 때, 숨을 들이마셔 보세요. 바다와 물의 에너지를 마십니다. 이제 파도가 다시 바다로 빠져나갈 때, 숨도 내뱉으세요.

파도를 상상하며 크게 세번 숨 쉬겠습니다

하나 가고, 옵니다

둘 가고, 옵니다

셋 가고, 옵니다

3

이제 모래사장으로 돌아옵니다.

따뜻한 모래 위에 누웠습니다. 기분이 참 좋습니다.

몸통에 힘을 꽉 준 채로 모래를 팔과 다리로 밀어내보세요.

마치 모래섬을 만들어 찜질할 자리를 만들 것처럼

팔과 다리를 양옆으로 움직여봅니다.

모래도 제법 무겁습니다. 몸통에 힘을 꽉 주고 밀어보세요.

팔을 펼치고 다리를 벌려서 모래를 밉니다.

하나 둘 셋 넷 다섯

이제 따뜻한 모래에 깊숙이 몸을 맡기세요.

깊게 숨을 한번 들이쉬세요.

마음 깊이 자리했던 당신의 걱정과 근심을 모두 뱉어냅니다.

어깨를 귀 쪽으로 끌어올렸다가 다시 편안하게 만듭니다.

천천히 반복해보겠습니다.

하나. 둘. 셋. 넷. 다섯

4

몸은 이완되고 당신의 마음은 평화롭습니다.

눈부신 햇볕이 당신의 몸 위로, 머리부터 발끝까지 비추며 부드럽게 감쌉니다.

귓가에 파도의 소리는 계속됩니다.

파도가 연주하는 음악 소리와 리듬에 집중해봅니다.

반복되는 그 소리는 당신을 점점 더 편안하게 합니다.

자, 이제 모래에서 일어날 준비가 되면 기지개를 켜고 일어납니다.

온몸에 반짝이는 하얀 모래를 털어냅니다.

다시 따뜻한 모래를 밟으며, 푸르른 나무들을 지나 돌아옵니다.

부록 19. 이완 순서를 미리 정하고 외워요

1	2	3	4	5
				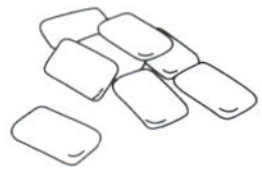
'레몬'	'거북이'	'코끼리'	'갯벌'	'껌'

1부터 10까지 적당한 속도로 숫자를 속으로 세면서 하십시오.
1부터 10까지 셀 때는 큰 숨을 들이쉬고 10부터 1까지 셀 때는 큰 숨을 내쉰다는 생각으로 하면 이완하는데 더 도움이 됩니다.
앉은 자세에서 해도 되고 누운 자세에서 해도 됩니다.
어떤 도구도 필요하지 않으므로 침대 위에서 깊게 잠들기 위해 이 이완훈련을 사용해도 좋습니다.
통증을 느끼는 부분이 있다면 그 부위는 띄어 넘거나 고통을 느끼지 않을 만큼만 합니다.

첫번째, 레몬즙을 만들어 봅시다.

긴장

이렇게 레몬즙을 만들어봅시다.

주먹에 둥그런 레몬을 쥐었다고 상상합니다.

그 레몬을 즙이 만들어질 것처럼 쥐어짭니다.

주먹에 힘을 단단히 주세요.

이어서 아래 팔과 위팔에도 힘을 주어 근육을 단단하게 하세요.

팔꿈치가 쫙 펴지고 어깨 부근까지 긴장하세요.

더 힘을 준다는 생각으로 1부터 10까지 버티겠습니다.

1	2	3	4	5	6	7	8	9	10

이완

이제 한껏 주었던 힘을 풀어보겠습니다.

10부터 1까지 거꾸로 세면서 힘과 긴장을 완전히 풀어봅니다.

숫자에 맞춰 점차적으로 주먹에 힘을 뺍니다.

오므라들어 있던 주먹을 조금씩 펴세요.

10	9	8	7	6	5	4	3	2	1

주먹을 서서히 풀면

아래 팔, 이어서 위 팔 (치환 가능)의 긴장도 빠져나가는 것이 느껴질 겁니다.

1에서는 완전히 긴장이 풀렸습니다.

자기 자신이 긴장했을 때와 이완했을 때 어떤 모습을 하고 있는지 잘 알고 있다면,

긴장했을 때 조금 더 쉽게 긴장을 풀 수 있을 겁니다.

긴장이 풀린 주먹과 팔의 모습은 어떠한가요?

혹시 손가락이 쫙 펼쳐져 있습니까? 이완했을 때의 손가락은 조금 구부러져 있습니다.

혹시 팔꿈치는 어떠한가요? 이완했을 때 팔꿈치 역시 아주 조금 구부러져 있습니다.

두번째, '거북이'가 되어 봅시다.

긴장

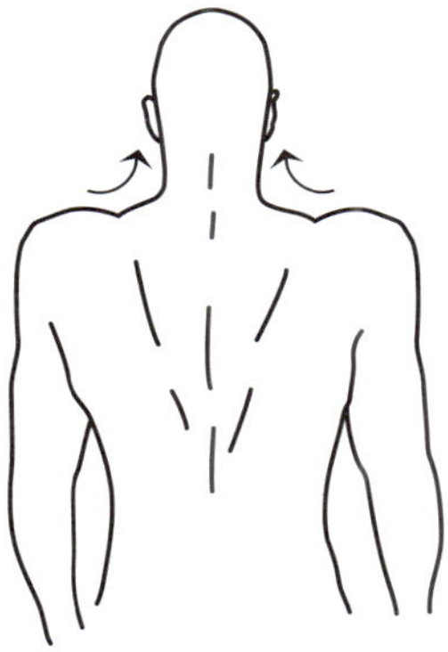

이렇게 거북이가 되어 봅시다.

거북이가 겁을 먹었을 때를 상상해봅시다.

거북이는 겁을 먹으면 목을 등껍데기 안으로 집어넣습니다.

그와 같이 해보겠습니다.

목과 뒷목에 이어져 있는 근육에 잔뜩 힘을 주고

어깨를 귀에 닿을 것처럼 끌어당깁니다.

더 끌어당긴다는 생각으로 10까지 버티겠습니다.

1	2	3	4	5	6	7	8	9	10

이완

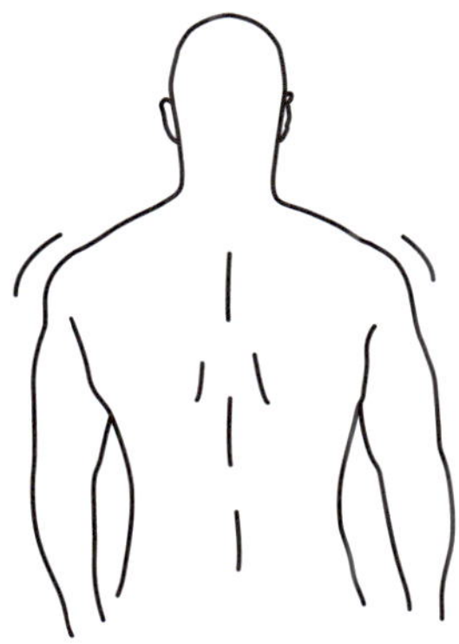

이제 한껏 주었던 힘을 풀어보겠습니다.

10부터 1까지 거꾸로 세면서 힘과 긴장을 완전히 풀어봅니다.

숫자에 맞춰 점차적으로 어깨를 내려놓습니다.

10	9	8	7	6	5	4	3	2	1

어깨를 편안하게 내려놓으면

주름잡혀 있던 뒷 목과 목 아래 근육들도 편안해질 겁니다.

1에서는 완전히 긴장이 풀렸습니다.

완전히 이완된 것을 확인해봅시다.

목과 어깨에서 긴장이 완전히 빠져나간 것을 어떻게 확인할 수 있을까요?

긴장이 풀린 후 어깨 모양은 앞으로 살짝 둥그스름하게 굽은 모양입니다.

숨이 편안하게 쉬어지고 목 뒤와 등 뒤까지가 부드럽습니다.

세번째, '코끼리'가 배 위로 올라옵니다.

긴장

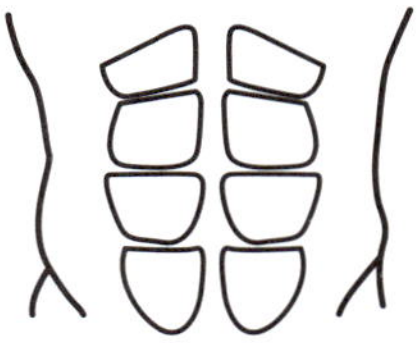

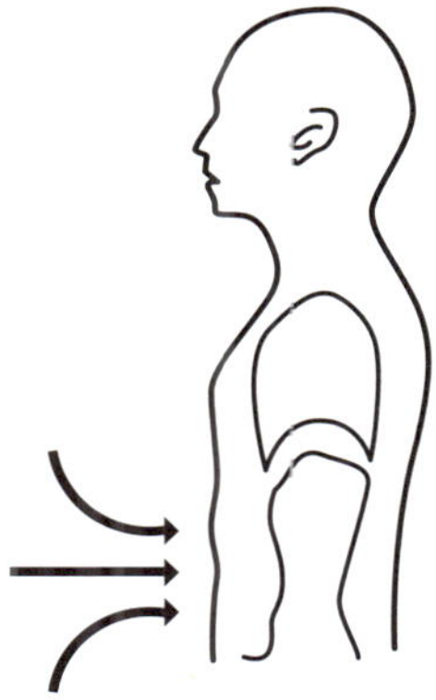

푸르고 부드러운 잔디밭에 누웠습니다.

햇볕이 다사롭습니다.

기분이 좋습니다.

저기 멀리 만화 속에 나오는 귀여운 동물들이 놀고 있습니다.

귀여운 아기 코끼리가 통통 뛰어 다가옵니다.

앗. 아기코끼리가 배 위로 지나갈 것 같습니다.

배에 힘을 꽉 주세요.

숨을 들이마셔서 배를 평평하고 단단하게 만드세요.

배에 있는 근육들이 꽉 조여지는 것을 상상하세요.

가능하다면 숨을 참아봅시다. 배에 손을 올리고 살짝 누르며 해도 좋습니다.

1	2	3	4	5	6	7	8	9	10

이완

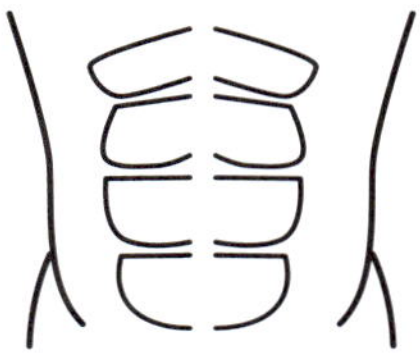

아기 코끼리가 무사히 지나갔습니다. 주변에서 듣기 좋은 새 소리가 들려옵니다. 한껏 주었던 힘을 풀어보겠습니다.

숨을 부드럽게 쉬어봅시다. 배가 오르락 내리락 하는 것을 느껴보세요.

10	9	8	7	6	5	4	3	2	1

꽉 쥐었던 배의 근육을 풀어보세요.

배를 묶고 있던 두꺼운 허리띠를 풀러 놓았다고 생각해도 좋습니다.

1에서는 완전히 긴장이 풀렸습니다.

앉은 자세에서 이완하고 있다면 부풀었던 가슴이 살짝 아래로 내려와 편안하게 앉아있는 것을 느낄 수 있을 겁니다.

누운 자세에서 이완하고 있다면 잠자리에 더 깊숙이 누운 기분이 들 겁니다.

누운 자세가 편안한지 점검합시다.

네번째, '갯벌'에서 걸어봅시다.

긴장

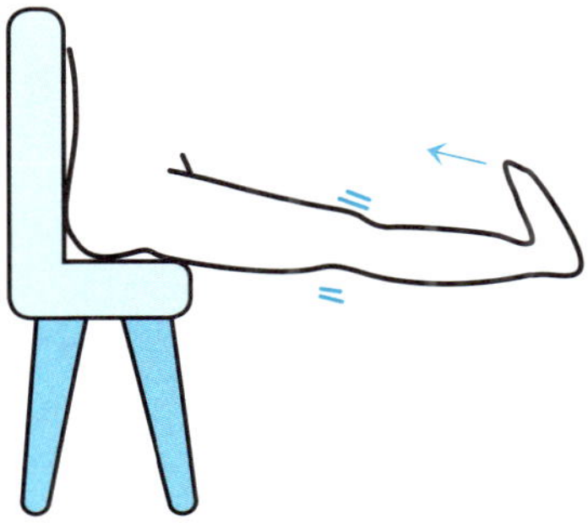

이번에는 갯벌에 왔습니다.

아주 깨끗한 청정 바닷가입니다.

부드러운 진흙이 발끝에 느껴집니다.

발을 부드럽고 깨끗한 진흙 안으로 쑥 집어넣어 보겠습니다.

묵직한 다리를 들어 올려 보세요.

무릎 뒤에 긴장을 느껴보세요.

다리를 쫙 펴고 발끝을 얼굴 쪽으로 잡아당깁니다.

발가락 사이사이까지 힘을 주고 긴장합니다.

발끝을 얼굴 쪽으로 더 끌어당긴다는 생각으로 10까지 버티겠습니다.

1	2	3	4	5	6	7	8	9	10

이완

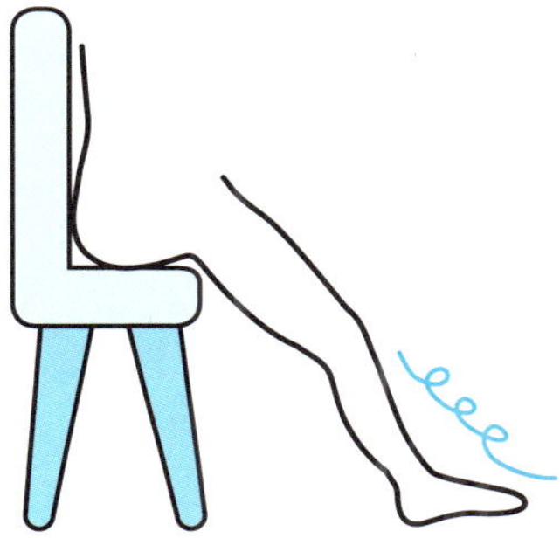

이제 한껏 주었던 힘을 풀어 보겠습니다.

무거운 진흙이 바닷물에 스르르 녹듯이 씻겨 내려갔다고 상상해도 좋습니다.

다리를 부드럽게 내려놓습니다.

숫자를 셀 때마다 모든 긴장이 발 끝으로 쓸려 내려갑니다.

모든 긴장이 발끝으로 빠져나갑니다.

10	9	8	7	6	5	4	3	2	1

1에서는 완전히 긴장이 풀렸습니다.

앉은 자세에서 하고 있다면 발이 편안하게 바닥에 닿은 것을 확인합니다.

발의 아치 부분까지 긴장이 풀렸는지 확인합시다.

발가락 사이에서도 긴장이 더 느껴지지 않도록 이완되었는지 확인합시다.

발목이 느슨하고 무릎 뒤가 적당히 구부러져 편안한 자세인지 확인합시다.

누운 자세에서 하고 있다면 양 발이 V자 모습을 하고 있을 것입니다.

발꿈치, 발등, 종아리, 무릎, 허벅지 위, 허벅지 아래 모두 긴장한 부분이 없는지 확인합시다.

다섯번째, 큰 '껌'을 씹어봅시다

긴장

이번에는 껌을 질겅질겅 씹어볼 겁니다.

큰 껌을 씹고 있다고 상상하겠습니다.

얼굴에는 약 최소 40개에서 많게는 80여개의 근육이 있다고 합니다.

생각하기보다 많은 숫자 아닙니까?

어디에 근육이 있는지 찾아보겠다는 생각으로 움직일 수 있는 모든 얼굴 근육을 움직여 봅시다.

그중에서도 입과 턱 근처를 빼먹지 맙시다.

입을 아 벌렸다가 우 하고 오므립니다.

입 한쪽을 볼 근육을 사용해서 귀 뒤로 잡아당겨 봅시다. 반대편도 해봅시다.

눈과 눈 사이도 움직입시다.

이마도 올리고 내려놓고 해봅시다.

눈도 깜박여 봅시다.

양 눈 옆에 웃음 지을 때 움직이는 근육도 움직여봅시다.

10을 셀 때까지 부지런히 질겅질겅 얼굴 근육을 사용해 큰 껌을 씹겠습니다.

1	2	3	4	5	6	7	8	9	10

이완

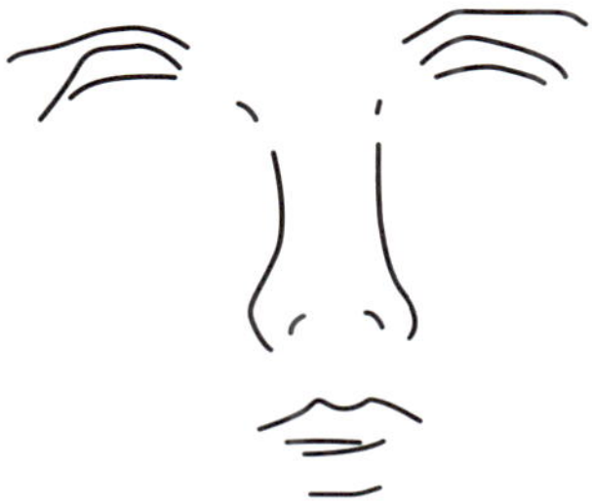

이제 얼굴의 모든 근육을 편안하게 만듭니다.

10부터 1까지 세는 동안 얼굴에서 긴장이 모두 사라지도록 합니다.

10	9	8	7	6	5	4	3	2	1

움직였던 곳들을 하나하나 떠올려봅시다.

그리고 그곳에 긴장이 없는지 확인합시다.

입과 턱에서 긴장이 빠져나가면 입은 살짝 벌어집니다.

눈꺼풀을 편안하게 하고 눈을 감아도 좋습니다.

양 미간과 눈과 눈썹 사이까지 구석구석 긴장된 곳이 없도록 이완해봅시다.

숨을 한번 깊고 편안하게 쉬겠습니다.

잘하셨습니다.

부록 20. 문제 해결하기 5단계 사용하기

1 단계 파악하기 : 당면한 문제와 관련된 모든 세부사항을 가능한 한 구체적으로 적는다

2단계 대안찾기 : 가능한 한 많은 해결책을 찾아 적는다

3단계 선택하기 : 2번에서 가장 그럴듯한 해결책을 한 가지 선택한다

4단계 실천하기 : 3번에서 선택한 해결책을 실행할 방법을 생각해 낸 후 이를 실천에 옮긴다

5단계 평가하기 : 3-4를 반복해서 가장 효과적인 방법을 찾는다

1단계 : 파악하기

다음 파악하기를 위한 질문에 답을 작성하세요

- 언제 발생하는가? ____________________
- 누구와 관련되어 있는가? ____________________
- 어떤 일이 일어나는가? ____________________
- 결과가 무엇인가? ____________________

2단계 : 대안 찾기

대안찾기에서는 떠오르는 대안을 모두 적습니다. 첫번째 단계에서 문제를 구체적으로 파악할수록 대안을 적는 것도 쉬워집니다.

떠오르는 대안을 모두 써보기

(1)
(2)
(3)
(4)
(5)
(6)
(7)

3단계 : 선택하기

가장 좋은 대안을 선택하기위해 장단점을 적어봅니다.

대안	장점	단점
(1)		
(2)		
(3)		
(4)		
(5)		
(6)		
(7)		

나의 선택은? ________ 번

4단계 : 실천하기

앞에서 선택한 대안을 실천하기 위해 무엇을 어떻게 할 지 구체적인 계획을 순서대로 적어봅시다. 203페이지의 지은씨의 사례를 해결 계획을 작성하는데 참고합시다.

나의 문제 해결 계획

첫번째 할 일:
두번째 할 일:
세번째 할 일:
네번째 할 일:
다섯번째 할 일:

5단계 : 평가하기

다음 표에 예/아니오 빈칸을 채워봅시다. 여러분이 선택한 대안을 실천 한 후 아래 표를 이용해 그 대안에 대해 평가하세요. 대안이 효과적이고 문제가 없다면 선택한 대안을 그대로 사용하고, 만일 문제가 있다면 해당되는 단계를 반복해서 좀 더 나은 대안을 찾아보세요. 가장 효과적인 대안을 찾을 때까지 이 과정을 반복하세요

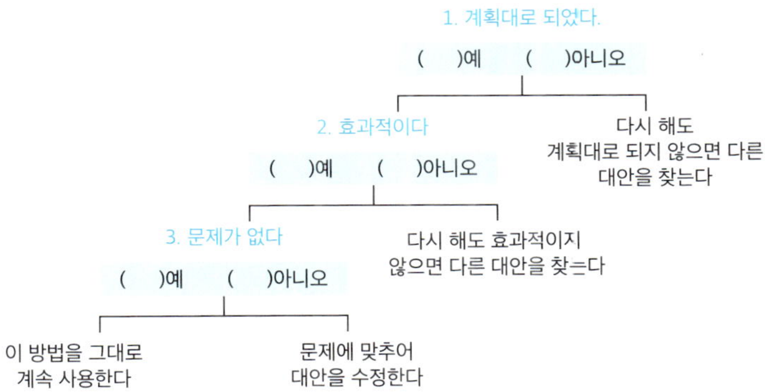

부록 21. 분노 다스리기

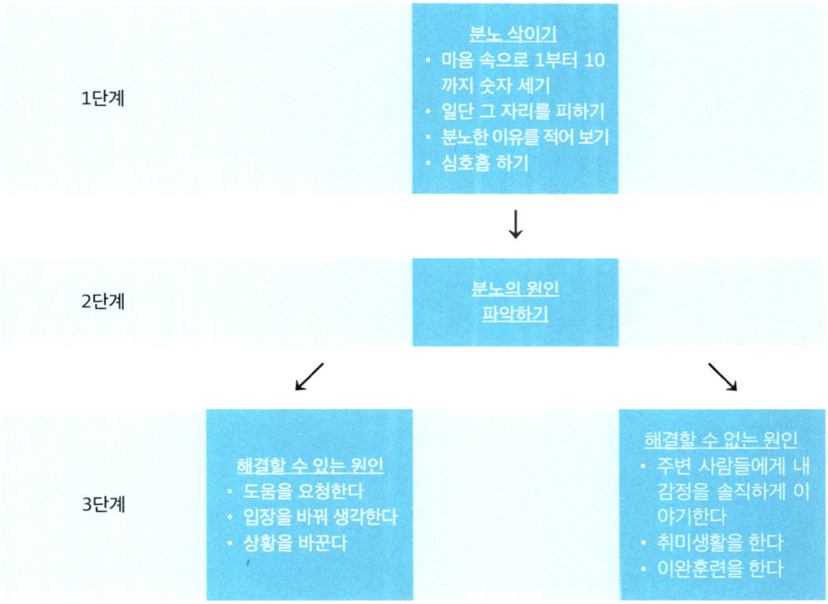

그림 8-21 분노 조절의 3단계

222페이지에서 각각의 방법을 배운 후 다음 칸에 결심을 써봅시다.

나는 화를 삭이기 위해

____________________________ 를 하겠다

부록 22. 시간관리법

231페이지 '효과적으로 시간을 관리하자'를 읽고 다음 빈 칸들을 채워보세요.

1단계 : 일의 목록 만들기

일의 목록을 만들기 위해서 자신이 해야 할 일을 모두 적어야 합니다. 할 일을 떠올릴 때는 생각나는대로 모두 적는 것이 중요합니다.

할 일

2단계 : 일을 분류하기

일의 목록에서 각각의 일을 '하고 싶은 정도'와 '급한 정도'에 따라 분류하는 단계입니다. 1단계에서 적은 할 일을 일의 급한 순서와 종류에 따라 분류해 다음 표의 해당하는 칸에 옮깁시다.

급히 해야할 일

급히 하고 싶은 일

급하지 않지만 해야할 일

급하지 않지만 하고 싶은 일

3단계 : 일에 시간관리 기술을 적용하기

이번 단계는 2단계에서 분류한 각각의 일에 대해 시간 관리 기술을 적용하는 단계입니다. 2단계에 적은 할 일들을 보면서 각각의 할 일이3가지 시간관리 기술 중 어느 것을 적용할 수 있을지 생각하고 다음 표에 적도록 합시다.

도움 요청하기	거절하기	현재에 집중하기

4단계 : 우선순위 정하기

마지막 단계는 시간의 우선순위를 정하는 것입니다. 우선순위를 정할 때는 2단계에서 일을 분류한 결과와 3단계에서 하기로 한 일을 함께 떠올리게 될 겁니다.

시간의 우선순위	
1위	
2위	
3위	
4위	
5위	
6위	
7위	
8위	
9위	
10위	

부록 23. 해피존 만들기

해피존으로 가기는 기분 좋은 장면을 상상하면서 몸과 마음이 편안해지도록 도와주는 방법입니다. 다음 질문에 마음에 드는 답을 골르면서 "좋아하는 사람들과의 저녁" 이라는 여러분의 해피존을 만들어 봅시다.

다음의 5개 질문에 답하며 해피존을 구체적으로 상상해보세요.

1. 누구와 함께하는 저녁인가요?

□ 가족 □ 소꿉친구 □ 직장 동료 □ 친한 사람들 □ 동창 □ 좋아하는 연예인 □ 영화/만화 속 주인공 □ 모르는 사람들 □ 동호회 □ 기타: ______________________	선택한 답에 해당하는 사람을 마음 속으로 그려보세요

2. 어디에서 저녁을 하고 있나요?

☐ 야외 (산, 바다, 강 등) ☐ 집안 ☐ 좋은 양식 레스토랑 ☐ 일식집 ☐ 중식 레스토랑 ☐ 호텔 뷔페 ☐ 해외 ☐ 건물 옥상 ☐ 성 ☐ 자주 가는 술집 ☐ 단골 식당 ☐ 기타: ______________________	선택한 저녁 식사 장소에서 좋아하는 사람을 만나는 장면을 마음 속으로 그려보세요 뭐라고 첫 인사를 건낼까요? 주변에서는 어떤 소리가 들리나요?

3. 무엇을 위한 모임인가요?

☐ 생일 축하 ☐ 결혼식 피로연 ☐ 친교 모임 ☐ 축하 파티 ☐ 가장 무도회 ☐ 정기적인 모임 ☐ 졸업식 ☐ 입학식 ☐ 회사 입사 ☐ 회사 퇴사 ☐ 이직 ☐ 기타: ______________________	모임의 목적을 위하여 특별히 준비한 것이 있나요? 마음 속으로 그것을 그려보세요

4. 어떤 기분이 드나요?

☐ 즐겁다 ☐ 편안하다 ☐ 행복하다 ☐ 기쁘다 ☐ 나른하다 ☐ 신난다 ☐ 짜릿하다 ☐ 감사하다 ☐ 안정감이 든다 ☐ 개운하다 ☐ 에너지가 넘친다 ☐ 안락하다 ☐ 든든하다 ☐ 상쾌하다 ☐ 기타: ________________	표정을 한번 지어보아도 좋습니다.

5. 몸에는 어떤 감각이 느껴지나요?

□ 시원함 □ 따뜻함 □ 상쾌함 □ 근육이 풀림 □ 뜨거움 □ 차가움 □ 힘이 넘침 □ 땀이 남 □ 꽃 향기 □ 바다 향기 □ 아로마 향기 □ 음식 냄새 □ 기타: ______________________	몸에 선택한 감각이 흐르는 것을 상상해 봅시다.

이렇게 해피존의 모습을 상상했습니다.

그렇다면 이제 자신의 해피존으로 갈 수 있는 입구를 떠올려봅니다.

6. 해피존의 문은 어떤 모양에 가깝나요?

□ 평범한 문 □ 계단 □ 배를 타는 선착장 □ 내가 좋아하는 그림 속으로 들어감 □ 푹신한 이불에 얼굴을 묻으면 해피존으로 들어감 □ 기타: ______________________	문을 머리속에서 그려봅시다

문을 다 구상했다면, 해피존으로 가기를 연습해보겠습니다.

2분 후로 핸드폰 알람을 맞춥니다.

핸드폰 알람이 울릴때까지 2분 동안 문을 통하여 해피존으로 들어갑니다.

눈을 감고 해피존에 머물며 주변을 느껴봅니다.

알람이 울리면 들어갔던 입구를 통해 해피존에서 나옵니다.

240페이지에서 해피존에 대하여 읽어보세요. 지금 같은 방법을 사용하여 자신만의 해피존을 만들고 다음 빈 칸에 해피존에 대해서 메모해 보세요. 해피존을 구성하는 것들에 대해서 간단히 단어로 적어 두어도 좋고, 상상을 돕는 그림을 그려두어도 좋습니다.

나의 해피존

*이 페이지를 오려서 잘 보이는 곳에 붙여두고 필요할 때 해피존으로 가기를 사용합시다.

부록 24. 타이어 호흡법

표 8-34 타이어 호흡법

1 자신이 커다랗고 둥근 타이어가 되었다고 생각해봅시다.	2 타이어가 최대한 커질 수 있도록 공기를 들이마시세요.
3 이제 천천히 공기가 빠져나가도록 해봅시다.	4 바람이 빠지는 소리를 내면서, 타이어의 공기가 모두 빠져 나가게 하세요.
5 공기를 모두 비웠으면, 다시 숨을 들이마셔 타이어를 최대한 크게 만드세요.	6 바람이 빠지는 소리를 내면서, 타이어의 공기가 모두 빠져 나가게 하세요.

1부터 6을 3번 반복하겠습니다.
잘하셨습니다.

부록 25. 암호 만들기

272페이지 '규칙 또는 암호를 정하자'를 읽고 암호 만들기를 활용합시다. 단, 암호를 만들 때는 반드시 가족이나 보호자에게 암호를 외치는 상황에 대한 필요성과 암호를 외쳤을 때 협조가 필요함을 잘 설명하고 동의를 얻어야 합니다. 암호 만들기를 할 때는 암호의 내용을 가능한 구체적으로 정해야 합니다. 암호를 정할 때 서로 대화하면서 서로 암호의 내용을 동일하게 이해했는지 대화하면서 확인해야 합니다. 암호의 내용을 구체적으로 하고 대화를 효과적으로 하기위해 다음 빈칸을 채워봅시다. 함께 상의하여 빈칸을 채우는 것이 좋습니다. 암호는 '비행기', '땅콩', '나무'와 같이 짧고 간결한 단어가 좋습니다.

암호 [ ]
암호를 외치면 . . .

- 주의사항

부록 26. 페이스 조절하기

페이스 조절은 무리하지 않고 활동량을 유지하기 위한 기술입니다. 1,2,3단계를 빈 칸을 채우면서 해봅시다.

1 단계 : 쉬는 시간 계획하기

지금 하고 있는데 어려움이 있거나, 앞으로 하고 싶은 일을 다음에서 한가지 골라주세요.

□ 설거지	□ 화초에 물주기
□ 분리수거하기	□ 요리
□ 애완동물 돌보기	□ 먼지 털기
□ 빨래 개기	□ 책상 정리
□ 빨래 널기	□ 다림질
□ 세탁기 돌리기	□ 옷의 보풀제거하기
□ 청소기 돌리기	□ 구두 닦기
□ 걸레로 바닥 닦기	□ 기타 ______________

이 활동을 몇 분 정도까지 심한 통증 없이 할 수 있을까요? [ ]분

몇 분을 쉬고 나면 다시 활동을 시작해도 괜찮을 것 같나요? [ ]분

위에서 답한 내용을 토대로 나의 쉬는 시간 계획을 완성해봅시다.

나의 쉬는 시간 계획

활동:

[ ] 분 활동하고 [ ] 분 쉬기

· 시작한 일을 한 번에 모두 마치려고 하지 말기

· 아플 때까지 하지 말고, 아프기 전에 미리 쉬어주기!

2. 조금씩 횟수를 늘려나가기

지금의 활동 수준에서 시작하여 횟수를 조금씩 늘려 나가는 것이 중요합니다. 선택한 활동은 (1)과 (2) 중에 어디에 해당하는지 골라봅시다.

□ (1) 이미 하고 있는 활동

□ (2) 지금 하지 않고 있는 활동

▶ '(1) 이미 하고 있는 활동'을 선택했다면, 활동을 무슨 요일에 할 지 선택해봅시다. 횟수를 조절할 수 있으면 줄여서 시작합니다. 어렵다면 지금처럼 유지하되, 페이스 조절을 합니다. 다음 페이지의 표를 이용해 페이스 조절을 위한 나의 계획 표를 만들어보세요.

▶ '(2) 필요하면, 페이스 조절을 합니다'를 선택했다면, 하루에 1회부터 시작합시다. 다음 페이지의 표를 이용해 페이스 조절을 위한 나의 계획 표를 만들어보세요.

페이스 조절을 위한 나의 계획

월	화	수	목	금	토	일

3. 장애물 대비하기

계획한 활동을 방해하는 요인들에는 주변 사람들, 통증, 부정적인 생각, 짜증, 피곤과 같은 기분 등이 있을 겁니다. 다음 표의 왼 편에 어떤 장애물이 예상되는지 적고 대처 방법을 정해서 표의 오른 쪽에 적어봅시다.

주변 사람들 | 통증 | 부정적인 생각 | 그날의 기분 | 피곤 | 날씨 | …

장애물 대비하기	
한다면 …	
한다면 …	
한다면 …	
한다면 …	

장애물을 구체적으로 떠올리고 대처 방법을 생각해내기가 어렵다면 다음 질문들에 답하고 난 뒤에 다시 시도해보세요.

1) 다른 가족이 그 일을 자기가 대신 하겠다고 합니다. 어떻게 하면 좋을까요?

□ 가족에게 맡긴다.

□ 나의 건강을 위한 일이라고 설명하고 협조를 구한다.

□ 가족의 말을 무시한다.

□ 가족에게 화를 낸다.

2) 활동을 하고 있는데 갑자기 심한 통증이 발생했습니다. 이럴 경우에 어떻게 하면 좋을까요?

□ 그 주는 계획한 활동을 하지 않는다.

□ 가족에게 대신 해달라고 한다.

□ 통증이 나아지면 수행한다.

□ 계획을 모두 포기한다.

3) 이번 주 활동을 하기로 계획한 시간에 가족 모임이 잡혔습니다. 이럴 경우에 어떻게 하면 좋을까요?

□ 그 주는 계획한 활동을 하지 않는다.

□ 가족에게 대신 해달라고 한다.

□ 통증이 나아지면 수행한다.

□ 계획을 모두 포기한다.

4) 그 날 따라 피곤하고 기분이 좋지 않아 계획한 활동을 하기 싫다면 어떻게 하면 좋을까요?

□ 그 주는 계획한 활동을 하지 않는다.

□ 가족에게 할 일을 미룬다.

□ 계획을 모두 포기한다.

□ 계획한 페이스를 조절한다.

부록 27. 즐거운 여가활동 늘리기

즐거운 여가활동 늘리기는 활동량을 확보하고 통증의 악순환을 끊어줄 수 있는 통증 예방 방법입니다. 여가활동을 하면서 즐거움을 얻는 사람들이 많습니다. 그리고 여가활동의 종류도 매우 다양합니다. 이제 여가활동 늘리기 1-2-3에 따라 본격적으로 나의 여가활동 계획을 세워봅시다.

1 선택하기	2 계획하기	3 장애물 대비하기
• 내 기분을 좋아지게 만드는 활동 • 자주 할 수 있는 것 • 혼자 할 수 있는 활동과 같이 할 수 있는 활동 균형 맞추기 • TV보기, 비디오게임과 같이 수동적인 활동은 권장하지 않음	1. 시간 계획하기 (요일, 시간대, 얼마나 오래) 2. 쉬는 시간 계획하기 3. 장소 정하기 4. 준비물 준비하기	1. 활동하는 것을 막는 장애물을 미리 예측하기 (다른 사람, 날씨, 장비 등) 2. 장애물별 대비책 세우기

1. 선택하기

가장 먼저 어떤 여가활동을 할지 선택해야 합니다. 아프기 전 하던 취미 활동을 다시 할 수도 있고 만약 상황이 여의치 않다면 새로운 취미를 계발해봅시다. 아래 여가활동 목록에서 같이 할 수 있는 활동 1개, 혼자 할 수 있는 활동 1개를 각각 선택합시다.

즐거운 여가활동 목록	
□ 산책하기	□ 바느질/뜨개질
□ 가벼운 등산	□ 애완동물 돌보기
□ 낚시	□ 사진찍기
□ 독서	□ 독서
□ 자원봉사	□ 수영/물놀이
□ 영화보기	□ 편지쓰기
□ 스포츠 참여	□ 운전하기
□ 베이킹	□ 친구 만나기
□ 조립하기	□ 목욕/반신욕
□ 그림그리기	□ 동호회 참여
□ 노래부르기	□ 퍼즐맞추기
□ 음악감상	□ 게임하기 (모션게임)
□ 악기연주	□ 쇼핑하기
□ 화초 가꾸기	□ 블로그/SNS

만약 이 목록에서 마음에 드는 활동을 찾을 수 없다면 보다 긴 453페이지의 취미활동 목록에서 골라봅시다. 고른 것으로 아래 빈칸을 채웁시다.

같이 할 수 있는 활동	
혼자 할 수 있는 활동	

여가활동을 선택했다면 2단계와 3단계는 부록 12. 좋은 활동 계획하기를 활용하여 진행합시다. 321페이지 '2. 빈도 결정하기'부터 시작해봅시다.

부록 28. 여가활동 선택하기

다음 중 더 마음에 드는 것을 선택해봅시다.

1. [A] 신체 움직임이 필요한 활동

   vs. [B] 앉아서 할 수 있는 활동

2. [C] 집에서 할 수 있는 활동

   vs. [D] 외출을 해야 하는 활동

3) [E] 파트너, 또는 동료와 같이 하는 활동

   vs. [F] 혼자서도 할 수 있는 활동

4) [G] 특별한 도구나 장소가 필요한 활동

   vs. [H] 특별한 도구/장소가 필요 없는 활동

1번부터 4번까지 고른 정답을 아래 표에 순서대로 표시합시다

1번 답	2번 답
3번 답	**4번 답**

다음에서 내가 선택한 것에 맞는 추천 여가활동을 확인하고, 그 중에서 선택해 봅시다.

ACEG	□ 커플 짐볼 운동 □ 커플 모션게임 □ 커플 밴드 스트레칭 □ 서로 해주는 전신 마사지 □ 다트 던지기
ACFG	□ 스텝 박스 운동하기 □ 자전거 운동기구 타기 □ 밴드 스트레칭 □ 가벼운 덤벨 운동 □ 트램폴린 타기 □ 모션게임
ACEH	□ 커플 스트레칭 □ 커플 요가 □ 음악 같이 고르고 음악에 맞춰서 춤추기 □ 집 책장이나 물건을 특별한 규칙을 정해 새로 정리하기 □ 집에 있는 옷들을 활용해 파트너가 입으라는 대로 입어보기
ACFH	□ 스트레칭 □ 요가 □ 모델 워킹하기 □ 발레 손동작 익히기 □ 홈트레이닝 앱에서 나에게 맞는 단계 찾아 하기

ADEG	□ 미니 꽃밭/텃밭 가꾸기 □ 베드민턴/ 캐치볼 □ 물총 놀이하기 □ 당구
ADFG	□ 모션 게임방 가기 □ 오락실 게임 농구하기
ADFH	□ 걸으면서 하는 AR게임 하기 □ 시간을 정해서 산책하기 □ 걷기운동 하기 □ 우수운 규칙을 정해서 산책하기 (예를 들어 보도블럭에서 XX색은 밟지 않기, 어떤 구간에서는 혀를 내밀고 걷기)
ADEH	□ 커플 걷기운동 하기 (걸어야 할 일정 거리를 정하고 목표 달성 후 서로 보상주기) □ 우수운 규칙을 정해서 함께 산책하기 (예를 들어 보도블럭dptj XX색은 밟지 않되 밟으면 벌칙주기, 어떤 구간에서는 서로의 귀를 잡고 마사지 하면서 걷기) □ 걸으면서 하는 AR게임 함께 하기
BCEG	□ 카드 게임하기 □ 보드 게임하기 □ 서로의 발이나 신체의 일부분 그려주기 □ 요리 (파트너와 번갈아서 주방장과 보조하기)
BCFG	□ 네일 아트 하기 □ 수채화 그리기 □ 뜨개질 □ 작은 가구에 색칠하기 □ 새로운 홈케어/메이크업 하기

BCEH	□ 버켓리스트 최대한 길게 만들기 □ 종이접기로 모빌 만들어 집 천장 함께 꾸미기 □ 스마트폰 인지 훈련 게임으로 경쟁하기 □ 이 책에 있는 모든 부록 함께 해보기
BCFH	□ 이 책에 있는 모든 부록을 해보기 □ 볼펜으로 그림그리기 □ 여러 가지 매듭 만들기 (매듭만 사용해 팔찌 등의 소품을 만들기) □ 반신욕하기
BDEG	□ 함께 자조 모임에 참여하기 □ 함께 무언가를 배우러 다니기 □ 함께 영화보기
BDFG	□ 식물 씨앗 수집하기 (일정 간격으로 꽃집, 화훼원 방문하기) □ 정한 시간에 똑같은 카페에 앉아서 글쓰기 □ 드로잉 배우러 다니기 □ 악세사리 만들기 과정에 등록하고 다ㄴ 기
BDFH	□ 볼펜으로 풍경 그리기 ('다양한 나무 그리기', '다양한 나뭇잎 그리기', '다양한 하늘 그리기' 와 같이 주제를 정해서 시리즈로 그려도 됨) □ 좋아하는 장소를 정하고 일정시간에 감사한 사람들에게 메세지 보내기 □ 외출해서 볼펜으로 오늘 본 사람의 옷차림 그리기
BDEH	□ 북클럽과 같은 동호회 활동하기 □ 마음에 드는 장소를 찾아가 주변 자연에서 들리는 소리를 녹음하기(녹음해온 소리를 집에서 함께 들어도 좋음) □ 핸드폰으로 마음에 드는 장소에서 우스운 표정 짓고 함께 사진 찍기

추천 여가활동을 나에게 맞게 바꾸어서 시도해보세요. 여가활동과 관련된 정보를 적극적으로 찾고 자기만의 방식으로 정리해보세요. 예를 들어 가벼운 덤벨 운동을 시작했다면 덤벨의 종류에는 무엇이 있는지, 그 중 가장 나에게 맞는 것은 무엇인지, 덤벨을 대체할 수 있는 것은 무엇이 있는지 등의 정보를 다양하게 수집해보세요. 이것 또한 필요한 여가활동의 활동의 일부이므로 정보를 수집하는 시간을 너무 아깝게 생각하지 마세요. 원래 목표로 한 활동에서 다른 활동이 되더라도 즐거운 여가활동으로부터의 이득을 얻고 있다고 생각된다면 멈추지 마세요.

여가활동을 하다가 지루함을 쉽게 느껴 그만둔다면 활동 목표를 세우고 달성해보세요. 만약 '미술관 가기'를 선택했다면 '적어도 2달에 한번은 가기', '미술관에 다녀온 후 작가 정보 찾아서 스크랩북 만들기', 오락실 농구공 넣기 게임하기'를 선택했다면 XX점까지 올리기', 산책하기가 지루해지기 시작했다면 '산책하며 핸드폰으로 XX한 사진 찍어 모르기', '요리하기'를 선택했다면 '요리하고 레시피를 기록해서 모으기'와 같은 목표를 정해보세요.

함께 하는 일에 규칙을 정해보세요. 치료받는 중에는 파트너와 똑같이 할 수 없는 일이 많을 겁니다. 만약 걷기운동을 하는데 오래 할 수 없다면 'XX은 X바퀴, XX은 X바퀴'로 규칙을 정하고 달성하면 서로 보상을 주세요. 규칙을 논의해서 정하면 놀이처럼 즐거운 기분으로 하는데도 도움이 됩니다.

참고문헌

도서

권정혜, 이정윤, 조선미(1998). **수줍음도 지나치면 병.** 서울: 학지사

김종흔, 유은승, 조달님(2012). **암환자를 위한 스트레스 관리.** 파주:이담북스

김중술, 이한주, 한수정(2012). **사례로 읽는 임상심리학.** 서울: 서울대학교출판문화원

최주연(2017) **굿바이 공황장애.** 서울: 시그마북스

Martell. C. R., Dimidjian. S. & Herman-Dunn R. 저, 김병수, 서호준 공역(2012). **우울증의 행동활성화 치료.** 서울: 학지사,

Beck, J. S. 저, 최영희 & 이정흠 역(1997). **인지치료:이론과 실제.** 서울: 하나의학사.

Craske, M. G., Barlow, D. H. 저, 최병휘 & 곽욱환 역(2009). **범불안장애의 인지행동치료.** 시그마프레스

Kenneth W. Merrell 저, 이승연, 신현숙 & 이동형 역(2011). **우울, 불안의 예방과 개입.** 서울: 학지사.

Lisa M. Schab 저, 김수경 역(2012). **불안 다루기.** 서울: 명상상담연구원

Morin, C. M., & Espie, C. A. (2003). *Insomnia: A clinical guide to assessment and treatment.* New York, NY:.Springer.

Perlis M., Smith M., Jungquist C., & Posner D. (2005). *The Cognitive-Behavioral Treatment of Insomnia: A Session-by-Session Guide.* New York, NY:Springer-Verlag.

Turk, D. C., Meichenbaum, D., & Genest, M. (1983). Pain and behavioral medicine: A cognitive-behavioral perspective (Vol. 1). New York & London: Guilford Press.

학술 논문

Brown, G. K., & Nicassio, P. M. (1987). Development of a questionnaire for the assessment of active and passive coping strategies in chronic pain patients. *PAIN, 31*(1), 53-64.

Carver, C. S., Scheier, M. F., & Weintraub, J. K. (1989). Assessing coping strategies: a theoretically based approach. *Journal of personality and social psychology, 56*(2), 267.

Ellis, A. (1995). Changing rational-emotive therapy (RET) to rational emotive behavior therapy (REBT). Journal of Rational-Emotive & Cognitive-Behavior Therapy, 13(2), 85-89.

Harvey, A. G., Tang, N. K., & Browning, L. (2005). *Cognitive approaches to insomnia. Clinical psychology review, 25*(5), 593-611.

Jay, S. M., Elliott, C. H., Katz, E., & Siegel, S. E. (1987). Cognitive-behavioral and pharmacologic interventions for childrens' distress during painful medical procedures. *Journal of consulting and clinical psychology, 55*(6), 860.

Massie, M. J. (2004). Prevalence of depression in patients with cancer. *JNCI Monographs, 2004*(32), 57-71.

Redd, W. H., Montgomery, G. H., & DuHamel, K. N. (2001). Behavioral intervention for cancer treatment side effects. *Journal of the National Cancer Institute, 93*(11), 810-823.

Roozen, H. G., Wiersema, H., Strietman, M., Feij, J. A., Lewinsohn, P. M., Meyers, R. J., koks. M., & Vingerhoets, J. J. M. (2008). Development and psychometric evaluation of the Pleasant Activities List. *American Journal on Addictions, 17*(5), 422-435.

Syrjala, K. L., Jensen, M. P., Mendoza, M. E., Yi, J. C., Fisher, H. M., & Keefe, F. J. (2014). Psychological and Behavioral Approaches to Cancer Pain Management. *Journal of Clinical Oncology, 32*(16), 1703-1711.

Turner, J. A., & Aaron, L. A. (2001). Pain-related catastrophizing: what is it?. The Clinical journal of pain, 17(1), 65-71.

Varni, J. W., Sahler, O.J., Mulhern, R. K., Katz, E. R., Copeland, D. R., Noll, R. B., . . . Roghmann, K. (2002). Mulhern. In Maternal Problem Solving Skills Training in Childhood Cancer (pp. 1-69).

Woodward, S. C. (2011). Cognitive-behavioral therapy for insomnia in patients with cancer. *Clinical journal of oncology nursing, 15*(4), E42.

웹페이지 및 온라인 자료

국가암정보센터(2015) **내가 알고 싶은 암.** www.cancer.go.kr

한국심리학회(2014) **심리학용어사전** https://www.koreanpsychology.or.kr/psychology/glossary.asp

American Sleep Association (Ed.). (n.d.). Sleep Hygiene Tips. Retrieved September 5, 2017, from American Sleep Association website: https://www.sleepassociation.org/patients-eneral-public/insomnia/sleep-hygiene-tips/

Children's Oncology Group (Ed.). (n.d.). Bright Ideas. Retrieved from The world's childhood cancer experts website: https://childrensoncologygroup.org/index.php/bright-ideas

Murphy, J.L., McKellar, J.D., Raffa, S.D., Clark, M.E., Kerns, R.D., & Karlin, B.E. Cognitive behavioral therapy for chronic pain among veterans: Therapist manual. Washington, DC: U.S. Department of Veterans Affairs.

PubMed Health (Ed.). (2017, May 9). Insomnia: Relaxation techniques and sleeping habits. Retrieved September 5, 2017, from PubMed Health website: https://www.ncbi.nlm.nih.gov/pubmedhealth/PMH0072504/#i2179.behandlung-kf.sources

Varni, J. W., Sahler, O. J., Mulhern, R. K., Katz, E. R., Copeland, D. R., Noll, R. B., Phipps. S.,Dolgin M. J., & Roghmann, K. (2002). Maternal Problem Solving Skills Training in Childhood Cancer(CR01): Instructor's Manual. In *IDEAS* (Vol. 1, p. 4).